U0574787

国家社科基金后期资助项目（20FJLB008）
西北大学双一流建设项目资助

新贸易保护下中国对外贸易高质量发展的产业逻辑

The Industrial Logic for the High-Quality Development of China's Foreign Trade under New Trade Protectionism

赵景峰 著

人民出版社

策划编辑:郑海燕
封面设计:胡欣欣
版式设计:姚　菲
责任校对:周晓东

图书在版编目(CIP)数据

新贸易保护下中国对外贸易高质量发展的产业逻辑 / 赵景峰著. -- 北京 : 人民出版社, 2025. 8.
ISBN 978-7-01-027421-8

Ⅰ. F752

中国国家版本馆 CIP 数据核字第 2025EV7647 号

新贸易保护下中国对外贸易高质量发展的产业逻辑
XINMAOYI BAOHU XIA ZHONGGUO DUIWAI MAOYI
GAOZHILIANG FAZHAN DE CHANYE LUOJI

赵景峰　著

人民出版社 出版发行
(100706　北京市东城区隆福寺街 99 号)

中煤(北京)印务有限公司印刷　新华书店经销

2025 年 8 月第 1 版　2025 年 8 月北京第 1 次印刷
开本:710 毫米×1000 毫米 1/16　印张:17
字数:260 千字

ISBN 978-7-01-027421-8　定价:88.00 元

邮购地址 100706　北京市东城区隆福寺街 99 号
人民东方图书销售中心　电话 (010)65250042　65289539

国家社科基金后期资助项目
出版说明

后期资助项目是国家社科基金设立的一类重要项目，旨在鼓励广大社科研究者潜心治学，支持基础研究多出优秀成果。它是经过严格评审，从接近完成的科研成果中遴选立项的。为扩大后期资助项目的影响，更好地推动学术发展，促进成果转化，全国哲学社会科学工作办公室按照“统一设计、统一标识、统一版式、形成系列”的总体要求，组织出版国家社科基金后期资助项目成果。

全国哲学社会科学工作办公室

序　言

在逆全球化背景下，贸易保护主义重新抬头，与传统贸易保护主义相比，新贸易保护主义的措施数量增加、种类繁多、手段翻新、领域扩大，对世界经济特别是发展中国家经济造成了巨大损失，给中国经济发展带来了相当困难。新贸易保护下的脱钩断链和“去风险”围堵，使高端制造业回流发达国家，低端制造业重寻成本洼地，无疑对我国相关产业转型升级、自主创新造成巨大压力，也对中国实现对外贸易的高质量发展设置了更多障碍，提出了更高要求。实现中国对外贸易的高质量发展，产业是根基。而在产业体系里，企业作为新贸易保护下中国对外贸易高质量发展产业体系的逻辑起点，企业发展可显著提升对外贸易高质量发展水平。根据本书稿实证分析结果可知，出口企业发展水平每提高1单位，对外贸易高质量发展水平增长约0.01单位；产业组织是对外贸易高质量发展的主导逻辑，产业组织创新水平每增长1%，对外贸易出口质量提升0.48%；产业结构是对外贸易高质量发展的依存逻辑，产业结构升级指数每增加1单位，对外贸易高质量发展水平提升0.04单位。产业融合水平每增加0.1单位，对外贸易高质量发展水平提高0.137单位；产业安全和产业政策是对外贸易高质量发展的实施逻辑，产业安全水平每增加1单位，对外贸易高质量发展水平提升0.02单位。产业政策水平每增加1单位，对外贸易发展质量提高0.18单位。

针对以美国为首的西方发达国家新贸易保护对我国对外贸易发展的影响，我们必须全方位构建中国对外贸易高质量发展的产业路径及政策体系。增强顶层制度设计，推进产业政策体系优化完善。要着力提高宏观政策综合运用能力、充分利用超大规模市场支撑产业政策发展、提升对外贸易政策执行响应能力；明确企业主体地位，带动产业发展基础夯实巩固。要着力加快企业数字化、智能化和绿色化转型、深化企业经营的市场和客户导向、实施差异化营销打造品牌知名度；更新产业组织模式，支撑对外贸易市场运行提质增效。要着力推进市场机制改革引导产业组织合理化、促进合理竞争分工提高市场绩效、深化兼并重组推动市场结构优化；加快产业结构升级，助力出口行业质量优化提升。要稳步推进产业结构转型升级、调整重构产业链全面发展、着力推进产业集群、产业融合发展以提升产业竞争力；平抑产业发展风险，保障对外贸易循环局面平稳有序。要着力构建产业安全发展体系、参与制定国际技术标准和产业准入标准、加强市场秩序监管以保证公平交易。

本书以产业经济学理论为基础,从微观—中观—宏观层面探讨对外贸易高质量发展的产业逻辑。通过梳理产业发展的微观基础和内容,结合宏观背景与对外贸易高质量发展的要求,对影响对外贸易发展的产业模式进行重构与整合。从企业、市场结构、市场行为、市场绩效几个方面研究微观层面的产业逻辑;从产业结构升级、产业链等方面研究中观层面的产业逻辑;从产业安全水平和产业政策分析研究宏观层面的产业逻辑。在分析方法上,本书采用多种计量方法,研究新贸易保护下对外贸易高质量发展的产业逻辑。建立实证研究体系,分别探究新贸易保护对产业发展的影响,以及产业发展对对外贸易高质量发展的影响机制。综合采用固定效应模型、中介效应模型、双重差分法、调节效应模型、分位数回归等计量方法进行实证分析,对明晰新贸易保护下,产业发展与对外贸易发展的内在逻辑具有重要意义。

本书是我和我的团队长期在世界经济和国际贸易领域研究探索的成果。我于 2001 年在顾海良老师的指导下开始围绕世界经济全球化进行学习和研究,主持多项国家社科基金和教育部人文社科基金课题,公开发表多篇学术论文。新贸易保护实施以来,我和我的团队经过多次交流讨论,形成研究思路,然后搜集数据资料,进行实证分析检验,完成初稿,并于 2020 年获得了国家社科基金后期资助(20FJLB008)。几年来,围绕着新贸易保护下对外贸易高质量发展的产业逻辑,我和我的团队在核心期刊上发表学术论文 30 篇,得到了国内外学者的肯定,产生了良好的社会影响,为本书的撰写和出版奠定了厚实的基础。在此向团队成员王长明、何琨玟、彭晓楠、曾维康、郭家琛、王钰良、王智新、彭邦文、杨承佳、李翠妮、张月、陈惠中、付文宇、高振娟、孙帆、张文轩、盛胡、张萌、张肇文、董昌荣等表示衷心感谢!向为书稿提出宝贵指导意见的惠宁教授、王颂吉教授、师博教授表示由衷的谢意!

在本书的撰写、修改过程中,参考国内外许多经济学的论著和论文,谨向这些论著和论文的作者表示感谢。人民出版社郑海燕老师对本书提出了许多修改意见,做了大量的编辑工作,在此深表谢意。同时,囿于部分微观数据的难以获取,而且新贸易保护导致的许多滞后效应还未完全展现,再加上产业发展过程中一些重要的新业态如产业数字化、智能化等有待进一步思考和研究,本书难免存在一些疏漏,敬请同人和读者批评指正,我们将不断完善。

赵景峰

2024 年 9 月 13 日于西安长安

目　　录

导　论 …… 1
第一节　研究背景与意义 …… 1
第二节　相关概念的界定 …… 4
第三节　研究内容与研究方法 …… 9
第四节　重点难点与创新之处 …… 14

第一章　相关研究进展 …… 18
第一节　新贸易保护影响产业发展的相关研究 …… 18
第二节　产业发展影响对外贸易高质量发展的相关研究 …… 25
第三节　进一步研究空间 …… 31

第二章　事实特征与理论框架 …… 34
第一节　新贸易保护的发展现状及影响 …… 34
第二节　中国对外贸易发展演进的产业特征 …… 40
第三节　对外贸易高质量发展的产业逻辑及理论框架 …… 46

第三章　中国对外贸易高质量发展与产业发展的测度分析 …… 54
第一节　对外贸易高质量发展与产业发展评价指标体系的构建 …… 54
第二节　对外贸易高质量发展与产业发展的测度与评价 …… 59
第三节　对外贸易高质量发展与产业发展的时空特征分析 …… 65
第四节　新贸易保护下中国对外贸易韧性特征分析 …… 75

第四章　新贸易保护下企业与对外贸易高质量发展 …… 83
第一节　新贸易保护下企业发展影响对外贸易高质量发展的机理 …… 83
第二节　新贸易保护影响企业发展的实证分析 …… 93

第三节 企业发展影响对外贸易高质量发展的实证分析 …………… 106

第五章 新贸易保护下产业组织创新与对外贸易高质量发展 ………… 111
第一节 中国产业组织创新现状 …………………………………… 111
第二节 新贸易保护下产业组织创新影响对外贸易高质量发展的机理 …………………………………………………………… 113
第三节 实证分析 …………………………………………………… 120

第六章 新贸易保护下产业结构升级与对外贸易高质量发展 ………… 132
第一节 新贸易保护下产业结构升级影响对外贸易高质量发展的机理 …………………………………………………………… 132
第二节 新贸易保护影响产业结构升级的实证分析 ……………… 136
第三节 产业结构升级影响对外贸易高质量发展的实证分析 …… 150

第七章 新贸易保护下产业链与对外贸易高质量发展 ……………… 158
第一节 新贸易保护下产业链影响对外贸易高质量发展的机理 …… 158
第二节 新贸易保护影响产业链的实证分析 ……………………… 162
第三节 产业链影响对外贸易高质量发展的实证分析 …………… 175

第八章 新贸易保护下产业安全与对外贸易高质量发展 …………… 186
第一节 中国产业安全的测度与评价 ……………………………… 186
第二节 新贸易保护下产业安全影响对外贸易高质量发展的机理…… 190
第三节 新贸易保护影响产业安全的实证分析 …………………… 194
第四节 产业安全影响对外贸易高质量发展的实证分析 ………… 200

第九章 新贸易保护下产业政策与对外贸易高质量发展 …………… 216
第一节 新贸易保护下产业政策影响对外贸易高质量发展的机理 … 216
第二节 新贸易保护影响产业政策的实证分析 …………………… 221
第三节 产业政策影响对外贸易高质量发展的实证分析 ………… 228

第十章 新贸易保护下对外贸易高质量发展的产业路径与政策选择 …………………………………………………………… 240
第一节 增强顶层制度设计,推进产业政策体系优化完善…………… 240

第二节　明确企业主体地位,带动产业发展基础夯实巩固…………… 242
第三节　更新产业组织模式,支撑对外贸易市场运行提质增效……… 245
第四节　加快产业结构升级,助力出口行业质量优化提升…………… 248
第五节　平抑产业发展风险,保障对外贸易循环局面平稳有序……… 252

参考文献………………………………………………………………… 257

导　论

第一节　研究背景与意义

一、研究背景

近年来，在逆全球化浪潮的带动下，以邻为壑的贸易保护主义已成为以美国为首的西方发达国家持续推行的重要经济政策。它严重影响甚至极大伤害全球产业分工布局赖以延伸的信任纽带，给全世界的产业生态带来毁灭性的连锁破坏。新贸易保护不仅直接影响我国对外贸易健康有序发展，更进一步对我国产业发展带来巨大的负面影响。根据《中国统计年鉴2024》对外经济贸易数据计算，2023 年，中国贸易进出口总额达 41.76 万亿美元，仅同比增长 0.6%。而对欧盟进出口下降了 10.2%。中美贸易额虽总体规模仍然很大，达到 6644.5 亿美元，但却同比下降了 11.6%，其中对美国出口同比下降 13.1%，自美国进口同比下降 6.8%；高新技术产品一般贸易和加工贸易进口额分别比 2022 年同期减少 10.2% 和 21.2%。① 虽然中国出口具有巨大的韧性，但增长受阻必然导致产业升级缓慢和劳动者收入停滞不前。

中国《"十四五"对外贸易高质量发展规划》②明确提出"展望 2035 年，对外贸易高质量发展跃上新台阶。贸易结构更加优化，进出口更趋平衡，创新能力大幅提升，绿色低碳转型取得积极进展，安全保障能力显著提高，参与国际经济合作和竞争新优势明显增强"。而贸易结构、贸易平衡的实现与产业的发展息息相关。过去 40 多年，中国凭借自身劳动力和自然资源禀赋优势，积极参与国际分工，融入全球价值链。随着低成本劳动力供应进入"刘易斯拐点"，劳动密集型产业已在全球失去竞争优势。中国产业链韧性面临严峻挑战：传统制造业的大量过剩产能，需进一步转型升级、寻求产能合作；高新科技产业需不断推进技术追赶与创新，培育全球范围内的竞争力。

---

① 2023 年我国进出口总值 41.76 万亿元（新数据　新看点），《人民日报》2024 年 1 月 13 日第 1 版。

② 关于印发《"十四五"对外贸易高质量发展规划》的通知。中华人民共和国商务部网，2021 年 11 月 18 日。

实现中国对外贸易的高质量发展,产业是根基。在当下新贸易保护的背景下,如何识别并利用好实现对外贸易高质量发展的产业逻辑,是具有现实意义的研究课题。基于此,本书尝试厘清对外贸易高质量发展的产业逻辑以积极高效地应对新贸易保护主义行为,推动中国产业发展升级,为实现中国对外贸易高质量和产业发展贡献力量。

二、研究意义

(一)理论意义

从优化产业组织结构提高企业创新能力和市场绩效,提升出口技术复杂度和出口竞争力,促进全球价值链攀升,实现对外贸易高质量发展的研究已经非常充分。比如改善产业组织的市场结构(Structure)—企业行为(Conduct)—市场绩效(Performance)来提高产品质量、提高出口产品附加价值(孔令池等,2017①;狄乾斌等,2023②;魏浩和张文倩,2022③;)、升级产业结构和延伸产业链优化生产要素配置增加国内附加值(魏昀妍等,2022④;俞立平等,2022⑤;李丹和武杰,2023⑥;)、实施积极的产业政策促进企业竞争力降低供应链风险(杨超和张宸妍,2023⑦;蔡培民和魏龙,2023⑧;孔玉丹等,2024⑨)等。这些建议是提高我国对外贸易高质量发展的重要思路,但对如何应对新贸易保护主义的影响还很不充分。

事实上,相较于以关税壁垒、进口配额和进口许可证为主要手段的传统贸易保护主义,新贸易保护主义的保护方式更为灵活,保护范围更为广泛。

---

① 孔令池、高波、李言:《市场开放、地方财税竞争与产业结构调整——基于我国省级面板数据的实证研究》,《经济理论与经济管理》2017 年第 10 期。

② 狄乾斌、张买铃、王敏:《中国三大海洋经济圈产业结构升级与外贸高质量发展研究》,《海洋开发与管理》2023 年第 2 期。

③ 魏浩、张文倩:《进口关税调整、传递效应与中国企业进口价格》,《经济学(季刊)》2022 年第 3 期。

④ 魏昀妍、龚星宇、柳春:《数字化转型能否提升企业出口韧性》,《国际贸易问题》2022 年第 10 期。

⑤ 俞立平、钟昌标、张宏如:《双循环背景下市场分割、贸易保护与高技术产业创新》,《经济问题探索》2022 年第 6 期。

⑥ 李丹、武杰:《设施联通、技术创新与企业出口增加值的互动效应——基于"一带一路"经验证据》,《大连理工大学学报(社会科学版)》2023 年第 2 期。

⑦ 杨超、张宸妍:《产业政策与企业对外直接投资——基于文本分析方法的经验证据》,《技术经济》2023 年第 4 期。

⑧ 蔡培民、魏龙:《选择性产业政策与中国企业参与全球价值链分工——基于高新技术企业认定的证据》,《产业经济研究》2023 年第 1 期。

⑨ 孔玉丹、刘家国、余乐安:《基于 CH-DEA 模型的中国制造业产业安全研究》,《系统管理学报》2024 年第 1 期。

那么新贸易保护主义是否影响我国产业发展,影响的程度有多大,影响的具体范围有哪些?新贸易保护下产业推动对外贸易高质量发展的原因是什么,如何通过产业经济的发展推动对外贸易高质量的发展?本书研究的理论意义表现在以下几个方面:

(1)构建理论框架,解释新贸易保护下对外贸易高质量发展的产业发展逻辑。新贸易保护和对外贸易高质量发展是如今国际贸易领域探讨的热点重点问题。探究对外贸易高质量发展与产业发展的现状与特征,搭建新贸易保护背景下,产业发展有效支持对外贸易高质量发展的理论分析框架,从产业组织、产业结构、产业政策三个方面构建对外贸易高质量发展的产业逻辑,在一定程度上拓展了产业经济学、国际贸易学和发展经济学的研究范畴。

(2)采用多种计量方法,研究新贸易保护下对外贸易高质量发展的产业逻辑。建立实证研究体系,分别探究新贸易保护对产业发展的影响,以及产业发展对对外贸易高质量发展的影响机制。综合采用固定效应模型、中介效应模型、双重差分法、调节效应模型、分位数回归等计量方法进行实证分析,对明晰新贸易保护下产业发展与对外贸易发展的内在逻辑有重要意义。

(3)以产业经济学理论为基础,从微观—中观—宏观层面探讨对外贸易高质量发展的产业逻辑。通过梳理产业发展的微观基础和内容,结合宏观背景与对外贸易高质量发展的要求,对影响对外贸易发展的产业模块进行重构与整合。从企业、市场结构、市场行为、市场绩效几个方面研究微观层面的产业逻辑;从产业结构升级、产业链研究中观层面的产业逻辑;从产业安全水平和产业政策分析研究宏观层面的产业逻辑,有一定的学术价值。

(二)现实意义

从宏观角度来看,对外贸易作为我国经济的重要组成部分,对经济的持续增长起着不可替代的作用,在新贸易保护下,中国对外贸易高质量发展面临的复杂性、严峻性和不确定性显著增加。我们必须以主动的姿态应对百年未有之大变局,推动贸易实现提质增效的发展。本书的现实意义表现在以下几个方面:

(1)准确测度对外贸易高质量发展及其韧性和产业发展的水平,为对外贸易高质量发展提供现实依据。结合中国各省份外贸发展和产业发展实际,构建指标体系。采用熵值法测度对外贸易高质量发展和产业发展的综合水平并分析其时空演变和地区差异,进一步对中国对外贸易韧性进行测度与分析。这对客观把握各省份外贸发展和产业发展的现实状况,明确促进外贸发展的产业发展方向,具有重要的现实意义。

(2)构建新贸易保护下提升对外贸易高质量发展水平的产业逻辑,并进行理论分析与实证检验,有助于优化产业发展,为实现对外贸易高质量发展提供实践思路。本书结合产业发展的特征变量及对外贸易高质量发展的理论内涵,分别从企业、产业组织、产业结构和产业政策的12个层面系统阐释了对外贸易高质量发展的产业基础。实证检验企业、产业组织、产业结构和产业政策在新贸易保护下,对提升我国对外贸易高质量发展水平的作用机制和影响效果。为政府和企业找准对外贸易高质量发展的短板并采取适当的产业支撑政策,制定和完善相关政策体系提供决策参考。

(3)针对以美国为首的西方国家新贸易保护对我国产业发展的影响,从企业、产业组织、产业结构、产业政策三个方面提出对外贸易高质量发展的发展路径和政策支持设计。对我们在百年未有之大变局下应对世界经济发展的不稳定性,加快建设以实体经济为支撑,具备安全性、完整性和先行性的现代化产业体系,培育具有核心竞争力的主导产业,推进产业转型升级,提升经济发展质量,夯实中国式现代化的基础,切实提高人民生活品质,实现共同富裕,全面建设社会主义现代化国家,实现中华民族伟大复兴具有非常重要的意义。

第二节 相关概念的界定

一、新贸易保护

作为一对孪生兄弟,自由贸易与贸易保护在经济发展波动中交替出现。以托马斯·孟为代表的重商主义把对外贸易视为积累财富的唯一源泉,认为国家应当实施贸易保护以实现贸易顺差。但以亚当·斯密和大卫·李嘉图为代表的资产阶级经济学家力推自由贸易理论。而19世纪中叶经济后进的美国和德国实行保护幼稚工业尤其是制造业的贸易保护政策。20世纪初为摆脱经济大萧条,超贸易保护主义盛行。第二次世界大战后,以李斯特为代表的幼稚产业保护论认为后发展国家应对本国幼稚产业实行贸易保护政策。20世纪70年代中后期,以管理为主要手段的竞争性贸易保护政策盛行,方式推陈出新,这也意味着新贸易保护的诞生和兴起。

对新贸易保护的分歧,主要集中于其兴起的时间起点上。目前,关于这一时间起点主要有三种不同观点:其一,泛指20世纪70年代中期以来,各国着眼于社会利益、人类健康、环境利益而在国际贸易领域形成的一种以非关税壁垒为主要保护手段的贸易保护主义。[①] 其二,认为 2008 年国际金融危机爆发后,发达国家经济发展受到较大影响,逆全球化浪潮导致贸易保护主义兴起。[②] 其三,特指 2017 年后美国特朗普政府开始奉行“美国优先”政策,针对贸易投资领域实施广泛的经贸限制政策,致使新一轮贸易保护主义升级。[③]

本书所论及的“新贸易保护”,是指 2017 年后美国特朗普政府开始奉行“美国优先”政策,以美国为首的西方国家针对贸易投资领域实施广泛的经贸限制,致使新一轮贸易保护主义升级的一系列贸易保护行为。与以前的贸易保护相比,本书论及的新贸易保护有以下特点:(1)内容上的叠加性。自由竞争资本主义的贸易保护把关税壁垒作为最主要的手段,20 世纪后半期的贸易保护主要是以非关税壁垒为主要手段,而 2017 年以来的贸易保护把这两种手段叠加起来。(2)形式上的多样性。除了传统的反倾销、反补贴和保障措施外,新贸易保护的各种贸易壁垒如技术壁垒(限制中国发展高科技)、绿色壁垒和知识产权壁垒甚至“人权”壁垒等花样不断翻新。(3)范围和领域上的广泛性。与以往多以幼稚产业或弱势产业为保护对象不同,新贸易保护正逐渐向优势产业和战略性产业扩展,如以限制数字流动和流量自由传输的数字贸易壁垒快速增多。(4)对象的针对性。针对中国的快速发展,以美国为首的发达国家对华贸易保护手段层出不穷,除了经济制裁(如联合盟友打击中国产品),更是进行政治上的直接干预和泛安全化(如对中国网络企业、科技公司的严格审查和限制)。在本书的叙述中,“新贸易保护”和“中美贸易摩擦”均指 2017 年美国特朗普政府以来的新贸易保护。

二、对外贸易高质量发展

中国对外贸易发展的特征长期表现在以“量”为导向的发展模式下所带来的“低质”问题。过去几十年,中国对外贸易得以快速发展的关键,在于借力需求强劲的国际市场,依托自身传统低成本优势,“低端嵌入”全球价值链分工体系。这种特定阶段的对外贸易发展战略、模式和路径所带来的不平衡、不充分,是对外贸易发展质量不高的主要表现。加之新贸易保护背景下,特朗普政府所采取的一系列贸易保护政策已远远超出了传统意义

---

① 周茂荣:《试析新贸易保护》,《世界经济研究》1986 年第 4 期。

② 薛荣久:《经济全球化下贸易保护主义的特点、危害与遏制》,《国际贸易》2009 年第 3 期。

③ 张鸿韬:《美国贸易保护主义政策对全球价值链的挑战与中国应对》,《现代经济探讨》2019 年第 9 期。

上的互补性贸易摩擦,更是一种产业链和技术的排挤战。因此,中国对外贸易高质量发展,本质上就是对外贸易在保持原有“量”的优势下,更趋平衡、更加充分以及更为安全的高质量发展。具体来讲:

从保持原有“量”的优势来看,就是要实现中国对外贸易数量的持续稳定增长。通过发挥中国超大规模市场及其内需潜力,持续稳定扩大中国进出口规模,从对外贸易总额和对外贸易附加值两个方面提升中国对外贸易综合实力,促进经济稳定增长。

从更趋平衡的角度来看,要求产业的发展更为协调创新,即要建立更为协调、更具创新、结构更加优化、发展更可持续的对外贸易产业体系。贸易是流,产业是源,贸易的发展取决于产业的发展状况。相较于占比一直较高的制造业,我国服务业发展略显不足。尽管近年来在对经济增长的贡献上,服务业已超制造业,但其增加值占 GDP 比重只有 52.8%,仍远低于发达国家 70%—80%的平均水平。而制造业在向中高端价值链攀升中也始终面临关键技术被“卡脖子”的窘境。可见,以往对外贸易高速发展虽然推动了产业规模的快速扩张,但如何通过对外贸易高质量发展使对外贸易发展更趋平衡,是未来一段时期的重点任务。

从更加充分的角度来看,要做到我国对外贸易的对内畅通循环和对外开放合作。对内的畅通循环即要求保证贸易畅通度的同时,提高贸易循环能力以及与国际贸易规则的衔接;对外开放合作则包含要提升贸易便利化水平与增强贸易合作紧密度。在市场和产业开放基础上,推动更高水平开放体制机制建设,营造良好的营商环境,提升贸易便利度,提高贸易效益和效率,也是促进贸易发展质量的关键所在。

从更为安全的角度来看,要具备保障进口来源安全和应对贸易摩擦风险的能力。新贸易保护背景下,美国滥施单边制裁和“长臂管辖”,挑起贸易争端。与此同时,中国对外贸易面临“高端制造回流”和“低端制造分流”的双重压力,“世界工厂”地位的韧性和“世界市场”地位的潜力受到影响,产业链、供应链安全受到前所未有的挑战。因此,在逆全球化的强劲趋势下,对外贸易想要实现高质量发展,必须具备化解贸易摩擦风险和保障产业链供应链安全的能力。

三、产业逻辑

产业经济学在西方一般称为产业组织理论。从整个西方理论框架和学科体系来看,产业经济学的研究对象基本可以概括为“一个中心、两条主线、三个方面”。“一个中心”指以产业组织为研究中心;“两条主线”,分别为产业组织内部的结构（即企业）和产业组织之间的关系（即市场）；“三个方面”分别指市场结构、市场行为和市场绩效。[①] 中国产业经济学的分析视角和内容随着该学科的使命和任务不断进行叠加式横向扩张，在一个大的框架和结构下承载了更为复杂的内容。我们搜集了国内主要高校产业经济学教材，主要内容见表 0-1。

表 0-1　国内主要高校产业经济学教材内容列表

<table>
<tr><th rowspan="2">作者</th><th colspan="7">共有内容（章节）</th><th rowspan="2">特色内容</th></tr>
<tr><th>企业</th><th>产业组织</th><th>市场结构</th><th>市场行为</th><th>市场绩效</th><th>产业结构</th><th>产业政策</th></tr>
<tr><td>苏东水</td><td>5</td><td>4—8</td><td colspan="3">6—8</td><td>9—12</td><td>17</td><td>第五篇产业发展内容，包括产业发展理论（14）和中国产业发展展望（15）</td></tr>
<tr><td>芮明杰</td><td>—</td><td>8—18</td><td>16</td><td>17</td><td>18</td><td>5—9</td><td>19—21</td><td>沿着产业诞生、成长分化、体系结构、关联变化、组织治理、规则设计的思路，该书开篇进行了产业发展（1—4）的介绍，第三篇详述了产业关联（7—13）的内容</td></tr>
<tr><td>刘志彪</td><td>1</td><td>2—10</td><td>3</td><td>4—9</td><td>10</td><td>11</td><td>14</td><td>根据国家经济政策变化的趋势和方向，突出中国竞争政策实践的案例研究，聚焦全球价值链（16）、服务业（12）和产业集群（15）等</td></tr>
<tr><td>李孟刚</td><td>—</td><td>1—4</td><td>2</td><td>3</td><td>4</td><td>6—12</td><td>13—17</td><td>在 2012 年版产业组织、产业结构、产业政策的基础上，2023 年版新增了产业安全和产业增长两篇，将产业安全理论与产业增长理论纳入产业经济学理论框架</td></tr>
<tr><td>王俊</td><td>—</td><td>9</td><td>10</td><td>11</td><td>12</td><td>2、3、5</td><td>14</td><td>对服务业发展基本规律（4）、现代产业体系（5）、投入产出理论（6）、产业关联（7）、产业分工与全球价值链（8）进行了深入介绍</td></tr>
<tr><td>卢福财</td><td>18</td><td>2、17</td><td colspan="3">3、13、14</td><td>4—7</td><td>8</td><td>第四篇理论专题部分对产业竞争力（10）、产业生态化（11）、产业集群（12）、产业融合（15）、产业内贸易（16）和战略性新兴产业发展（19）进行介绍</td></tr>
</table>

① 马广奇：《西方产业经济学的发展轨迹与思考》，《经济纵横》2000 年第 10 期。

续表

作者	共有内容(章节)							特色内容
	企业	产业组织	市场结构	市场行为	市场绩效	产业结构	产业政策	
吴建伟	8	2—4				5	6	从学科融合角度提出产业和城乡一体化发展的“大规划”原理,从产业角度对城市功能区进行细分,增加大量案例分析(11—15)
高志刚	2	3	—			5	13	引入产业转移(8)、产业竞争力(9)、产业安全(10)、产业发展战略与规划(11)等前沿领域,聚焦产业规划、数字经济、产业转移、产业安全等实践问题,体现了产业经济发展的新态势和新政策

表 0-1 列举了部分产业经济学教材共有内容和特色内容,可以看出,目前学术界对中国产业经济学的内容和研究边界还没有达到完全统一,但总体来说,企业、产业组织(SCP)、产业结构、产业政策是多数教材均涉及的内容模块。在此基础上,不同教材根据自身研究逻辑与研究视角的差异,对相同模块进行了不同的分解与延伸。或从学科融合角度,增设公共选择理论、新制度经济学、发展经济学框架下的分析;或根据国家经济政策变化的趋势和方向,研究产业循环和关联、产业竞争和发展、产业的集聚、生态与融合,以及全球价值链问题。鉴于此,本书所论及的“产业逻辑”,是以现有产业经济学研究的共有内容范畴为基础,将产业逻辑划分为“产业组织、产业结构、产业政策”三大内容,根据《“十四五”对外贸易高质量发展规划》,在产业结构中增加产业链的分析,强化产业政策与产业安全并举,以实现新贸易保护下对外贸易的高质量发展为使命,系统建立了一系列能够解决宏观对外贸易与经济发展问题的产业经济学研究框架。

具体来说,本书从分析产业发展的微观基础——企业出发,首先从总体上探讨产业组织和对外贸易高质量发展,然后进一步将产业组织细化为“市场结构、市场行为、市场绩效”三个部分。更趋平衡的对外贸易发展要求建立更为协调、更具创新、内部结构更加优化、发展更可持续的产业组织体系,以优化资源配置、提高生产要素效率,创造新质生产力、提升企业创新能力,为企业创新提供必要的保障和支持,这也是微观层面的产业要求。其次,更加充分的对外贸易发展要求我国对外贸易既要对内畅通循环,又要对外开放合作。这对与宏观经济相适应的国民经济各产业之间的协调融合发展并向更高层次不断演进提出了更高要求。只有不断进行产业的升级调整，狠抓产业补链强链延链，才能优化产业结构，从而为对外贸易高质量发展提供中观层面的产业基础。最后，产业政策作为一种宏观的政策优化途径，深受宏观经济政策环境的影响。作为国家安全体系的重要构成部分，产业安全政策体系对提升产业链、供应链韧性和安全水平至关重要，更为安全的对外贸易发展要求具备应对贸易摩擦风险的能力。在新贸易保护下，必须根据国家利益制定国家产业发展战略，提前做好产业链供应链的协同补链，促进重要产品和供应渠道替代性和多元化，增强产业体系抵抗风险的能力，以应对全球产业链供应链可能出现的剧烈重构，实现对外贸易的高质量发展。因此，本书从宏观层面进一步将“产业安全”纳入“产业政策”里来研究讨论。

第三节　研究内容与研究方法

一、研究内容

依据产业经济学的理论体系与主体内容，将新贸易保护下对外贸易高质量发展的产业体系划分为四大内容：首先，企业是分析和研究产业经济的出发点，也是产业政策和新贸易保护措施的最终落脚点，因此，将企业作为新贸易保护下中国对外贸易高质量发展产业体系构成的逻辑起点；其次，产业组织是对外贸易高质量发展的主导逻辑；再次，产业结构是对外贸易高质量发展的依存逻辑；最后，以产业安全为发展前提、以产业政策为基本工具，分析新贸易保护下产业安全、产业政策与对外贸易高质量发展的关系，产业政策是对外贸易高质量发展的实施逻辑。

为了深入研究新贸易保护下对外贸易高质量发展的产业逻辑，本书从产业体系四大内容出发，分两个层面精准分析它们的逻辑关系，一是在阐明新贸易保护对产业发展影响的理论机制的基础上，运用实证方法客观分析影响的方向和强度；二是探讨了产业发展支持对外贸易高质量发展的理论机制，准确测量支持的范围和程度。在理论分析和实证检验结果的基础上，结合产业逻辑体系框架分析中国实现对外贸易高质量发展的路径和政策选择。

按照以上的研究设想，本书在概念界定和构建理论分析框架的基础上，围绕“新贸易保护下中国对外贸易高质量发展的产业逻辑”主题，遵循“提出问题—分析问题—解决问题”的基本范式，沿着“概念界定—理论分析—现实

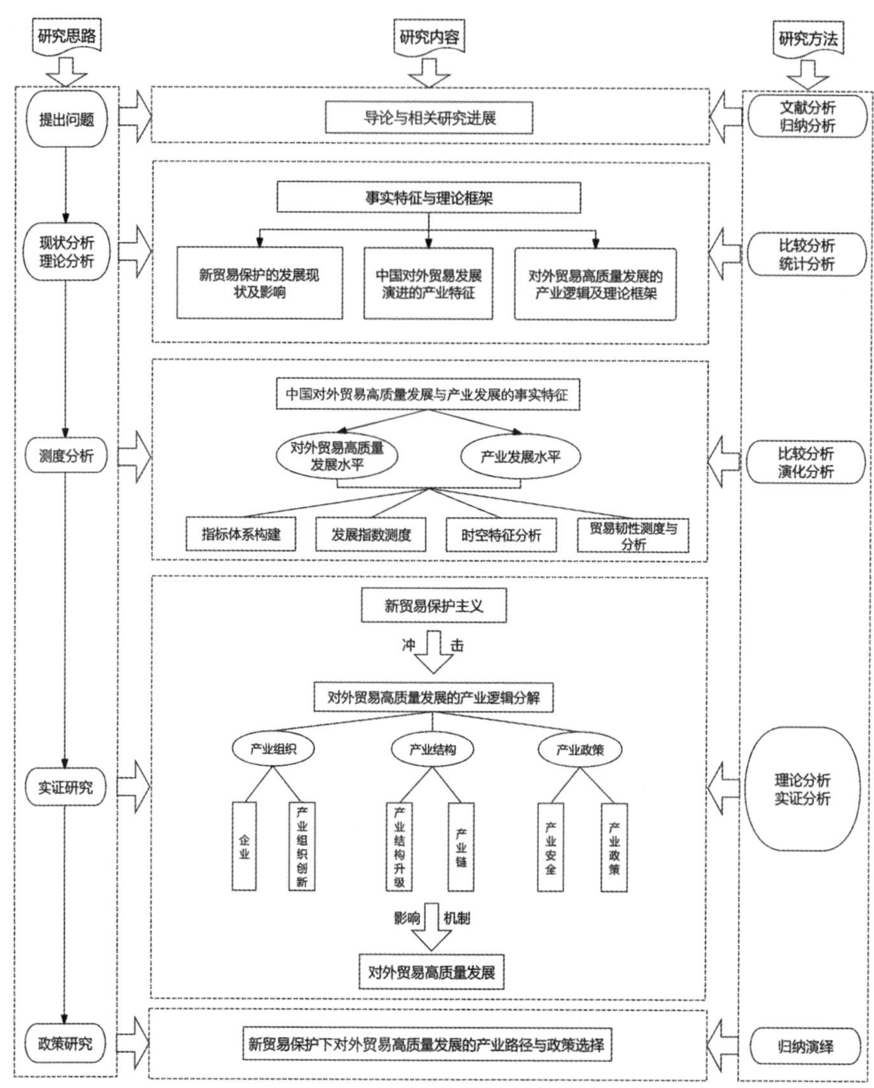

图 0-1　技术路线图

测度—实证研究—路径政策”的逻辑脉络，构建新贸易保护下中国对外贸易高质量发展的产业分析框架，测度中国对外贸易和产业发展水平，论证新贸易保护对产业经济的影响强度及产生发展与对外贸易高质量发展间的数量关系，提出新贸易保护下促进中国对外贸易高质量发展的产业路径和政策选择。

基于上述研究的技术路线，本书按照以下研究思路展开：

首先，提出问题。界定新贸易保护、中国对外贸易高质量发展和产业逻辑的基本内涵。通过对新一轮贸易保护主义产生的背景和影响分析，对中国对外贸易高质量发展最新研究进展进行总结，对产业经济相关研究的文献进行综述，提出新贸易保护主义对中国经济的影响有多少，对中国产业发展带来多大的影响，产业发展采取什么样的路径才能实现对外贸易高质量的发展，这些问题都是百年未有之大变局下需要回答和解决的。

其次，分析问题。研究新贸易保护的深刻影响和中国对外贸易高质量发展的产业特征，总结党的十八大以来支持中国对外贸易（货物贸易）连续6年稳居世界第一的产业发展的演进过程和规律，沿着“产业组织—产业结构—产业政策”的产业逻辑进行理论研究和实证分析。分析与宏观经济相适应的国民经济各产业之间的协调融合发展并向更高层次不断演进的规律，论证抓产业补链强链延链，加快产业转型发展的机理和路径。研究新贸易保护下西方发达国家怎样凭借国际先进工业和高新技术垄断地位对中国产业多面压制阻截，威胁中国产业安全。中国应当如何采取适当的产业政策来维护产业安全，提升对外贸易高质量发展。

最后，解决问题。依据新贸易保护对产业经济和对外贸易高质量发展影响的实证分析结果，结合所处百年未有之大变局和推进中国式现代化的历史性挑战和机遇，通过定量分析和定性研究相结合，经验归纳和理论演绎相统一，一般分析和典型研究相补充，探讨中国对外贸易高质量发展的产业发展路径和政策选择。

具体的研究思路见图0-2。

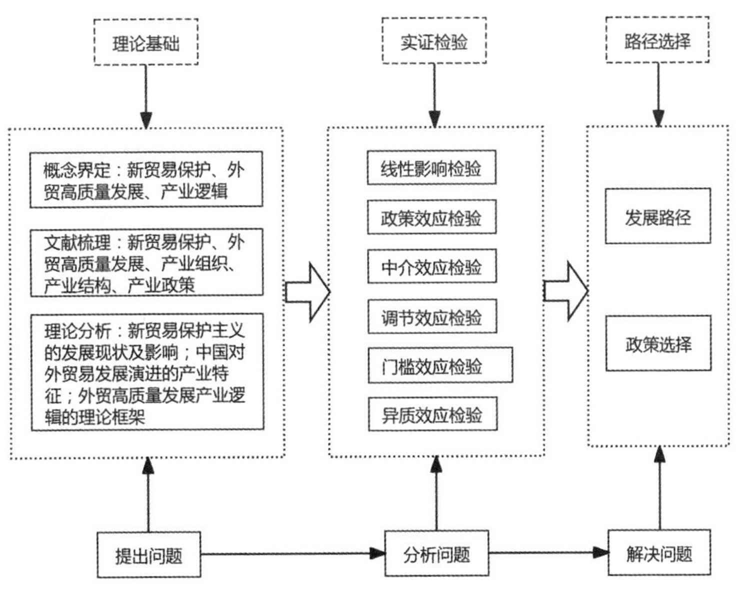

图0-2　研究思路图

根据以上研究思路，具体章节设计如下：

导论。主要阐述本书的研究背景及研究意义，对相关核心概念的界定，详细介绍了本书的研究思路与方法，构建了系统的研究框架，并提出本书的重难点与创新之处。

第一章为文献综述。通过新贸易保护对产业发展的影响以及产业发展对对外贸易高质量发展影响的相关文献梳理和分析，总结现有研究的逻辑脉络和理论基础，在此基础上，找出进一步研究的空间，为本书接下来的思路提供分析基础和方向。

第二章为事实特征与理论框架。基于新贸易保护的现状、特点及影响分析，结合中国对外贸易发展演进的产业特征，重点探究促进对外贸易高质量发展的产业逻辑，在对对外贸易高质量发展的理论内涵重新界定的基础上，系统阐释新时代促进中国对外贸易高质量发展的产业定位。同时，对对外贸易高质量发展产业逻辑的理论框架进行具体分析，阐释后续章节的构成逻辑与思路，旨在为构建对外贸易高质量发展的产业实现路径奠定分析基础。

第三章为中国对外贸易高质量与产业发展的测度分析。本章通过筛选与建立相应的评价指标体系，分别对中国对外贸易高质量发展水平以及中国产业发展水平进行了测度与分析，并进一步对中国对外贸易韧性进行测度与分析，为后续章节提供数据支撑。

第四章为新贸易保护下企业与对外贸易高质量发展。本章采用 A 股上市公司数据为研究样本，通过构建度量企业感知的贸易保护程度指标，采用双重差分模型研究贸易保护对出口企业发展的影响，探讨了贸易保护对出口企业发展的影响和作用机制，并对企业发展影响对外贸易高质量发展水平的效应和机制进行了实证检验。

第五章为新贸易保护下产业组织创新与对外贸易高质量发展。本章以产业组织创新对对外贸易影响为主要研究内容，在剖析产业组织演化与创新现状和存在问题的基础上，从理论和数理模型两个方面探讨了产业组织创新与对外贸易出口发展的内在机理，构建了产业组织创新的指标评价体系，并据此计算出我国 30 个省份的产业组织创新指数。利用我国 30 个省份的面板数据进行实证分析，并分地区进行回归分析，最后总体上分析 2017 年前后新贸易保护对产业组织的影响。

第六章为新贸易保护下产业结构升级与对外贸易高质量发展。本章基于企业和省份的面板数据，考察了新贸易保护对产业结构升级和产业结构升级对对外贸易高质量发展的影响与作用机制，运用双重差分法，双向固定效应模型、中介效应模型和调节效应模型对新贸易保护对产业结构升级的影响与作用机制和产业结构升级对对外贸易高质量发展的影响进行了实证检验。

第七章为新贸易保护下产业链与对外贸易高质量发展。本章基于中国A股上市公司数据和省级对外贸易高质量发展数据,以样本在研究时间范围内受到新贸易保护影响较大的制造行业上市公司作为处理组,其他行业上市公司作为对照组,利用双重差分模型对贸易保护政策实施影响供应链集中度进行了实证分析。利用双向固定与调节效应模型检验新贸易保护下中国产业链与对外贸易高质量的关系。

第八章为新贸易保护下产业安全与对外贸易高质量发展。本章从产业国际竞争力、产业对外依存度、产业竞争环境、产业控制能力四个维度来构建产业安全评价指标体系,并在此基础上评价了我国产业的安全现状。以中国30个省份的面板数据为研究对象,实证检验了新贸易保护对我国产业安全总体影响以及四个细分维度的异质性影响,并对产业安全促进我国对外贸易高质量发展进行了检验。

第九章为新贸易保护下产业政策与外贸高质量发展。本章以中国A股1141家上市企业为研究样本,以上市企业年报中相关词频合成构建贸易保护指标,以财政补贴和税收优惠合成构建产业政策指标,运用双重差分模型、双固定效应的基准回归模型、中介效应模型和调节效应模型分析了新贸易保护下产业政策对对外贸易高质量发展的影响及作用机制。

第十章为新贸易保护下对外贸易高质量发展的产业路径与政策选择。通过强化顶层制度设计与体系优化完善,结合新贸易保护新形势,分别从企业、产业组织、产业结构、产业政策,对外贸高质量发展进行产业发展的路径与政策选择。

二、研究方法

本书围绕“新贸易保护下中国对外贸易高质量发展的产业逻辑”这一主题展开研究,设计的研究方法主要包括以下几种:

(一)多学科交叉研究

综合运用产业经济学、国际贸易学、世界经济学、统计学、计量经济学等多学科理论分析与实证研究工具,对相关概念、测度及关系进行总结研究,并据此研究新贸易保护对产业发展以及产业发展对对外贸易高质量发展的影响机制,为新贸易保护下中国对外贸易高质量发展的产业路径选择提供支持。

（二）历史分析与比较分析相结合

进行概念界定、研究现状分析与理论分析时，需要对新贸易保护和对外贸易高质量发展的内涵、特征与发展背景进行回顾和分析，对产业经济学的发展和研究对象设定进行比较和总结。产业发展与外贸发展失衡是世界各国发展历程中面临的历史性难题，推进对外贸易向更加平衡、更加充分的方向发展，是新时代改革开放发展必须面对和解决的新课题，以历史经验解释和分析现实问题，运用比较分析法对不同地区、不同企业类型、不同贸易方式等的差异展开对比研究，有助于总结产业发展与对外贸易高质量发展的客观规律；同时，还能够发掘出产业发展对对外贸易高质量发展作用效果的异质性，为后续实证分析奠定基础。

（三）经验归纳与理论演绎相结合

梳理对外贸易高质量发展与产业发展的内涵、特征、历史演进以及指标体系设计和指标测算分析时，通过对来自数据库、统计年鉴、研究报告、期刊报纸、互联网等相关资料和信息的分析，将构建的概念和指标体系进行理论演绎，在此基础上，进而将经验归纳的结论和理论演绎的结果互为参照验证，将经验研究与理论研究充分结合。

（四）规范研究与实证研究相结合

新贸易保护下产业与对外贸易高质量发展的内涵现状、理论基础、二者的驱动机理，以及设计外贸高质量发展的产业选择路径时，以规范分析为主。探究新贸易保护对产业发展的影响和分析产业发展影响对外贸易高质量发展的效应和机制时，以实证分析为主。通过固定效应模型、双重差分模型、中介效应模型、调节效应模型、分位数回归等多种计量方法对变量间潜在关系进行验证。规范分析与实证分析相结合的思路既体现了定性研究的规范性、逻辑性，又渗透了定量研究的严谨性、科学性。

第四节　重点难点与创新之处

一、研究重点

对外贸易高质量发展的产业逻辑分析框架的重构。基于“新贸易保护”“对外贸易高质量发展”“产业逻辑”的新内涵，以实现高质量发展为导向，结合当前新贸易保护经济发展与产业发展的现实情况，遵循产业经济学的研究范式，设计“产业组织—产业结构—产业政策”从微观到宏观的三维产业逻辑分析框架。论述支撑市场绩效的市场结构变化和市场行为调整机理,分析企业和市场如何通过优化资源配置、提高创新能力应对新贸易保护的影响;论述脱钩断链和“去风险”围堵下,产业结构如何通过自身优化升级和各产业间融合协调发展以实现外贸高质量发展的路径;论证中国如何采取适当的产业政策维护产业安全,提升对外贸易高质量发展,是本书的重点。

新贸易保护的影响效应研究。结合我国宏观经济背景,理论分析新一轮贸易保护主义对中国产业发展和对外贸易发展带来的影响效应。构建数理模型,多层次、多方法、多角度检验新贸易保护对产业组织、产业结构、产业政策的影响效应,最大限度地打开新贸易保护影响产业发展的“黑箱”。采用双重差分法检验新贸易保护对企业、产业组织、产业结构、产业链、产业政策的影响;通过三阶段 Bertrand 博弈和实证检验分析了新贸易保护下市场行为影响对外贸易高质量发展的差异;采用分样本回归检验新贸易保护下产业组织创新、产业结构和产业链受到的影响;采用新贸易保护与产业安全交乘项来检验新贸易保护下产业安全对对外贸易高质量发展的影响。通过实证分析明确新贸易保护对产业发展各方面的影响效应,为对外贸易高质量发展如何应对贸易保护影响提供现实数据参考,是本书的重点。

对外贸易高质量发展的产业发展路径与政策选择方案。基于企业主体地位,选择夯实产业发展基础的路径,促进产业组织不断创新,提升市场运行绩效,推动产业结构优化升级,提高产业整体素质,强化顶层设计,为打造全面促进对外贸易高质量发展的产业政策体系提供有效的支持,是本书的重点。

二、研究难点

分析产业发展对对外贸易高质量发展影响的理论机理。理论分析产业发展对对外贸易高质量发展的影响作用,需立足于学科基础和现有成果,也需要跳出现有理论局限,通过重构对外贸易高质量发展的产业逻辑分析框架,从产业组织、结构、政策的视角重新解析产业发展为什么会影响对外贸易高质量发展,探索产业发展影响对外贸易发展的传导机制,理论上阐述产业发展如何促进对外贸易高质量发展水平的提升。然而目前尚未有研究进行对外贸易发展层面的产业逻辑重构,如何从产业组织、产业结构、产业政策层面系统刻画产业发展对对外贸易高质量发展的影响,也缺乏相关借鉴基础。因此,对产业发展如何影响对外贸易高质量发展的理论机理的探讨及影响机制的设计是本书的难点。

构建对外贸易高质量发展和产业发展的测度指标体系。科学合理地测度对外贸易高质量发展和产业发展的真实水平，是探讨新贸易保护下对外贸易高质量发展的产业逻辑的前提。然而不管是对外贸易高质量发展还是产业发展逻辑，学术界尚未对其内涵形成统一界定标准，虽已有大量文献对其进行过测度，但多是基于其自身的研究背景与需求进行的指标体系设计，难以直接模仿与套用。因此，基于新贸易保护下对外贸易发展和产业逻辑的新内涵和特征构建一套科学系统的指标体系，充分利用现有宏观数据对二者进行有限测度是本书要突破的一大难点。

检验新贸易保护对产业发展的影响效应与影响机制。新贸易保护是否会对产业发展造成影响，分别将通过哪些渠道对以产业组织、产业结构、产业政策为逻辑的各个子系统造成影响，这些影响是否存在异质性，本书需要构建数理模型、采用大样本回归对这些问题进行实证检验。然而，新贸易保护在既有文献中多以背景或政策的形式出现，少有的对其进行量化的文献多以文本抓取方式统计，而产业发展涉及的产业层面变量较多、范围较广，两者的统计口径很难达到一致。因此，如何准确地提取关键变量、构造实证检验模型、选择合适的计量研究方法、有效克服内生性，验证新贸易保护对产业发展的线性效应、中介效应、调节效应、门槛效应、异质效应是否存在，从而客观真实地反映新贸易保护对产业的影响效应也是本书的难点。

三、创 新 点

在前人文献研究基础上，本书以中国产业发展为切入点，在新贸易保护的影响下，构建了中国对外贸易高质量发展的产业逻辑理论分析框架，以中国产业组织、产业结构和产业政策为研究对象，实证研究了新贸易保护下不同的产业发展内容对我国对外贸易高质量发展影响及其作用机制，本书的创新点体现在以下几个方面：

(1)新贸易保护效应的定量研究。以往文献更多的是阐释贸易保护对中国经济和产业发展造成的影响，但这种影响有多大，每一种影响因素的作用有多大，通过哪种中介和调节来发生作用等这些问题还没有深入研究。本书在结合新贸易保护对我国产业经济影响理论分析的基础上，构建适当的数理模型，利用多种方法多层次和多角度分析和检验新贸易保护对产业组织、产业结构、产业政策的影响及异质性效应。

(2)构建对外贸易高质量发展的产业逻辑系统分析框架。以往文献只是从产业的某一个方面进行分析，本书基于产业经济学“产业组织—产业结构—产业政策”的视角，全面探讨影响程度及与对外贸易高质量发展的关系。既遵循传统的结构—行为—绩效范式分析，又对产业结构创新、产业链发展趋势进行深入细致研究，还针对逆全球化泛滥和以美国为首的西方国家新贸易保护对中国的遏制和围堵，实现产业政策的发展和安全并举，凸显产业安全研究，提升核心产业的安全性和独立性。

（3）构建并优化了我国对外贸易高质量发展和产业发展的评价指标体系并进行了时空特征分析。本书基于对外贸易高质量发展和产业逻辑的科学内涵，研究了评价指标体系的构建思路、构建原则和具体框架和计算步骤，对对外贸易高质量发展和产业发展的时空演化特征进行考察，运用构建的指标体系具体分析了产业发展对对外贸易高质量发展影响的机理和程度。

（4）面对新一轮贸易保护主义，提出对外贸易高质量发展的产业发展路径与政策选择方案。全面分析了新一轮贸易保护对中国经济不同层面的影响，通过重构产业逻辑分析框架，从产业组织、产业结构、产业政策三个方面对对外贸易高质量发展的路径和政策支持框架进行设计。以政府为主导，以市场为基础，以企业为主体，以安全为保证，以对外贸易高质量发展为目标提出产业发展的具体对策。

第一章　相关研究进展

本章从两个方面进行分析:一是新贸易保护对产业发展影响的相关研究,主要从新贸易保护以及新贸易保护对企业发展、产业组织、产业结构、产业政策的影响五个方向展开。二是产业发展对对外贸易高质量发展影响的相关研究,主要从企业发展、产业组织、产业结构、产业政策对对外贸易高质量发展影响这四个方面入手。

第一节　新贸易保护影响产业发展的相关研究

在新冠疫情、中美贸易摩擦等背景下,新贸易保护对产业发展的影响受到了国内外学者的高度关注,此类研究可以分为以下五个方面。

一、新贸易保护的相关研究

2017 年美国特朗普政府采取单边主义、保护主义和民粹主义贸易政策,接连“退群退约”。2021 年拜登政府不仅延续并加大了这种贸易政策的实施力度,而且与西方盟友合伙加大执政后构建以美国为核心的贸易保护主义新体系。这一时期的新贸易保护概念没有一个统一的界定,学者们赋予其不同的名称。第一,新一轮贸易保护主义。崔庆波(2021)①认为,2017 年之后,美国特朗普政府针对贸易与投资领域实施的经贸限制政策,标志着新一轮贸易保护主义的升级。第二,新型贸易保护主义。杨帅(2017)②指出,美国总统特朗普上台对全球传递出的新动向以及在对外贸易上所采取的保护态度将会导致新型贸易保护主义的抬头。第三,美国贸易保护主义。王孝松和张瑜(2022)③认为,美国作为世界第一大经济体,当全球化损失无法在政治层面解决时,将会推动逆全球化作为政府政策主张,而逆全球化的重要表现是反对自由贸易,这导致贸易保护主义成为美国政府长期持续推

① 崔庆波:《新一轮贸易保护主义与中国区域贸易自由化策略》,《上海对外经贸大学学报》2021 年第 4 期。

② 杨帅:《新型贸易保护主义与自贸区建设的应对》,《贵州财经大学学报》2017 年第 5 期。

③ 王孝松、张瑜:《美国贸易保护政策对全球化的影响探究》,《经济学家》2022 年第 5 期。

行的重要经济政策。东艳(2018)[①]指出,贸易保护主义是美国长期的政策倾向,并且将贸易保护主义推向了贸易霸凌主义。第四,中美贸易摩擦。陈思翀等(2021)[②]提出,中美两国之间的贸易摩擦使重返贸易保护的担忧成为现实。方意等(2019)[③]认为,以中美贸易摩擦为代表的贸易保护主义是逆经济全球化的重要行为。仲鑫和金靖宸(2019)[④]提出,特朗普上任以来中美贸易摩擦不断升级使贸易保护主义倾向迅速付诸实际。第五,中美经贸脱钩、脱钩断链。渠慎宁和杨丹辉(2021)[⑤]指出,随着中美之间竞争的不断加剧,美国对中国的打压从贸易领域逐渐延伸至产业、科技和金融等领域,中美两国出现脱钩迹象。俞懋峰和张毅荣(2023)[⑥]指出,美国通过将供应链搬出中国,人为割裂与剥离全球产业链与供应链,"脱钩断链"行为对全球供应链安全造成严重威胁。

在新贸易保护的经济效应研究方面。第一,新贸易保护会对宏观经济造成影响。张建华等(2018)[⑦]发现,国际贸易冲击对经济体产出结构的影响幅度大于对消费结构的影响,因为消费者偏好会在贸易价格冲击时发挥调整效应。赵儒煜和聂逯松(2021)[⑧]认为,国际贸易的不利冲击会导致消费与产出下降、汇率贬值以及通货膨胀率上升,并且这一冲击效应对汇率只有短期影响,但对消费、产出以及通货膨胀会有长期影响。刘阳等(2022)[⑨]研究发现,出口贸易冲击通过拉动效应和产业关联扩大了压力,而进口贸易冲击反向拉动了经济增长,表明中国经济韧性较强。苏帆和周艺琳(2022)[⑩]表明,在贸易冲击下,杠杆率和经济波动之间呈现"U"型状态,并且在不同

---

① 东艳:《贸易保护主义:美国长期的政策倾向》,《人民论坛》2018 年第 24 期。

② 陈思翀、郭烨华、张澜等:《重返贸易保护主义的市场冲击及其在供应链商业信用上的传导:基于 USTR 听证会企业的证据》,《世界经济研究》2021 年第 12 期。

③ 方意、和文佳、荆中博:《中美贸易摩擦对中国金融市场的溢出效应研究》,《财贸经济》2019 年第 6 期。

④ 仲鑫、金靖宸:《中国入世后美国贸易保护政策的演变及对策》,《国际贸易》2019 年第 2 期。

⑤ 渠慎宁、杨丹辉:《逆全球化下中美经济脱钩风险的领域与应对策略》,《财经问题研究》2021 年第 7 期。

⑥ 俞懋峰、张毅荣:《美国"脱钩断链"威胁全球供应链安全》,《新华每日电讯》2023 年 5 月 16 日。

⑦ 张建华、何宇、陈珍珍:《国际贸易冲击与产业结构变迁:基于经济稳定视角》,《经济评论》2018 年第 4 期。

⑧ 赵儒煜、聂逯松:《"双循环"背景下国际贸易冲击的宏观经济效应——理论模拟与动态计量检验》,《经济问题探索》2021 年第 5 期。

⑨ 刘阳、张萌、李体欣:《逆全球化压力下贸易冲击的经济波动压力测试——基于产业关联理论》,《国际经贸探索》2022 年第 6 期。

⑩ 苏帆、周艺琳:《贸易冲击、经济波动与结构性去杠杆》,《湖北经济学院学报》2022 年第 3 期。

部门之间贸易冲击对杠杆率的影响存在非对称性，家庭和政府部门对其冲击的反应最突出。第二，新贸易保护会阻碍一国全球价值链地位提升。库普曼和鲍尔斯（Koopman 和 Powers，2010）①提出，贸易保护通过限制产品跨境流动、增加贸易成本等方式对一国全球价值链分工参与形成严重阻碍。李宏等（2020）②发现，贸易摩擦对中国制造业全球价值链地位的提升具有显著的抑制作用。第三，新贸易保护不利于企业出口和出口产品质量提升。高磊和鲍晓华（2022）③认为，技术性贸易壁垒造成的合规成本对企业的出口数量和出口倾向都可能产生消极影响。李长英等（2022）④认为，美国加征关税降低了中国对美国出口的产品质量，美国关税每提高 1%，中国对美国出口产品质量下降约 0.56%。谢建国和章素珍（2017）⑤提出，反倾销不仅对企业出口数量产生不利影响，对企业出口质量也产生了消极的阻碍作用。第四，新贸易保护抑制企业生产率提升。谢申祥等（2017）⑥研究发现，反倾销壁垒通过降低增加值和阻碍生产要素进入这两个途径降低企业生产率。此外，贸易保护还具有增加值转移效应⑦，抑制发展中国家产业安全⑧，放大国际资本净流入的本国实际汇率升值效应⑨和激励企业对外直接投资⑩等经济效应。

二、新贸易保护影响企业发展的相关研究

大量学者对贸易保护影响企业发展进行了研究，贸易保护能够通过限

① Koopman R.B.，Powers W M.，"Give Credit Where Credit is due：Tracing Value Added in Global Production Chains"，*NBER Working Paper Series*，No.16426，2010.

② 李宏、吴东松、曹清峰：《中美贸易摩擦对中国制造业全球价值链分工地位的影响》，《财贸研究》2020 年第 7 期。

③ 高磊、鲍晓华：《技术性贸易壁垒对本国出口的影响：理论与实证》，《国际经贸探索》2022 年第 11 期。

④ 李长英、刘璇、李志远：《美国加征关税如何影响了中国产品出口》，《国际贸易问题》2022 年第 7 期。

⑤ 谢建国、章素珍：《反倾销与中国出口产品质量升级：以美国对华贸易反倾销为例》，《国际贸易问题》2017 年第 1 期。

⑥ 谢申祥、张铭心、黄保亮：《反倾销壁垒对我国出口企业生产率的影响》，《数量经济技术经济研究》2017 年第 2 期。

⑦ 张鹏杨、冯阔、唐宜红：《破解全球贸易保护引致之谜：基于增加值转移视角》，《世界经济》2022 年第 5 期。

⑧ 赵驰、戴阳晨：《绿色贸易壁垒抑制了发展中国家的产业安全吗？——中国制造业产业的视角》，《经济问题探索》2021 年第 12 期。

⑨ 王莹、施建淮：《贸易保护、国际资本流动与实际汇率》，《经济问题探索》2022 年第 1 期。

⑩ 史本叶、李秭慧：《中国对美直接投资：跨越贸易壁垒的视角》，《东北师大学报（哲学社会科学版）》2017 年第 1 期。

制企业产品出口、改变企业竞争环境以及提高企业产品成本等途径影响企业利润，对企业出口发展造成严重冲击。在限制企业产品出口方面。王孝松等(2014)①研究发现，反倾销能够通过提高企业出口贸易成本抑制出口产品种类的扩张。罗霍和罗德里格(Rho 和 Rodrigue，2016)②研究发现，企业在受到贸易保护措施影响时，由于资本调整具有缓慢性特征，会使其原有国际市场出口数量显著降低。陆易等(Lu 等，2018)③对美国反倾销对中国企业出口范围的影响进行研究，发现这一贸易保护措施会使企业出口产品种类减少，集中出口优势产品。在提高企业产品成本方面。方唐内等(Fontagné 等，2015)④认为，非关税贸易壁垒的影响会使市场份额在企业间重新划分，进而导致企业策略性调整定价。达根和莫顿(Duggan 和 Morton，2006)⑤以美国药品企业为研究对象，发现采购本土化措施会使国内药品企业产品价格显著提高。在改变企业竞争环境方面。马诺娃和余志(Manova 和 Yu，2017)⑥指出，当企业面临出口配额限制时，企业内产品间的资源再配置将会促进产品质量的提升。陆易等(Lu 等，2018)⑦发现，美国对华反倾销将会促进企业产品范围的调整，出口品质更高的产品，从而能够提高企业出口产品质量。董银果和黄俊闻(2018)⑧对进口国卫生与植物检疫措施能否影响出口国产品质量进行研究，发现卫生与植物检疫措施标准的提高会激励出口国产品质量的提升，来适应激烈的市场竞争环境。

三、新贸易保护影响产业组织的相关研究

现有学者从三个方面验证了新贸易保护对产业组织的影响。第一，新

---

① 王孝松、施炳展、谢申祥等：《贸易壁垒如何影响了中国的出口边际？——以反倾销为例的经验研究》，《经济研究》2014 年第 11 期。

② Rho Y.，Rodrigue J.，"Firm-Level Investment and Export Dynamics"，*International Economic Review*，Vol.57，No.1，2016.

③ Lu Y.，Tao Z.，Zhang Y.，"How do Exporters Adjust Export Product Scope and Product Mix to React to Antidumping?"，*China Economic Review*，Vol.51，2018.

④ Fontagné L.，Orefice G.，Piermartini R. et al.，"Product Standards and Margins of Trade：Firm-Level Evidence"，*Journal of international economics*，Vol.97，No.1，2015.

⑤ Duggan M.，Scott Morton F.M.，"The Distortionary Effects of Government Procurement：Evidence from Medicaid Prescription Drug Purchasing"，*The Quarterly Journal of Economics*，Vol. 121，No.1，2006.

⑥ Manova K.，Yu Z.，"Multi-Product Firms and Product Quality"，*Journal of International Economics*，No.109，2017.

⑦ Lu Y.，Tao Z.，Zhang Y.，"How do Exporters Adjust Export Product Scope and Product Mix to React to Antidumping?"，*China Economic Review*，No.51，2018.

⑧ 董银果、黄俊闻：《SPS 措施对出口农产品质量升级的影响——基于前沿距离模型的实证分析》，《国际贸易问题》2018 年第 10 期。

贸易保护对市场结构影响的研究。根据现有研究，贸易保护主要通过影响相关企业的利润空间和技术创新，从而对市场结构造成冲击。具体而言，在关税壁垒对企业利润空间的影响方面，鲍勤等（2020）①指出，关税冲击能够直接对出口企业利润产生冲击，并进一步影响出口国经济发展。郭晶和周玲丽（2019）②发现，关税壁垒对企业生存产生了明显的负面冲击，特别是对中国本土企业以及小微企业。在关税壁垒对企业技术创新的影响方面，李平等（2014）③对关税壁垒和非关税壁垒对技术创新的作用进行了深入研究，得出关税壁垒对企业技术创新具有抑制效应，而非关税壁垒具有倒逼效应。刘青和丘林东（Liu 和 Qiu，2016）④研究发现，高质量进口中间品对企业技术创新存在替代效应，削减中间品进口关税会抑制企业技术创新。梁俊伟（2020）⑤研究发现，出口企业会自觉增加研发投入以规避贸易壁垒的约束，在“倒逼机制”的刺激下不断进行技术创新。

第二，新贸易保护对市场行为影响的研究。谢申祥和王孝松（2013）⑥对一国反倾销政策对该国企业和国外企业的研发以及产品价格的影响进行研究，发现受反倾销政策保护的企业会降低研发投入，提高产品价格，受反倾销约束的企业会提高研发投入，降低产品价格。冯娟等（2021）⑦认为，贸易保护不仅能够确保本国商品对国内市场的独占，而且能够促使本国出口商品争夺世界市场份额。罗钰（2014）⑧研究了贸易保护与跨国公司转移定价的关系，发现旧贸易保护主义促进转移定价，转移定价又催生新贸易保护。

第三，新贸易保护对市场绩效影响的研究。陈丽丽和郭少宇（2020）⑨研究发现，反倾销调查能够显著提升中国出口企业非核心产品成本加成率。

---

① 鲍勤、苏丹华、汪寿阳：《中美贸易摩擦对中国经济影响的系统分析》，《管理评论》2020 年第 7 期。

② 郭晶、周玲丽：《贸易政策不确定性、关税变动与企业生存》，《国际贸易问题》2019 年第 5 期。

③ 李平、田朔、刘廷华：《贸易壁垒对中国技术创新的影响——兼论政府的作用发挥》，《国际贸易问题》2014 年第 2 期。

④ Liu Q.，Qiu L.D.，“Intermediate Input Imports and Innovations：Evidence from Chinese Firms' Patent Filings”，*Journal of International Economics*，No.103，2016.

⑤ 梁俊伟：《贸易壁垒引致出口边际扩张的机制——基于技术创新的视角》，《中共南京市委党校学报》2020 年第 1 期。

⑥ 谢申祥、王孝松：《反倾销政策与研发竞争》，《世界经济研究》2013 年第 1 期。

⑦ 冯娟：《贸易保护与国内市场独占的历史与现实》，《经济学家》2021 年第 4 期。

⑧ 罗钰：《论贸易保护与跨国公司转移定价》，《经济体制改革》2014 年第 1 期。

⑨ 陈丽丽、郭少宇：《反倾销调查对中国出口企业产品成本加成率的影响》，《国际经贸探索》2020 年第 9 期。

陈勇兵等(2020)[①]提出,反倾销措施的实施使来自非指控对象国的涉案产品进口额显著增长。侯方宇和杨瑞龙(2019)[②]认为,贸易保护的实施能够降低进口国进口数量,压缩出口国贸易规模,使出口国规模经济效应下降,不利于其生产效率的提升。陈晓文(2006)[③]提出,贸易保护主义导致全球资源配置扭曲,使全球资源配置偏离最优配置水平和最优区位及产业选择,特别是在贸易摩擦中这种扭曲作用更为明显。聂辉华等(2020)[④]发现,经济政策的不确定性会促使企业减少实体投资,加大对流动性资产或金融的投资力度。杨丽丽等(2021)[⑤]认为,基于拓展的异质性企业对外直接投资分析框架,探讨出口市场国实施贸易保护对母国对外直接投资的诱发效应,发现出口市场国贸易保护程度的提高刺激了母国对外直接投资。

四、新贸易保护影响产业结构的相关研究

现有学者对新贸易保护对产业结构影响的研究主要围绕以下两个方面展开。第一,新贸易保护对产业结构升级影响的研究。目前关于贸易保护对产业结构的影响没有统一的认识。一方面,有些学者认为贸易保护能够倒逼产业结构升级。李平等(2014)[⑥]发现,非关税壁垒等贸易保护措施能够产生倒逼效应,促进企业技术创新,加速出口企业转型升级,提高出口产品技术含量。巫强(2007)[⑦]指出,技术贸易壁垒在给中国造成消极影响的同时,也会产生被动创新效应,激励企业加快研发进程。另一方面,贸易保护对产业结构升级会产生一定的消极影响。谭青山(2017)[⑧]指出,美国实施的贸易保护政策对中美经贸往来形成严重阻碍,不仅会对中国出口产业造成不利影响,而且会导致中国制造业外流。刘旭(2012)[⑨]发现,美国加征

① 陈勇兵、王进宇、潘夏梦:《对外反倾销与贸易转移:来自中国的证据》,《世界经济》2020年第9期。

② 侯方宇、杨瑞龙:《产业政策有效性研究评述》,《经济学动态》2019年第10期。

③ 陈晓文:《经济全球化背景下的贸易保护与资源配置》,《国际贸易问题》2006年第1期。

④ 聂辉华、阮睿、沈吉:《企业不确定性感知、投资决策和金融资产配置》,《世界经济》2020年第6期。

⑤ 杨丽丽、盛斌、许斐然:《贸易保护诱发中国制造业对外直接投资了吗?:来自84个细分行业的经验证据》,《世界经济研究》2021年第9期。

⑥ 李平、田朔、刘廷华:《贸易壁垒对中国技术创新的影响——兼论政府的作用发挥》,《国际贸易问题》2014年第2期。

⑦ 巫强:《技术性贸易措施下出口企业被动创新效应》,《经济理论与经济管理》2007年第10期。

⑧ 谭青山:《特朗普执政下的中美贸易探戈双人舞》,《吉林大学社会科学学报》2017年第3期。

⑨ 刘旭:《"十二五"时期国际贸易保护主义发展趋势及其对中国的影响》,《国际贸易》2012年第2期。

碳关税对中国国内的就业市场和劳动力报酬等带来严重冲击,不利于人力资本积累和人力资本水平的提升。张中元(2014)①发现,贸易保护主义通过限制竞争和阻碍技术进步,对产业结构升级造成不利影响。苏振东和邵莹(2013)②研究证明,对外反倾销实际上显著降低了中国受保护企业的总体生存率。谢申祥等(2017)③也证实了此结论。

第二,新贸易保护对产业链影响的研究。保建云(2018)④认为,贸易保护会使部分跨国公司调整产业链的技术经济结构,开创新产品、新经营模式,开拓新流通渠道,促进全球产业链的分化与重组。闫小娜(2023)⑤指出,贸易保护会使市场配置全球生产要素的信号失灵,打破具有较强稳定性和路径依赖的全球产业链供应链,进而削弱创新与繁荣。石建勋和卢丹宁(2023)⑥提出,新贸易保护和逆全球化浪潮带来的不确定性,使产业链供应链韧性和安全水平受到严峻挑战,对实体经济发展形成阻碍,进一步导致全球产业链供应链体系稳定性降低。

五、新贸易保护影响产业政策的相关研究

新贸易保护对产业政策的影响具体可以归纳为以下两个方面。第一,新贸易保护对产业政策影响的研究。国际贸易摩擦对中国国内的产业政策势必产生不可小觑的影响,在当前学界的研究中,杨令仪和杨默如(2020)⑦认为,美国降低公司税等税改措施的"虹吸效应"不容忽视,既带动全球减税浪潮的产生,也可能加剧全球产业竞争,美国对中国输美产品不断加征关税导致中美贸易摩擦升级,对高新技术等中资企业产生深刻影响,阻碍了中国高新技术企业的发展。谭永生(2022)⑧认为,反补贴贸易摩擦影响中国产业政策,即为阻止中国产业链升级,美欧等发达经济体一直指责中国的产

① 张中元:《论全球化、政治稳定性对经济增长的影响》,《世界经济与政治》2014 年第 4 期。

② 苏振东、邵莹:《对外反倾销措施能否改善中国企业绩效?——以化工产品"双酚 A"案件为例》,《经济评论》2013 年第 4 期。

③ 谢申祥、张铭心、黄保亮:《反倾销壁垒对我国出口企业生产率的影响》,《数量经济技术经济研究》2017 年第 2 期。

④ 保建云:《大国博弈中的全球产业链分化重构》,《人民论坛·学术前沿》2018 年第 18 期。

⑤ 闫小娜:《中美经贸关系的现实困境与未来选择》,《世界经济研究》2023 年第 7 期。

⑥ 石建勋、卢丹宁:《着力提升产业链供应链韧性和安全水平研究》,《财经问题研究》2023 年第 2 期。

⑦ 杨令仪、杨默如:《高新技术企业的股价效应研究——基于美国税改和中美贸易摩擦》,《科学学研究》2020 年第 3 期。

⑧ 谭永生:《完善产业补贴政策 积极应对反补贴贸易摩擦》,《宏观经济管理》2022 年第 12 期。

业补贴政策扭曲了国际市场，导致中国涉案数量一直在高位徘徊，同时涉及的国家（地区）范围和产业调查范围在不断扩大，新兴产业逐渐成为重点，由此，提出由行政化补贴更多向法治化补贴转型，由专项补贴更多向战略补贴转型，由直接补贴更多向间接补贴转型等具体建议。朱超和范志国（2023）①认为，在全球信贷周期不同阶段，经济基本面对一国跨境资本流动产生了极大影响，弹性汇率制度的“稳定器”作用未能有效发挥，但是并未使全球信贷周期影响跨境资本流动失效，中美经贸摩擦使全球信贷周期经历了需求扩张、供给扩张和需求收缩这三个阶段，而需求扩张阶段加大了对跨境资本流动的影响。

第二，新贸易保护对产业安全影响的研究。在新贸易保护对我国产业安全的直接影响相关研究方面。赵驰和戴阳晨（2021）②认为，绿色贸易壁垒对中国制造业产业安全度产生了威胁，实证结果证明绿色贸易壁垒实施程度每提高1%，中国制造业产业安全度降低1.30%。在新贸易保护对我国产业安全的间接影响相关研究方面。杨策和郑建明（2022）③通过研究列入实体清单对我国上市公司创新能力的负面影响，认为贸易保护主义加剧了中国企业获取先进技术的困难。袁振邦和张群群（2021）④通过研究贸易摩擦冲击下全球价值链重构的趋势得出结论，美国对中国产品加征关税和贸易壁垒可能导致一些关键原材料和零部件的价格上涨或供应不稳定。杨荣珍和石晓婧（2020）⑤指出，贸易摩擦使中国企业认识到对低附加值产业的过度依赖存在风险。

第二节　产业发展影响对外贸易高质量发展的相关研究

对外贸易是畅通国内国际双循环的关键枢纽，实现对外贸易高质量发展是中国经济高质量发展的题中之义。如何从产业发展角度实现对外贸易

---

① 朱超、范志国：《全球信贷周期特征对跨境资本流动的动态影响》，《世界经济研究》2023年第7期。

② 赵驰、戴阳晨：《绿色贸易壁垒抑制了发展中国家的产业安全吗？——中国制造业产业的视角》，《经济问题探索》2021年第12期。

③ 杨策、郑建明：《列入实体清单对我国上市公司创新的影响》，《国际商务（对外经济贸易大学学报）》2022年第2期。

④ 袁振邦、张群群：《贸易摩擦和新冠疫情双重冲击下全球价值链重构趋势与中国对策》，《当代财经》2021年第4期。

⑤ 杨荣珍、石晓婧：《美国对华337调查与企业出口行为——基于我国制造业企业数据的实证分析》，《国际经贸探索》2020年第3期。

高质量发展成为研究的重点，多数文献主要从以下四个方面进行研究。

一、企业发展影响对外贸易高质量发展的相关研究

关于企业发展如何影响对外贸易高质量发展，国内外学者已经进行了大量的相关研究。一方面，企业是对外贸易的实际载体，企业发展水平的提升将带动其自身对外贸易的发展并推动对外贸易整体高质量发展。席尔瓦等（Silva 等，2022）①以葡萄牙的中小企业为研究对象，发现发展潜力较好的企业自身的发展不仅能够显著提高对外贸易参与强度和对外贸易层次，而且能够释放更大的要素溢出效应，刺激上下游以及相邻区域企业对外贸易增长。陈怀锦和周孝（2022）②和张建（2022）③分别从服务贸易角度和制度角度分析了中端及高端创新对对外贸易企业升级的影响，发现中端及高端创新能够驱动企业对外贸易升级，提升企业出口竞争力、推动出口贸易优化。

另一方面，贸易高质量发展依赖于企业生产要素的高端化与先进化。随着数字技术的快速普及，企业互联网化或电子商务平台应用等数字化应用技术逐渐融入企业日常生产运营中，并通过其出口模式变革、出口决策和出口绩效改变贸易发展。杨慧梅和李坤望（2021）④通过研究企业数字化转型对贸易的影响，发现企业数字化投入能够显著提升企业资源配置效率，进而带动企业生产布局与对外贸易能力的提高。易靖韬和王悦昊（2021）⑤利用世界银行中国企业调查数据对企业数字化指数进行测度，发现企业数字化水平的提高能够显著促进出口贸易的增长。杜明威等（2022）⑥和洪俊杰等（2022）⑦借助上市企业年报中出现的数字化关键词频率对企业数字化转型指数进行构造，发现企业数字化转型能够促进其出口产品技术含量的提

---

① Silva P.M., Moutinho V.F., Teixeira Vale V., "A New Approach of Innovation and network on Export in Trade Fair Context: Evidence from Portuguese Smes", *Journal of Business & Industrial Marketing*, Vol.37, No.3, 2022.

② 陈怀锦、周孝：《服务贸易创新发展的制度性障碍及其破解路径》，《国际贸易》2022 年第 2 期。

③ 张建：《RCEP 背景下国际贸易争端解决机制的创新与完善》，《中国政法大学学报》2022 年第 2 期。

④ 杨慧梅、李坤望：《资源配置效率是否影响了出口产品质量?》，《经济科学》2021 年第 3 期。

⑤ 易靖韬、王悦昊：《数字化转型对企业出口的影响研究》，《中国软科学》2021 年第 3 期。

⑥ 杜明威、耿景珠、刘文革：《企业数字化转型与中国出口产品质量升级：来自上市公司的微观证据》，《国际贸易问题》2022 年第 6 期。

⑦ 洪俊杰、蒋慕超、张宸妍：《数字化转型、创新与企业出口质量提升》，《国际贸易问题》2022 年第 3 期。

升，进而有利于驱动整体贸易高质量增长。

二、产业组织影响对外贸易高质量发展的相关研究

产业组织影响对外贸易高质量发展的相关研究主要集中在以下几个方面。第一，市场结构对对外贸易高质量发展影响的研究。对我国相关企业来说，国际市场的贸易保护行为是一次“优胜劣汰”的选择机制，企业对市场的控制力将发生改变。当国内少数企业对市场控制力增强时，规模经济将发挥其效用，推动区域内产业链延伸发展，催生产业新业态的出现，开辟新的市场需求，进而推动产业结构转型升级与对外贸易高质量发展。孔令池等（2017）①指出，当国内市场竞争加剧时，产业内和产业间的市场竞争机制将发挥其效用，促进区域竞争力的提升，为产业结构升级奠定微观基础。进一步来看，狄乾斌等（2023）②发现，产业结构的优化升级将通过推动技术创新实现产业结构合理化，并通过拉动社会需求层次实现产业结构高级化，从而达成对外贸易企业能力再造和对外贸易结构优化的目标，助力对外贸易高质量发展。

第二，市场行为对对外贸易高质量发展影响的研究。魏浩和张文倩（2022）③考察了中国进口关税调整对进口贸易的价格传递效应与经济效应，发现进口中间品关税的降低，不仅能够提高出口产品质量，而且能够提升出口产品质量阶梯。葛新庭和谢建国（2023）④对外资撤离如何影响中国企业出口国内附加值率进行了研究，发现外资撤离通过降低企业成本加成，恶化了企业中间品配置效率，进而对企业出口国内附加值率产生不利影响。张体俊等（2022）⑤基于局部均衡贸易模型研究了企业管理能力对企业出口的影响，得出企业管理能力提升能够显著促进企业出口二元边际和出口产品质量的提升。万淑贞等（2021）⑥研究了跨境并购对企业出口产品质量的影响与作用机理，认为跨境并购对企业出口产品质量具有负向影响，并购方

① 孔令池、高波、李言：《市场开放、地方财税竞争与产业结构调整——基于我国省级面板数据的实证研究》，《经济理论与经济管理》2017 年第 10 期。

② 狄乾斌、张买铃、王敏：《中国三大海洋经济圈产业结构升级与外贸高质量发展研究》，《海洋开发与管理》2023 年第 2 期。

③ 魏浩、张文倩：《进口关税调整、传递效应与中国企业进口价格》，《经济学（季刊）》2022 年第 3 期。

④ 葛新庭、谢建国：《外资撤离与企业出口国内附加值率：基于工业企业微观数据的研究》，《国际贸易问题》2023 年第 2 期。

⑤ 张体俊、黄建忠、高翔：《企业管理能力、全要素生产率与企业出口——基于中国制造业微观企业证据》，《国际贸易问题》2022 年第 6 期。

⑥ 万淑贞、葛顺奇、罗伟：《跨境并购、出口产品质量与企业转型升级》，《世界经济研究》2021 年第 6 期。

自身的出口与生产调整以及目标企业的知识资产是跨境并购影响企业出口产品质量的重要路径。

第三,市场绩效对对外贸易高质量发展影响的研究。大卫·李嘉图在《政治经济学及赋税原理》一书中曾指出,各国之间技术的差距是全球专业化分工和贸易格局形成的关键因素,这一阐述最早将市场绩效与贸易高质量发展联系在一起。戴觅和余淼杰(2012)①认为,企业在对外贸易之前所进行的研发活动能够促进企业吸收能力的提升,为企业带来"出口学习"效应,对市场绩效影响对外贸易高质量发展进行了积极肯定。屠年松和龚凯翔(2022)②提出,随着外在经济冲击,技术创新可以通过提高劳动生产率与产品竞争力这两种途径推动全球价值链地位攀升。宋灿和孙浦阳(2023)③认为,市场可达性的提高使国内中间品市场的竞争更加激烈,导致国内中间品相对价格的下降,由此产生的中间品替代效应对企业出口国内附加值率具有积极推动作用。

三、产业结构影响对外贸易高质量发展的相关研究

关于产业结构对对外贸易高质量发展影响的研究多从以下两个方面展开。第一,产业结构升级对对外贸易高质量发展影响的研究。一方面,数字化转型带动对外贸易高质量发展。魏昀妍等(2022)④和范黎波等(2022)⑤指出数字化转型能够显著提升企业出口韧性以及出口稳定性。杜明威等(2022)⑥提出,数字化转型能够促进出口产品质量升级。孟夏和董文婷(2022)⑦认为,数字化转型能够促进出口技术复杂度以及出口竞争力提升。吴代龙和刘利平(2022)⑧表明,数字化转型能够促进全球价值链地位攀升。

① 戴觅、余淼杰:《企业出口前研发投入、出口及生产率进步——来自中国制造业企业的证据》,《经济学(季刊)》2012年第1期。

② 屠年松、龚凯翔:《技术创新、制度环境与制造业价值链分工地位演进:基于外在经济冲击视角的再考察》,《世界经济研究》2022年第4期。

③ 宋灿、孙浦阳:《市场可达性、中间品替代与企业出口国内附加值率》,《国际贸易问题》2023年第4期。

④ 魏昀妍、龚星宇、柳春:《数字化转型能否提升企业出口韧性》,《国际贸易问题》2022年第10期。

⑤ 范黎波、郝安琪、吴易明:《制造业企业数字化转型与出口稳定性》,《国际经贸探索》2022年第12期。

⑥ 杜明威、耿景珠、刘文革:《企业数字化转型与中国出口产品质量升级:来自上市公司的微观证据》,《国际贸易问题》2022年第6期。

⑦ 孟夏、董文婷:《企业数字化转型与出口竞争力提升——来自中国上市公司的证据》,《国际贸易问题》2022年第10期。

⑧ 吴代龙、刘利平:《数字化转型升级促进了全球价值链地位攀升吗?——来自中国上市企业的微观证据》,《产业经济研究》2022年第5期。

另一方面,产业技术创新带动对外贸易高质量发展。俞立平等(2022)①的研究表明,技术创新对带动产业结构升级和提高产品的国际竞争力具有积极影响,对促进对外贸易出口具有重要贡献。赵公民等(2021)②提出,技术创新能够通过反馈提升、政府政策、知识溢出这三种效应对对外贸易高质量发展产生积极影响。李勤昌等(2019)③认为,技术创新能够通过提升制造业出口增加值和优化生产要素配置这两个路径促进对外贸易竞争力的提高。

第二,产业链对对外贸易高质量发展影响的研究。刘阳等(2022)④指出,产业链的稳定、安全、强大和通畅是促进产业链高质量发展的重要基础,对构建新发展格局、推动对外贸易高质量发展具有重要作用。陈凤兰和张鹏飞(2022)⑤通过赫克曼(Heckman)两步估计法考察了国内生产链延伸发展对企业创新的影响,发现产业链延伸发展能够增强企业创新意愿,增加企业创新产出数量和提升创新产出质量。李雪松和龚晓倩(2021)⑥提出,产业链与创新链双链协同能够通过技术进步促进全要素生产率的提升。陈爱贞等(2021)⑦对产业链国内关联和国际关联对企业创新的影响进行了深入讨论,指出产业链国内关联能够促进中国创新发展,并且能够在一定程度上对冲全球产业链波动的不利影响。李丹和武杰(2023)⑧认为,相较于孤立企业,产业链上的企业能够协同合作,更好地发挥知识的溢出效应,促进产业链上的企业持续创新,技术创新对企业出口增加值具有正向溢出效应。刘勇(2013)⑨的研究表明,产业链纵向一体化可以解决契约不完全、市场波

① 俞立平、钟昌标、张宏如:《双循环背景下市场分割、贸易保护与高技术产业创新》,《经济问题探索》2022 年第 6 期。

② 赵公民、俞立平、戴化勇:《创新数量、创新质量与高技术产业出口》,《中国管理科学》2021 年第 6 期。

③ 李勤昌、刘明霞、焦亚南:《技术创新、出口本国增加值与全球竞争力——来自中国制造业的证据》,《宏观经济研究》2019 年第 1 期。

④ 刘阳、冯阔、俞峰:《新发展格局下中国产业链高质量发展面临的困境及对策》,《国际贸易》2022 年第 9 期。

⑤ 陈凤兰、张鹏飞:《国内生产链延伸发展与企业创新:效应及作用机制》,《国际贸易问题》2022 年第 11 期。

⑥ 李雪松、龚晓倩:《地区产业链、创新链的协同发展与全要素生产率》,《经济问题探索》2021 年第 11 期。

⑦ 陈爱贞、陈凤兰、何诚颖:《产业链关联与企业创新》,《中国工业经济》2021 年第 8 期。

⑧ 李丹、武杰:《设施联通、技术创新与企业出口增加值的互动效应——基于"一带一路"经验证据》,《大连理工大学学报(社会科学版)》2023 年第 2 期。

⑨ 刘勇:《2013 中国产业发展报告——产能过剩和产业升级》,上海财经大学出版社 2013 版,第 35—54 页。

动以及资产专用性带来的机会主义行为等各种问题，降低交易成本与国内中间品价格，企业将会增加国内中间品的投入进而提高企业出口国内附加值。

四、产业政策影响对外贸易高质量发展的相关研究

产业政策对对外贸易高质量发展影响的研究主要包括以下两个方面。第一，产业政策对对外贸易高质量发展影响的研究。产业政策对对外贸易发展具有显著的促进作用。杨超和张宸妍（2023）①借助文本分析方法构建产业政策支持力度指标，研究了产业政策对企业对外直接投资的影响，认为产业政策的实施能够促进企业对外直接投资和再投资，进一步分析发现，产业政策提高了企业对外直接投资的区域多元化程度，相较于其他类型的产业政策，金融财税政策对企业对外直接投资的促进作用更为明显。蔡培民和魏龙（2023）②以 2008 年《高新技术企业认定管理办法》这一产业政策为研究对象，认为获得高新技术认定可以显著促进企业参与全球价值链，而迎合政策的“伪高新技术企业”以及政策执行软约束问题对认定政策的实施效果产生了不利影响，论证了选择性产业政策对中国高新技术企业价值链升级的影响，为我国积极实施更加有效的产业政策提供参考。

第二，产业安全对对外贸易高质量发展影响的研究。陈宇学和许彩慧（2023）③认为，产业安全的提升有助于保护中国企业的核心竞争力，防止技术被滥用或窃取，维护企业的市场地位和利益。孔玉丹等（2024）④指出，产业安全的提升有助于中国企业建立良好的品牌形象。马海群等（2022）⑤提出，产业安全的提升鼓励中国企业加大对高技术领域的投资和研发，推动产业结构转型升级。太平和李姣（2022）⑥研究发现，产业安全的提升促进了服务业的发展，推动中国从传统的商品贸易向服务贸易的转变。许彩慧等

---

① 杨超、张宸妍：《产业政策与企业对外直接投资——基于文本分析方法的经验证据》，《技术经济》2023 年第 4 期。

② 蔡培民、魏龙：《选择性产业政策与中国企业参与全球价值链分工——基于高新技术企业认定的证据》，《产业经济研究》2023 年第 1 期。

③ 陈宇学、许彩慧：《总体国家安全观视角下中国经济安全探讨》，《上海经济研究》2023 年第 5 期。

④ 孔玉丹、刘家国、余乐安：《基于 CH-DEA 模型的中国制造业产业安全研究》，《系统管理学报》2024 年第 1 期。

⑤ 马海群、邹纯龙、王今：《总体国家安全观视域下高新技术产业竞争态势评价体系研究》，《现代情报》2022 年第 12 期。

⑥ 太平、李姣：《中国服务业高水平对外开放的困境与突破》，《国际贸易》2022 年第 6 期。

(2023)[①]提出,产业安全的提升有助于降低供应链的各种风险,包括物流中断、原材料短缺、技术供应不稳定等。

第三节 进一步研究空间

目前关于贸易保护、产业发展和对外贸易高质量发展的相关研究已有一定的累积,对本书有一定的借鉴意义。但现有研究多集中在贸易保护的转移效应与偏转效应等其他经济效应的研究上,以及数字经济、数字技术等对外贸易高质量发展的影响因素研究,而将新贸易保护与产业逻辑、对外贸易高质量发展结合起来,全面考察新贸易保护下对外贸易高质量发展的产业逻辑的相关研究甚少。在新贸易保护背景下,如何通过产业逻辑的梳理为对外贸易高质量发展提供产业支撑的相关理解还不够到位,缺乏统一的分析框架和理论依据。然而新贸易保护的盛行在一定程度上导致了我国对外贸易发展外部环境的恶化,对我国对外贸易高质量发展产生不良影响。那么新贸易保护下对外贸易高质量发展的产业逻辑是什么?新贸易保护是否影响产业发展?产业发展能否助推对外贸易高质量发展?新贸易保护下产业推动对外贸易高质量发展的理论机理是什么?现有研究对这些问题并没有进行很好的回答,从而为本书提供了进一步探究的空间。

第一,建立新贸易保护下对外贸易高质量发展的产业逻辑理论分析框架。现有关于新贸易保护、对外贸易高质量发展与产业逻辑的理论研究主要集中在新贸易保护的经济效应、对外贸易高质量发展的影响因素以及产业发展的影响因素与经济效应等方面,较少学者能在新贸易保护背景下,将产业发展放入对外贸易高质量发展影响因素研究中理论分析新贸易保护对产业发展和产业发展对对外贸易高质量发展的影响机理。本书将层层递进,先分析新贸易保护对产业发展影响的理论机理,再分析产业发展对对外贸易高质量发展的影响机制,解释了新贸易保护通过哪些途径影响产业发展,进而产业发展又通过何种机制与路径影响对外贸易高质量发展,从而构建起完善、科学的新贸易保护下对外贸易高质量发展的产业逻辑理论分析框架。

第二,构建中国产业发展水平和中国对外贸易高质量发展水平指标测度体系。相关研究中关于中国产业发展水平和中国对外贸易高质量发展水平的测度没有形成统一的标准,部分学者仅从某个或某些角度来衡量,使中

① 许彩慧、陈宇学、孙小泽:《产业安全视角下的中国产业链重构》,《企业经济》2023年第3期。

国产业发展和中国对外贸易高质量发展的实际水平难以准确度量，有待基于中国产业发展和中国对外贸易高质量发展的理论内涵、特征以及相关理论、国内外学者的观点、国家政策作为选择评价指标的依据来构建完整的评价指标体系。基于此，本书选取产业组织、产业结构、产业政策三个维度对中国产业发展进行测度；选取贸易综合实力、协调创新水平、畅通循环能力、贸易开放合作、贸易安全体系五个维度对中国对外贸易高质量发展进行测度。

第三，强化新贸易保护下对外贸易高质量发展的产业影响效应研究。现有关于新贸易保护对产业发展影响的研究和产业发展对对外贸易高质量发展影响的研究比较单薄，主要停留在定性研究阶段，而且研究范围大部分集中于单个贸易保护措施、个别行业与企业，鲜有文献以新贸易保护为视角对产业发展的整体现状，包括产业参与主体企业、产业组织、产业结构、产业政策等对对外贸易高质量发展的影响进行研究。基于此，本书将研究视角放在新贸易保护下的全部产业发展层面，采用固定效应模型、中介效应模型、双重差分模型、合成双重差分法、调节效应模型、非线性回归模型、门槛效应模型等计量方法来对新贸易保护下对外贸易高质量发展的产业逻辑进行实证检验，探究新贸易保护下对外贸易高质量发展的产业逻辑，明确新贸易保护能否影响产业发展以及产业发展能否影响对外贸易高质量发展，解释新贸易保护为什么能影响产业发展和产业发展为什么能影响对外贸易高质量发展，厘清新贸易保护如何影响产业发展和产业发展如何驱动对外贸易高质量发展，从而为中国产业升级和对外贸易高质量发展提供全新视角。

第四，扩充新贸易保护下推动对外贸易高质量发展产业方面的政策建议。《"十四五"对外贸易高质量发展规划》中指出，对外贸易是我国开放型经济的重要组成部分和国民经济发展的重要推动力量，是畅通国内国际双循环的关键枢纽，积极扩大进口、优化出口，推动对外贸易高质量发展，服务构建新发展格局，开拓合作共赢新局面。从当前的国际形势来看，如何在新贸易保护背景下，通过产业发展实现对外贸易高质量发展的现实需要尤为迫切，然而，相关研究相对落后，少有文献能在贸易保护背景下，探讨对外贸易高质量发展的产业逻辑，如何通过产业发展助力对外贸易高质量发展的认识尚不清楚。本书按照对外贸易高质量发展的产业发展路径与政策选择总体框架，从产业微观主体企业、产业组织、产业结构、产业政策这四个方面进行路径创新，为新贸易保护盛行下，对外贸易高质量发展的产业路径选择提供参考。

本章主要从新贸易保护对产业发展影响和产业发展对对外贸易高质量发展影响两个方面梳理了新贸易保护下对外贸易高质量发展的产业逻辑相关研究文献,其中在新贸易保护影响产业发展的文献总结中主要从新贸易保护、新贸易保护对企业发展、产业组织、产业结构、产业政策这些方面进行归纳阐述,在产业发展影响对外贸易高质量发展的文献归纳中主要从企业发展、产业组织、产业结构、产业政策对对外贸易高质量发展影响这些方面进行总结。发现将新贸易保护与产业逻辑、对外贸易高质量发展结合起来,全面考察新贸易保护下对外贸易高质量发展的产业逻辑的相关研究甚少,在新贸易保护背景下,如何通过产业逻辑的梳理为对外贸易高质量发展提供产业支撑的相关理解还不够到位,缺乏统一的分析框架和理论依据,为本书进一步研究提供了广阔的空间,如建立新贸易保护下对外贸易高质量发展的产业逻辑理论分析框架,构建中国产业发展水平和中国对外贸易高质量发展水平指标测度体系,强化新贸易保护下对外贸易高质量发展的产业影响效应研究,扩充新贸易保护下推动对外贸易高质量发展产业方面的政策建议等。

第二章　事实特征与理论框架

本章的主要内容包括:一是认识新贸易保护的现状与特点及对中国对外贸易和产业的影响;二是明晰中国对外贸易发展演进的产业特征;三是构建新贸易保护下对外贸易高质量发展的产业逻辑与理论框架。

第一节　新贸易保护的发展现状及影响

一、新贸易保护的发展现状

（一）新贸易保护措施数量增多、种类翻新、领域扩大

2008年国际金融危机以来,世界经济持续萎靡、逆全球化大行其道。新能源壁垒、知识产权壁垒、碳关税壁垒等新型非关税壁垒以及"国货条款""国人条款"等隐性壁垒逐个登上贸易保护的"舞台"。表2-1是2017—2022年世界贸易组织成员所采取的部分新贸易保护措施的统计数据。可以看出,自2017年以来,无论是新贸易保护措施的种类抑或数量都在逐年增加。

表2-1　2017—2021年世界贸易组织成员采取的部分新贸易保护措施统计

年份	《卫生与植物卫生措施协议》通报	《技术性贸易壁垒协议》通报	反倾销	反补贴	保障措施
2017	1119	1958	245	59	21
2018	1319	2154	193	78	33
2019	1225	2129	192	70	59
2020	1515	2133	339	79	33
2021	1265	2657	—	—	—
2022	1472	3846		—	—

资料来源:根据世界贸易组织官网、中国世界贸易组织/TBT-SPS通报咨询网数据整理所得。

与此同时,新贸易保护所涉及领域也在不断延伸,从单纯商品贸易向要素流动及产业领域扩展。区别于以往贸易保护中多以本国幼稚产业或弱势产业为主要对象的举措,新贸易保护对象正逐渐向优势产业和战略性产业

扩展。表 2-2 为 2017—2022 年新贸易保护措施涉及的主要行业，主要集中于对传统制造业的贸易救济调查，食品及药物安全方面的绿色壁垒和技术性贸易壁垒，以及对半导体、计算机等电子行业的知识保护。

表 2-2　2017—2022 年新贸易保护措施涉及的主要行业

措施	行业				
技术性贸易壁垒	食品加工业	农产品	医药工业	交通运输业	化学原料与制品工业
绿色壁垒	食品加工业	农产品	塑料制品业	电气工业	化学原料与制品工业
反倾销	造纸工业	钢铁工业	金属制品工业	非金属制品工业	化学原料与制品工业
反补贴	有色金属工业	钢铁工业	金属制品工业	非金属制品工业	化学原料与制品工业
保障措施	食品加工业	钢铁工业	纺织工业	非金属制品工业	化学原料与制品工业
337 调查	电子工业	专用设备	通用设备	电气工业	其他

资料来源：根据世界贸易组织官网、中国世界贸易组织/TBT-SPS 通报咨询网、中国贸易救济信息网数据整理所得。

（二）区域性贸易保护日盛

逆全球化浪潮下，随着投资、劳动力、中间品等要素流动活跃度下降，全球价值链体系正向区域价值链或国内价值链收缩，区域化逐渐成为全球化的新趋势。与此同时，区域性贸易保护也日渐成为新贸易保护的重要形式。据世界贸易组织区域贸易协定信息系统数据显示，截至 2023 年 11 月，共有 596 个向世界贸易组织通报并正在实施的双边和多边区域贸易自由协定，其中 2021 年数量增加最多。

（三）保障国家和产业安全的新贸易保护措施日渐增多

首先，新冠疫情暴发使对医疗与公共卫生安全方面实施的新贸易保护措施激增。各国对医疗用品、药品、公共卫生物资等需求大增，凸显了“黑天鹅”事件爆发时长期依赖国外供应链的风险。表 2-3 列举的是 2017 年、2019 年、2020 年实施贸易保护措施最多的三类产品及其份额，可以看出 2020 年疫情后有超过 30%的贸易保护发生在医药产品、纺织品和医疗及外科设备上。

表 2-3 2017 年、2019 年、2020 年实施贸易保护措施最多的三类产品及份额

年份	排序	产品	案件数	份额(%)
2017	1	钢铁产品	68	15.5
	2	其他金属制品	34	7.7
	3	有机化学品	34	7.7
2019	1	钢铁产品	67	10.4
	2	谷物产品	53	8.2
	3	交通工具及零件	40	6.2
2020	1	医药产品	102	14.5
	2	纺织品	70	9.9
	3	医疗及外科设备等	62	8.8

资料来源:根据全球贸易预警数据库 2017 年、2019 年、2020 年各年度贸易保护措施数据整理而得。

其次,为维护高新技术产业安全所采取的贸易保护措施越发频繁。数智化等新领域渐成为新贸易保护的高发领域。出于对国家安全的担忧和保护,以限制数字流动和流量自由传输的数字贸易壁垒快速增多。各区域组织在数字贸易规则上的差异或将形成隐性贸易壁垒。鉴于全球多边数字贸易规则尚未形成,各个区域数字贸易规则侧重点也不尽相同,各区域组织数字贸易协定的差异化将构筑起数字贸易的隐性壁垒。

最后,为保证金融、投资等领域安全所实施的贸易保护手段增多。各国考虑到自身国内经济复苏、就业率提升及国家安全,纷纷召回"跨国公司",全球跨境资本流动受到新贸易保护的诸多影响。

二、新贸易保护对对外贸易和产业的影响

(一)打破全球经贸格局:全球价值链的断裂与新规则的建立

经济发展和政局稳定是确保单个国家全球价值链生产环节顺利完成的重要因素,多边贸易体制下的低关税、低壁垒等措施则保障了国家之间价值链的顺畅衔接。近年来,美国为保护自身产业发展,在国际贸易中高筑关税、非关税壁垒,严重阻碍了产品和要素的国际流动,继而促使现有生产环节或回流至本国或转移到新地点。为重振国内制造业,美国政府以税收优惠和行政威胁的方式引导跨国企业海外子公司回迁。据名为"回岸倡议"的研究机构 2020 年发布数据显示,2019—2020 年共有 132 家在亚洲的跨国企业重新回流至美国本土,其中近 80%来自中国。全球价值链中重要环节间的相互联系被这种非市场手段的制造业回流强行斩断,全球生产过程被迫停滞,资源利用效率大大降低,上下游生产者损失惨重。尤其是高技术产业,其产品技术复杂度较高,参与全球价值链相应也更长,对全球化有序分

工协作具有更高的依赖性。因而新贸易保护不仅严重影响各大经济体参与全球价值链的深度和广度,更大大降低对各国将高新技术引入全球分工体系的意愿,世界科技进步与创新发展深受掣肘。

随着美国等自由竞争资本主义国家转身成为新贸易保护的主要推动者,全球价值链被迫重塑、贸易治理体系一片混沌,多边贸易体制失效,世界贸易组织伤痕累累、步履蹒跚。

（二）抑制国内出口规模:预期的减弱与失业率的提高

根据全球贸易预警组织调查报告,近年来各国歧视性政策对我国出口的影响越来越大,2020 年我国有 73.96%的出口受到影响,其中有 38.98%是新贸易保护政策引致的。海关数据显示,中国贸易进出口自 2023 年 5 月起开始转跌,到 7 月依然有持续恶化的态势(见表 2-4、图 2-1)。

表 2-4　2023 年 5—10 月中国进出口总值表　（单位:亿美元）

月份	进出口总额	出口总额	进口总额
5 月	5012.8	2835.9	2176.9
6 月	5000.2	2853.2	2147.0
7 月	4829.2	2817.6	2011.6
8 月	5013.8	2847.9	2165.9
9 月	5204.3	2991.3	2213.0
10 月	4931.3	2748.3	2183.0

资料来源:由中国海关总署官网提供的 2023 年 5 月至 10 月中国进出口总额数据整理所得。

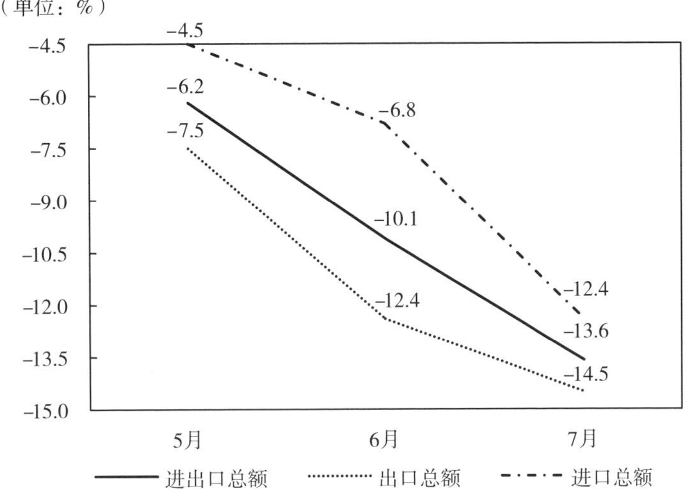

图 2-1　2023 年 5—7 月中国进出口、出口与进口总值与 2022 年同期相比增减比例

资料来源:由中国海关总署官网提供的 2023 年 5 月至 7 月中国进出口总额数据整理所得。

据世界贸易组织发布的最新全球贸易展望指数(WTOI)显示,2023年上半年全球贸易增长势头已减弱至2010年以来最低水平,全球贸易展望指数从100点降至96.3点。全球贸易展望指数的六个组成部分除航运容量指数外均有所下降,其中电子产品和汽车产品的出口订单指数分别下降了8.9和7.4,显示出全球需求的疲软和经济不确定性的增加。对外贸易企业为了避免汇率大幅波动带来的经济损失,不得不被动缩减订单规模。

在外部需求不振下,国内市场受疫情以及新贸易保护的影响,一些企业陷入困境,引发就业岗位缩减。

(三) 遏制产业的发展与跃升:产业链外迁与脱钩断链

改革开放40多年来我国制造业在整体技术水平上与发达国家仍存在较大差距的情况下,形成了产业门类齐全、产业链条完整和产业配套完善的主要优势,这也是我国产业链韧性的根基所在。随着我国经济发展水平的提高和对生态环境保护的加强,生产经营成本持续上涨,劳动密集型环节的传统优势正被不断削弱,出现产业链中低端环节加工制造能力向其他发展中国家转移、分流的现象。新贸易保护的抬头进一步加速了产业链的外迁,部分跨国公司和国家开始推动产业链供应链本土化、多元化、近岸化,以应对"黑天鹅"事件的冲击,保障企业正常经营和产业稳定发展。作为"世界工厂",我国成为全球产业链重构中受影响最大的国家,不只是劳动密集型加工制造环节的外迁对我国产业链完整性造成损害,大型原始设备制造企业也会带动产业链上游的部分配套企业外迁,而这些上游中间产品正是我国产业链升级的方向。在新贸易保护下,我国产业链完整性受到严峻威胁,一旦产业链外迁速度过快,国内产业链上游中间产品产业尚未发展成熟,就可能出现产业"空心化",进一步削弱产业链供应链韧性。

改革开放以来,通过加入全球产业分工网络,我国利用全球产业链价值链的技术转移与外溢效果,实现了产业的高速增长与产业结构不断升级,与发达国家高端产业形成激烈竞争。为防止发达国家对我国实施"脱钩断链"政策,我国企业以往通过进口先进仪器设备、购买专利授权、开展跨国并购等方式从国外引进先进技术的产业升级路径亟待转换,前沿技术和新兴技术领域国际合作的难度提高,要更多依靠自主方式,集中国内科技创新力量、产业链配套资源和市场,补齐产业链短板和推进前沿技术的进步。

(四) 阻碍企业全球化经营:内部需求不足与外部技术封锁

作为产业的基本单元,企业是带动就业、促进创新、推动经济发展的重要支柱。近年来,中国企业尤其是中小微企业面临严峻的经营挑战。如

表 2-5所示,2014 年以来企业注销数量不断增加,2022 年小型企业注销比例为 5.1%,微型企业注销比例高达 10.8%。据中国企业创新创业调查数据显示,中国企业经营活动中面临的主要挑战是需求不足和成本上升。总需求特别是内需的严重不足,是造成国内生产与需求循环出现梗阻、经济增速连年放缓的主要原因。经济增速减缓带来收入减少,随之而来的消费需求不足导致企业国内订单急剧下降。

表 2-5　2014—2022 年全国 40 个重点城市微型和小型企业注销情况

（单位:万家;%）

年份	微型企业		小型企业	
	注销数量	注销比例	注销数量	注销比例
2014	30.45	5.8	15.83	4.6
2015	31.58	5.4	23.90	5.4
2016	46.55	7.1	35.65	6.4
2017	50.88	7.2	43.38	6.2
2018	67.30	8.8	50.08	5.9
2019	93.49	11.7	76.07	7.7
2020	84.94	9.7	68.35	6.0
2021	97.73	10.1	81.16	6.3
2022	111.4	10.8	69.5	5.1

资料来源:根据国家统计局官网提供的 2014—2022 年全国各城市微型企业和小型企业注销数量数据整理所得。

据世界知识产权组织(WIPO)发布的《2022 年全球创新指数报告》显示,我国科技、产业创新能力与水平近年来已有较大幅度提升,2022 年创新指数排名上升至第 11 位,一大批世界一流甚至领先的科技创新成果在数字信息、新能源、轨道交通、高端装备等领域相继涌现。然而随着大国博弈日趋激烈,新贸易保护日盛,美国等发达国家不断强化对我国企业的技术打压和断供卡阻。2023 年宣布重新修订的《芯片和科学法案》甚至要求凡接受美国芯片补贴的企业,10 年内不得在中国大陆扩大其半导体产能。2022 年,我国计算机集成制造技术进口额为出口额的 2.06 倍,电子技术进口额为出口额的 1.81 倍,集成电路进出口额之比为 2.70,生物技术、医药材及药品以及航空航天技术的该项数据分别为 3.04、1.71 和 2.13。与此同时,光刻机等关键设备、EDA 软件、核心 IP 等的全球占比偏低,这也说明在关键材料及一些重大技术装备、核心零部件和工业软件等领域,我国与发达国家差距尚大,进口依赖依旧严重,面临的“卡脖子”隐患和断供风险依然较高。上游生产环节进口受限,直接导致了部分国内下游企业采购周期的延长,成本随之升高,产品开发环境受阻,生产经营面临停滞,这对对外贸易企业的稳定运行造成了极大冲击。面对复杂的外部环境,中国对外始终坚持世界贸易组织框架下的贸易治理模式,适时主动地加入区域经济合作,推动“一带一路”高质量发展;对内提出构建“双循环”新发展格局,深化对外贸易供给侧结构性改革,提升营商环境,举全国之力搞科创。随着综合国力的持续提升,以打压、遏制我国发展为目的的新贸易保护在未来一段时间内可能还会以更为过激的手段、更为隐蔽的形式出现。然而,全球化大势不可逆转。开放合作是科技进步和生产力发展的必然逻辑,包容普惠、互利共赢才是越走越宽的人间正道。

第二节　中国对外贸易发展演进的产业特征

新中国成立70余年来,中国从经济封闭到改革开放,再到申请复关、加入世贸组织,社会主义市场经济逐步确立并日趋完善。从计划经济时代到以经济特区为标志的改革开放初期,再到以自由贸易试验区竞相发展为特征的深化开放新阶段,中国不断探索实现经济发展的可行解和对外贸易试验场,对外贸易从货物贸易到服务贸易不断拓展,贸易规模不断扩大,发展质量不断提升,极大地促进了中国经济的增长。贸易是流,产业是源,对外贸易发展的根基是产业。在不断优化并向着高质量发展演进的过程中,中国的对外贸易发展与产业发展一体两面,主要呈现出以下特征。

一、对外贸易规模与产业规模协调发展,三次产业比例关系逐步改善

自中国加入世界贸易组织以来,对外贸易规模不断扩大,进出口贸易总额不断攀升,三次产业规模也快速扩张。图2-2和表2-6分别显示了2001年以来,中国货物贸易与服务贸易的发展情况。2022年货物贸易进出口总额达到420678亿元,比2021年增长7.7%,是2001年的9.97倍。随着中国在国际贸易和投资中的地位稳步提高,服务贸易在对外贸易中占据着越来越重要的地位。中国服务贸易进出口总额逐年增长,2022年达到59802亿元人民币。在对外贸易规模高速扩张的同时,三次产业规模也不断扩大(见图2-3)。

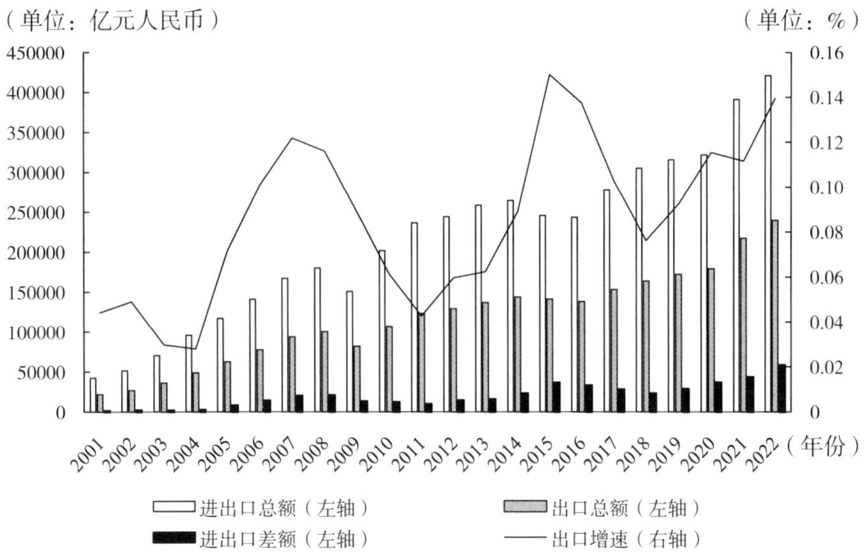

图 2-2　2001—2022 年中国货物贸易进出口总额、出口总额、进出口差额及出口增速

资料来源：由中国海关总署官网提供的 2001—2022 年中国货物贸易进出口数据整理所得。

表 2-6　2010—2022 年中国服务贸易进出口额情况

（单位：亿元人民币）

年份	进出口额	出口额	进口额	进出口差额
2010	25022	12008	13014	-1006
2011	28875	12936	15939	-3002
2012	30422	12699	17722	-5023
2013	33814	13020	20794	-7774
2014	40053	13461	26591	-13130
2015	40745	13617	27127	-13510
2016	43947	13918	30030	-16112
2017	46991	15407	31584	-16177
2018	52402	17658	34744	-17086
2019	54153	19564	34589	-15025
2020	45643	19357	26286	-6929
2021	52983	25435	27548	-2113
2022	59802	28522	31279	-2757

资料来源：由中国海关总署官网提供的 2010—2022 年中国服务贸易进出口数据整理所得。

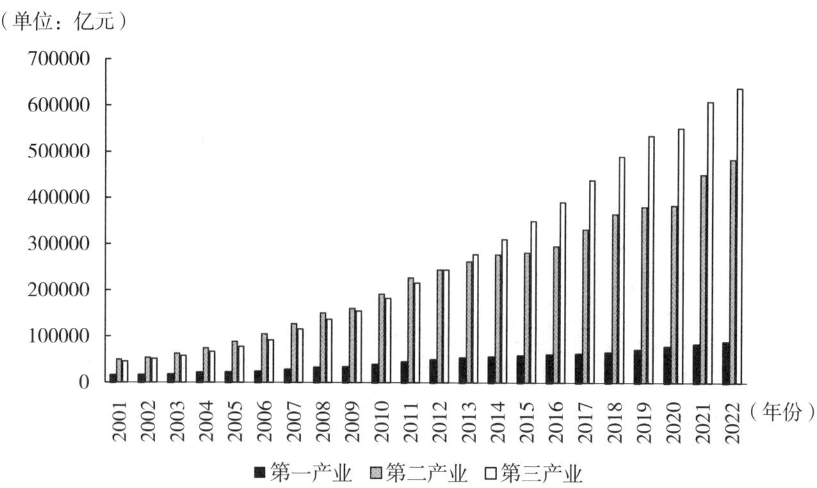

图 2-3 2001—2022 年中国三次产业增加值

资料来源：根据国家统计局官网提供的 2001—2022 年中国第一、二、三产业增加值数据整理所得。

从三次产业产值比重变化率来看，改革开放以来，第一产业的贡献率从 27.7%下降到了 2022 年的 7.3%；第二产业从 47.7%下降为 39.9%，呈现稳中有降的趋势。同时，第三产业由原来的 24.6%稳步增长到 2022 年的 52.8%（见图 2-4）。整体上看，我国三次产业变动趋势显示出产业逐步发展升级的演变过程。

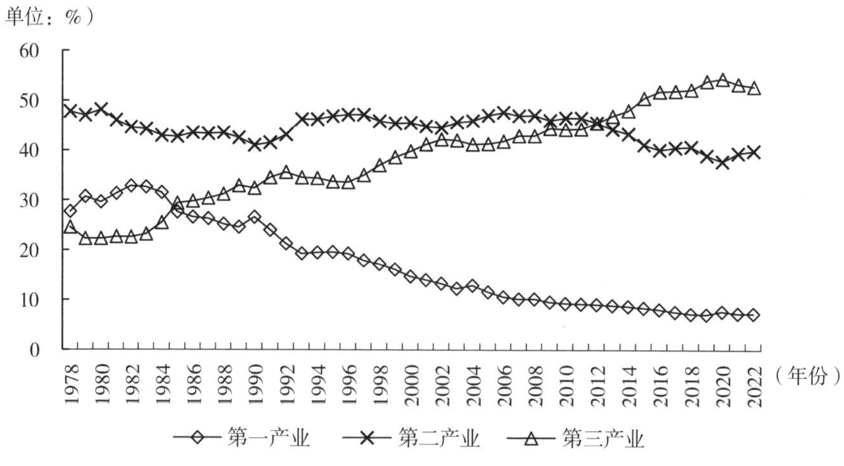

图 2-4 1978—2022 年三次产业产值比重变化

资料来源：根据国家统计局官网提供的 1978—2022 年中国第一、二、三产业增加值数据整理所得。

二、产业核心竞争力逐步增强，产业层次缓慢提升

产业核心竞争力的提升离不开技术创新。由图2-5可以看出，近年来我国研发投入保持持续增长态势，2022年研发经费投入强度达到2.55%，超过部分发达国家水平。与此同时，高技术产品成交额也由2016年的6035亿美元增至2021年的9794亿美元，增长近63%。随着新一轮科技产业革命加速发展，产业数字化、智能化成为各地区促进产业转型升级、推进高质量发展的重要手段。自2017年以来，中国工业互联网产业经济增加值规模连年攀升，昭示着产业数字化水平的不断提高(见图2-6)。世界知识产权组织发布的《2022年全球创新指数报告》显示，2022年中国创新指数上升到世界第11位，不仅家电、建筑机械、通信设备等中高技术产业的技术水平进入世界前列，在全球价值链中的地位不断攀升，而且能够大规模生产部分中高技术中间产品，数字产业、新能源汽车等新兴产业的技术水平已进入世界领先行列。

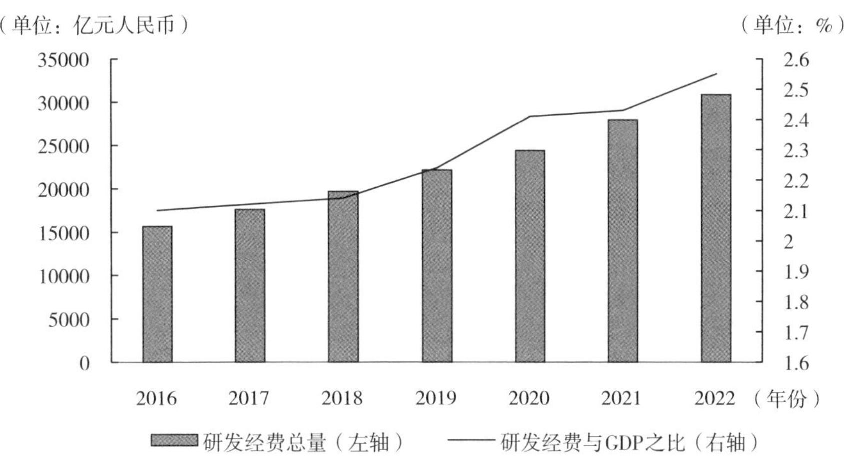

图2-5　2016—2022年中国研发经费总量与投入强度

资料来源：根据国家统计局官网提供的2016—2022年中国研发经费总量及GDP数据整理所得。

多年来，我国产业层次随着我国经济发展阶段、工业化进程与人民需求层级的提高缓慢爬升。以应用先进科学技术、现代工业提供的生产资料与科学的管理方式为载体，现代农业也随着技术创新和产业数字化的发展应运而生，农业的产量、收益与农产品的质量日益提高。虽然随着社会进步与发展，第一产业的比重在持续下降，但我国农业的基础性产业地位没有被削弱，更因现代农业的大力发展与农产品层次的不断提高而得到进一步巩固。随着对生态环境和资源保护的日益重视以及技术升级改造持续进行，工业

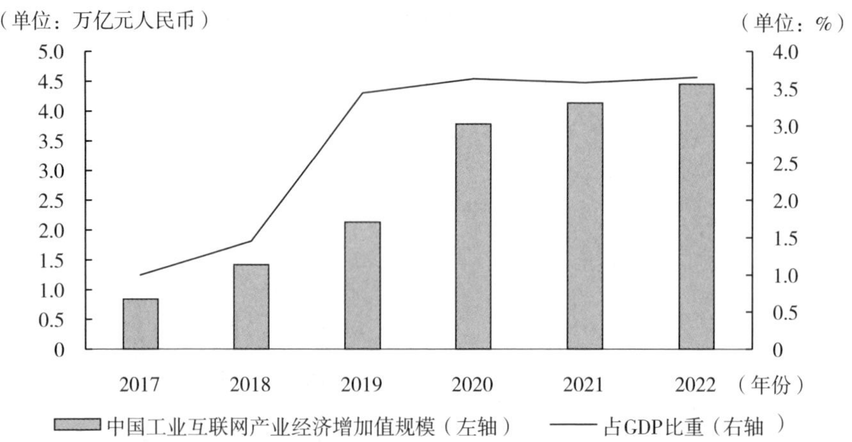

图 2-6　2017—2022 年中国工业互联网产业经济增加值规模及 GDP 占比

资料来源：根据 2018—2023 年《中国工业互联网产业经济发展白皮书》中的中国工业互联网产业经济增加值数据整理所得。

绿色低碳转型发展成果显著，推动第二产业体系由传统产业部门逐步向现代化产业部门演进。共享经济、互联网经济以及现代金融服务业的崛起，都预示着我国服务业的不断发展与升级。我国的产业结构正由传统技术产业向现代技术产业和高新技术产业转变，由劳动密集型向资本密集型，并逐步向技术和知识密集型产业转变。我国正逐步摆脱以往低技术、低附加值的落后的生产方式，以高技术、高附加值为标志的现代产业体系正在形成。

三、市场和产业开放程度日益提高，贸易与投资互动性不断增强

过去 40 多年，我国利用外资发展加工贸易和外向型产业，为进出口持续快速发展，特别是消费品出口的增长奠定了基础。图 2-7 是近 10 年来我国使用外资与对外投资情况。可以看出，2012 年以来我国实际使用外资金额稳中有升，对外投资和外资设立企业数量在 2012 年到 2016 年稳步增加。而 2017 年以来，面对经济全球化遭遇逆流、贸易保护主义盛行的种种不利因素，我国对外直接投资和外商投资设立企业数量产生较大波动。2023 年 7 月 25 日，国务院印发了《关于进一步优化外商投资环境、加大吸引外商投资力度的意见》，从保障外商投资企业国民待遇、提高投资运营便利化水平等 6 个方面提出了 24 条政策措施，要求更好统筹国内国际两个大局，营造市场化、法治化、国际化一流营商环境，充分发挥我国超大规模市场优势，更大力度、更加有效吸引和利用外商投资，为推进高水平对外开放、全面建设社会主义现代化国家作出贡献。

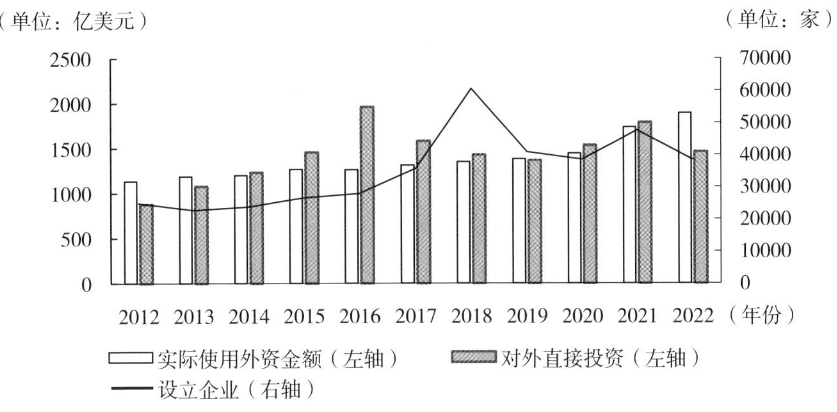

图 2-7　2012—2022 年中国对外直接投资与实际使用外资情况

资料来源：根据国家统计局官网提供的 2012—2022 年中国对外直接投资与实际使用外资金额及设立企业数量数据整理所得。

市场是最公正的“裁判”。在全球经济复苏迟滞的大背景下，随着市场开放程度的日益提高，中国已成为全球投资的热土。从引资规模看，2020 年全球外国直接投资大幅下滑，我国吸收外资则逆势增长，全球占比达 15. 5%。2022 年我国实际使用外资 1891. 3 亿美元，与疫情前 2019 年相比增长 36. 9%，可见蕴含巨大发展机遇的中国市场始终是诸多跨国公司的“必选项”。尤其是近期持续出现的跨国公司高管“访华潮”，预示着其在华投资还将持续加码。仅 2023 上半年，全国新设外商投资企业 2. 4 万家，同比增长 35. 7%，也充分证明了这一点。

四、产业政策日趋完善，产业链体系日渐完整，产业集群渐具优势

改革开放初期，依靠产业支持政策，外资企业价值链的核心环节被放在我国进行生产，上下游及相关产业逐步实现协同发展，促进了完整产业链的形成。产业链在较小空间尺度的集聚能够节约交易成本、运输成本，促进知识的创新和扩散，提高供应链的灵活性与反应速度，无论对增强产业链的竞争力还是对外贸易高质量发展，都具有积极作用。特别是加入世界贸易组织后，这种积极开放的产业政策支持使贸易和经济快速增长，中国借助自身比较优势，发展优势产业，工业化速度稳步提升，成为全世界唯一拥有联合国产业分类中全部工业门类的国家。

作为后起的工业化国家，新中国成立后就采取了以“赶超”为基本目标的工业化发展战略。在产业政策上，主要通过优先发展生产资料行业来加快经济的工业化进程。改革开放后，在具体产业政策上，开始依据比较优势

理论融入世界经济，以出口为导向发展产业和产业集群，以我国有优势的劳动密集型产业先参与国际分工，通过资本积累和“干中学”逐步实现产业结构升级和产业价值链地位的攀升。在经济内在规律的驱动以及中央和地方政府的推动下，我国产业有向重点区域以及专业性园区集中的趋势，一批产业高度聚集、产业链相对完整且具有国际影响力、国际竞争力的产业集群正在形成。在世界知识产权组织评出的世界前 100 位科技创新集群中，深圳—香港—广州、北京、上海分别位列第 2 位、第 3 位和第 8 位。在工业和信息化部评出的 45 家国家先进制造业集群中，东部地区 30 个、中部地区 8 个、西部地区 5 个、东北地区 2 个。2022 年 9 月 13 日，工业和信息化部印发《促进中小企业特色产业集群发展暂行办法》，以推动中小企业专业化、特色化、集群化发展。该文件提出“十四五”期间要在全国范围内认定 200 家左右中小企业特色产业集群，引导和支持地方培育一批省级集群，加强对集群的财政、金融、产业、创新、土地、人才等政策支持。文件还对各类惠企政策，对集群参与重大项目的支持力度，以及对产业投资基金加大对集群的投资力度提出了要求，对专精特新中小企业培育和产业集群认定有重要意义。

第三节 对外贸易高质量发展的产业逻辑及理论框架

一、对外贸易高质量发展的产业逻辑

随着逆全球化及新贸易保护的抬头，单边主义、贸易保护主义、逆全球化浪潮不断有新的表现，经济全球化进程遭遇严峻挑战。特别是 2017 年美国特朗普上台以来，不顾世界各国反对，大范围挑起贸易摩擦，频频挥舞贸易保护主义大棒，成为世界经济复苏面临的最大不确定因素。从对外贸易发展演进看，长期以来，中国作为投资和出口拉动型国家，依托人口红利、政策红利等，以低端嵌入的方式取得了令世界瞩目的出口奇迹，然而在新一轮“全球价值链革命”中，随着逆全球化及新贸易保护的抬头，传统比较优势明显弱化，使以“量”为导向的贸易发展模式，在推动对外贸易高速发展的同时，也带来了一些“低质”问题，突出表现为内部产业经济与外部贸易经济的不平衡不充分发展。

产业是介乎微观经济学与宏观经济学之间的中观概念，产业发展会带来微观企业的变化，产业变迁也会影响宏观经济政策的制定和实施，从这个意义上讲，产业是连接微观与宏观的中间载体，是宏观经济和对外贸易发展

的重要影响因素。中国改革开放以来的实践充分证明了产业是对外贸易的基石，对外贸易发展离不开有效的产业发展支撑。2020年以来特别是新冠疫情期间中国出口强劲韧性来源于中国完备的全产业链优势。当前，在国际国内贸易环境发生复杂变化的背景下，如何有效应对新贸易保护的外部冲击，促进产业发展沿“微笑曲线”向高端价值产业链迈进，以实现内部产业经济与外部贸易经济的协调发展，推动二者形成良性互动，从而实现对外贸易向更加平衡、更加充分的高质量方向转变，关乎中国对外贸易发展的稳定性和持续性，也成为中国对外贸易高质量发展亟待解决的现实问题。

要厘清新贸易保护下对外贸易高质量发展的产业逻辑，首先需要了解产业经济学的学科理论体系。对产业经济学理论体系的构成问题，当前学术界存在两种主流的观点：

第一种观点认为，产业经济学等同于产业组织理论，研究的是各个具体产业内部的关系，以不同市场结构或市场形态中企业间的关系和行为为重点，因而在内容构成上主要以特定产业为研究对象，并以市场结构、市场行为、市场绩效和产业组织政策为基本理论框架，这一观点与西方国家的产业经济学比较一致。

第二种观点认为，产业经济学不仅仅是产业组织理论，还包括各个具体产业之间的互相关系，即研究不同产业发展所体现的长期趋势差异，以及不同产业在经济总体中的结构变动对经济总体发展产业的影响等，因而，其研究内容还应包括产业结构、产业布局、产业关联、产业政策等内容。

从产业经济学的发展与主体内容来看，第二种观点更符合中国的实际情况，结合本书“新贸易保护下中国对外贸易高质量发展的产业逻辑”研究主旨，本书对产业内容的逻辑构成除了包括产业组织之外，还应包括产业结构、产业政策的内容。为了不把研究内容搞得太宽泛，参考产业经济学相关著作，将产业关联、产业布局的相关内容作为产业结构的一部分，而不是进行单独化处理。这样，本书产业内容的理论体系主要由以下三大部分组成：产业组织、产业结构和产业政策。同时，企业作为国民经济的细胞，是构成产业和市场的微观基础。产业组织、产业结构和产业政策的落脚点都是企业，贸易保护的政策最终也都是落在对企业的措施上。从这个意义上讲，本书认为，新贸易保护下中国对外贸易高质量发展的产业逻辑构成主要由以下几个部分组成：企业主体、产业组织、产业结构和产业政策。其中企业主体是对外贸易高质量发展的微观底层逻辑，产业组织是对外贸易高质量发展的主导逻辑，产业结构是对外贸易高质量发展的依存逻辑，产业政策是对外贸易高质量发展的实施逻辑。

具体而言，推动新贸易保护下中国对外贸易高质量发展的产业逻辑及其各组成部分的基本范畴，概述如下：

一是企业主体。企业是分析和研究产业经济的出发点，从某种意义上，企业是产业经济学的微观基础，产业实际上就是具有某种共同特征的企业群或者企业集合体；企业是产业组织的核心内容，产业组织理论所讨论的实际上就是企业的组织问题，产业组织理论中的市场结构实际上就是企业的形态所决定的市场结构以及由此产生的企业决策行为问题，不同的决策行为带来的经济绩效的分析问题；产业政策的最终落脚点是企业，从产业政策的作用对象、作用机制以及产业发展战略的具体载体来看，产业政策的最终落脚点是组成这一产业的企业本身。由此，本书将企业与对外贸易高质量发展作为新贸易保护下中国对外贸易高质量发展产业逻辑构成的逻辑起点。

二是产业组织。根据产业组织理论的定义，产业组织理论是运用微观经济学理论分析厂商和市场及其相互关系的一门学科，是研究企业结构与行为、市场结构与组织以及市场与厂商相互作用和影响的一门产业经济学分支。按照正统产业组织理论的逻辑，产业组织理论的基本特征就是"结构—行为—绩效"分析范式。"结构—行为—绩效"分析范式假定在市场结构、厂商行为和市场绩效之间存在确定的因果关系，即市场结构决定厂商行为，从而市场结构通过厂商行为影响经济运行绩效，这种因果关系可以为政府制定产业政策提供理论基础。

三是产业结构。按照产业结构理论的内涵和外延不同，产业结构有"广义"和"狭义"之分，"狭义"的观点包含产业发展形态理论和产业联系理论，前者是从"质"的角度动态地解释产业间技术经济的互相联系形态和发展趋势，后者是从"量"的角度静态地研究和分析产业间联系方式的技术经济数量比例关系。而"广义"的产业结构理论是这两种观点的综合。按照产业结构理论的内涵和外延，基于"广义"的产业结构内涵，从"质"和"量"的角度，本书将产业结构的内容划分为产业结构升级、产业链，研究新贸易保护下产业结构与对外贸易高质量发展的关系。

四是产业政策。在开放的经济环境中，产业安全是我国产业在国际经贸中保持相对独立的产业地位和竞争优势的重要保障，国际国内贸易环境发生的复杂深刻变化，中国对外贸易高质量发展面临新的机遇和挑战，政府迫切需要以产业安全为发展前提、以产业政策为基本工具，增强本国产业的国际竞争力，从而维持或争取本国产业在经济全球化过程中的优势地位。据此，本书将产业政策范畴划分为产业安全和产业政策两个部分。

二、对外贸易高质量发展产业逻辑的理论框架

（一）新贸易保护下中国对外贸易与产业发展的事实特征

一是新贸易保护的发展现状及影响研究。从新贸易保护实施的数量、种类、领域、形式、目的、动机等方面阐述新贸易保护的现状及特征，主要从全球经贸格局和国内出口规模两个方面以及产业发展跃升和企业全球化经营两个方面分析新贸易保护对对外贸易和产业的影响。二是中国对外贸易发展演进的产业特征研究。从对外贸易动能、产业发展变动两大方面总结中国对外贸易发展演进轨迹和产业层面存在的问题。

（二）中国对外贸易与产业发展的测度分析

基于指标体系构建原则，从贸易综合实力、协调创新水平、畅通循环能力、贸易开放合作、贸易安全体系五个维度构建对外贸易高质量发展水平指数，从产业组织、产业结构、产业政策三个维度构建产业发展水平指数，选择科学有效的测度方法，采用2012—2021年中国30个省份的数据，运用熵值法测量对外贸易高质量发展和产业发展水平。在此基础上，从时间维度分析中国2012—2021年对外贸易高质量发展和产业发展水平综合指数及子系统指数的变化趋势；从空间维度将中国省份分为东部地区、中部地区和西部地区三大经济区域，并对三大区域对外贸易高质量发展和产业发展水平综合指数及各子系统指数进行具体分析；从时空结合维度探讨中国各省份2012—2021年对外贸易高质量发展和产业发展的格局变动和演变特征，并进一步测度新贸易保护下中国对外贸易发展的韧性特征。

（三）新贸易保护下企业发展与对外贸易高质量发展的实证研究

企业是研究产业经济的出发点和核心，产业组织、产业结构和产业政策的落脚点均是企业，因此，在开展新贸易保护下产业发展与对外贸易高质量发展的实证研究之前，有必要首先研究新贸易保护下企业发展与对外贸易高质量发展的关系。一是新贸易保护企业发展的实证研究。构建双重差分模型验证新贸易保护影响企业发展的负向线性效应的存在性，直接肯定了新贸易保护显著抑制了出口企业发展。进一步地，构建中介效应模型验证理论分析部分所提出的经营成本、融资约束和技术封锁三种传导机制的正确性，并从区域层面、行业层面和企业层面比较分析了新贸易保护对企业发展影响的异质性。二是企业发展与对外贸易高质量发展的实证研究。借助普通最小二乘回归法验证企业发展对对外贸易高质量发展的提升效应的存在性，直接肯定了出口企业发展是提升对外贸易高质量发展水平的微观主体。进一步地，构建中介效应模型验证了企业发展通过提升研发占比和专利申

请两种传导机制助力对外贸易高质量发展的正确性。由此,从企业发展层面为切实推进新贸易保护下对外贸易高质量发展提供了理论支持。

(四)新贸易保护下产业发展与对外贸易高质量发展的实证研究

基于产业经济学“产业组织—产业结构—产业政策”的视角,全面探讨新贸易保护对产业发展的影响以及产业发展与对外贸易高质量发展的关系。

一是新贸易保护对产业组织的冲击以及产业组织对对外贸易高质量发展的影响效应研究。先是从总体层面分析新贸易保护对产业组织的影响以及产业组织创新与对外贸易高质量发展的关系。随后,基于“结构—行为—绩效”理论框架,从构成产业组织的市场结构、市场行为和市场绩效三个维度进行详细的理论和计量分析。从结构增值效应、规模经济效应、技术创新效应、人力资本效应和资源配置效应五个方面揭示产业组织创新推动对外贸易高质量发展的动力机制。基于此,从市场结构、市场行为和市场绩效三个维度构建产业组织创新指数,借助面板固定效应模型验证产业组织创新对对外贸易高质量发展的影响效应,肯定了产业组织创新是对外贸易高质量发展的重要动能。进一步比较分析了新贸易保护实施前后产业组织创新对对外贸易高质量发展作用的强弱,验证了从产业组织创新层面有效应对新贸易保护、推动对外贸易高质量发展的正确性。

二是新贸易保护对产业结构的冲击以及产业结构对对外贸易高质量发展的影响效应研究。先是从总体层面分析新贸易保护对产业结构升级的影响以及产业结构升级与对外贸易高质量发展的关系。然后,在产业发展的变化趋势上,从产业链维度进行详细的理论和计量分析。首先,新贸易保护下产业结构升级与对外贸易高质量发展的实证研究。从技术创新抑制效应、融资约束效率和外部环境不确定性三个机制解释新贸易保护抑制产业结构升级的内在机理,以及新贸易保护对产业结构升级推动对外贸易高质量发展的调节机制。在此基础上,构建双重差分模型、双向固定效应模型等验证新贸易保护、产业结构升级和对外贸易高质量发展之间的关联效应,论证了通过产业结构升级抑制新贸易保护推动对外贸易高质量发展的正确性。其次,新贸易保护下产业链与对外贸易高质量发展的实证研究。从供应链上下游关系视角解释新贸易保护影响中国产业链的理论机制以及产业链变动如何对中国对外贸易高质量发展产生影响。借助双重差分回归、普通最小二乘法回归等方法验证新贸易保护、产业链和对外贸易高质量发展之间的关联关系,肯定了新贸易保护对产业链的负向冲击作用和产业链对对外贸易高质量发展的重要驱动作用。

三是新贸易保护对产业政策的冲击以及产业政策对对外贸易高质量发

展的影响效应研究。提升产业安全、强化产业政策与对外贸易协调发展，是推动对外贸易高质量发展的重要保障。首先，新贸易保护下对外贸易高质量发展的产业安全分析。从产业国际竞争力、产业对外依存度、产业竞争环境和产业控制能力视角解释新贸易保护影响产业安全的关联机制以及产业安全推动对外贸易高质量发展的内在过程。基于上述四个维度测算产业安全指数，验证新贸易保护、产业安全与对外贸易高质量发展之间的关联效应，证实了新贸易保护降低我国产业安全的不利冲击以及提升产业安全是推动对外贸易高质量发展的重要动能。其次，新贸易保护下对外贸易高质量发展的产业政策分析。以上市企业年报中相关词条经过合成后构建贸易保护指标，以财政补贴和税收优惠合成后构建产业政策指标，利用双重差分模型，来帮助理解新贸易保护对产业政策的冲击。从规模效应和创新效应解释实施产业政策推动对外贸易高质量发展的内在逻辑。借助固定效应模型、中介效应模型和有调节的中介效应模型验证新贸易保护、产业政策与对外贸易高质量发展之间的关联效应，肯定了新贸易保护对我国产业政策实施效果的不利冲击，验证了通过优化产业政策冲抵新贸易保护的负面影响、助力对外贸易高质量发展的正确性。

四是新贸易保护下对外贸易高质量发展的产业路径与政策选择。从产业发展上构建新贸易保护下推进中国对外贸易高质量发展的政策治理体系，第一，强化顶层设计，从扶持“卡脖子”产业、引导资源配置优化、营造宽松环境、激发市场活力、实行差异化政策、提高政策执行力六个方面发力，打造全面促进对外贸易高质量发展的产业政策体系。第二，坚持企业的主体地位，夯实产业发展的基础。外部政策上：扩大企业开放，建设更高水平的开放型经济；优化企业营商环境，减少负面清单；分类实施种类政策，如人才引进政策、补贴政策、金融政策；深化国有企业改革，大力促进民营经济发展。企业内部政策上：以市场和客户为导向，随时调整企业经营方向；提升科技创新能力，加大人力资本投入；努力实现规模经济，提高市场占有率；创新企业营销模式，打造品牌知名度；加快企业的数字化、绿色化和智能化转型；加强企业内部管理，提高产品品质。第三，促进产业组织不断更新，实现高质量市场运行绩效。第四，积极推进产业结构优化升级，提高产业整体素质。调整和重构产业链，提升产业链发展水平；发展先进产业集群，提升产业竞争力；调整优化产业结构、推进产业结构合理化和高级化；主动识别应变求变，扎实提升产业安全水平。第五，平抑产业发展风险，保障对外贸易循环局面平稳有序。

新贸易保护下对外贸易高质量发展的产业逻辑研究应按照“提出问题—分析问题—理论分析—实证研究—实践应用”的逻辑主线，遵循理论分析指导实证研究、实证研究验证理论分析、理论和实证共同支撑应用研究的原则，确保各部分研究内容的有效衔接、逐层深入，以实现从理论向实践延伸的目的。

第一，理论分析指导实证研究。新贸易保护下对外贸易高质量发展产业逻辑的理论框架的研究纲领，确立了实证工作开展的方向与步骤；核心概念研究铺垫了中国对外贸易与产业发展的测度研究，是进行指标筛选、构建指标体系的主要依据；新贸易保护的现状研究与对外贸易发展演进的产业特征研究及贸易韧性、现实测度分析达成了历史逻辑与现实逻辑的统一，更能清楚地说明研究对象发展的过去、现在与未来；新贸易保护对产业发展的影响机制与产业发展对对外贸易高质量发展的作用机理诠释了新贸易保护对产业发展的冲击以及如何通过产业发展抵消新贸易保护的不利影响、推动对外贸易高质量发展的关联机制和传导机制，并预测了作用过程中潜在的线性效应、中介效应、非线性效应、异质性效应等，构成了实证研究的主体内容。

第二，实证研究验证理论分析。新贸易保护、产业发展与对外贸易高质量发展的影响效应研究是核心支撑。线性效应分析直接肯定了新贸易保护对中国产业发展的负面冲击，以及产业组织、产业结构、产业政策是推动对外贸易高质量发展的重要动能；中介效应印证了新贸易保护对产业发展产生冲击的作用渠道和产业发展推动对外贸易高质量发展的传导机制；非线性效应、异质性效应分析进一步论证了产业发展推动对外贸易高质量发展的现实作用规律。

第三，理论和实证共同支撑应用研究。新贸易保护下对外贸易高质量发展的产业路径和政策体系是本书的落脚点，需要将理论和实证的成果应用到现实环节。理论机制与线性效应表明了在产业组织、产业结构和产业政策层面深化新贸易保护下对外贸易高质量发展产业路径的正确性；传导机制和中介效应证实了推进产业转型、提升产业竞争力、优化资源配置、强化技术创新能力等政策措施在新贸易保护下推动对外贸易高质量发展的突出作用。对上述成果的吸收、运用与拓展是新贸易保护下促进中国对外贸易高质量发展的产业路径创新和政策体系建构的主要方向。

总而言之，新贸易保护下中国对外贸易高质量发展的产业逻辑研究，按照事实特征、现实测度、实证研究、路径政策四块内容构建分析框架，以事实特征为逻辑起点，以测度分析和实证研究为现实依据，落脚于产业路径和政策体系（见图2-8）。理论分析、实证研究与实践应用相辅相成，共同服务于新贸易保护、产业发展、对外贸易高质量发展的关联效应与路径政策这一核心问题，确保了本书的最终成果既有理论高度又能逼近现实，更能为解决实际问题所用。

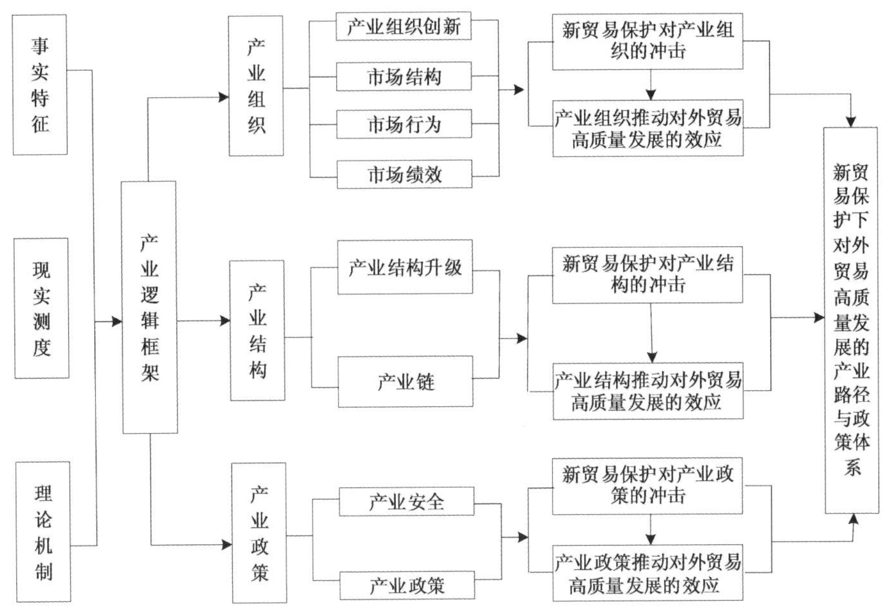

图 2-8 新贸易保护下对外贸易高质量发展产业逻辑的理论框架

本章首先对新贸易保护的发展现状、新贸易保护对对外贸易和产业的影响进行梳理。发现近年来,贸易保护主义呈现新态势、新特征和新趋势,对中国对外贸易和产业发展带来了很大影响,新贸易保护打破了全球经贸格局、阻碍了企业全球化经营、遏制了产业发展与跃升、增加了中国贸易不确定性。而产业作为对外贸易的基石,在发展演进过程中,呈现出结构转型、动能转换等特点,但长期积累的结构性矛盾日渐突出。鉴于此,从产业发展的微观基础企业出发,基于产业经济学理论体系的逻辑框架,从"产业组织—产业结构—产业政策"视角,按照"事实特征—现实测度—理论分析—实证研究—实践应用"的逻辑主线,以事实特征为切入点、以现实测度为支撑、以理论分析和实证研究为核心、落脚于新贸易保护下对外贸易高质量发展的产业路径和政策体系。揭示新贸易保护下中国对外贸易高质量发展的产业逻辑,是有效应对新贸易保护、抵御外部环境恶化风险的现实需求,也是实现内部产业经济与外部贸易经济协调发展的重要基础。

第三章　中国对外贸易高质量发展与产业发展的测度分析

科学测度中国对外贸易高质量发展水平与产业发展水平是客观把握贸易与产业发展现实情况的前提，有助于深度剖析新贸易保护下产业支持对外贸易高质量发展的现状与困境，进而形成对外贸易高质量发展的新动能。本章基于对外贸易高质量发展和产业发展的内涵外延，构建中国省际对外贸易高质量发展和产业发展的指标体系，运用熵值法测度2012—2021年中国省际对外贸易高质量发展和产业发展综合水平，分析其时空特征和演变规律，并借鉴区域经济韧性理论，从应对新贸易保护的抵抗性和恢复性两个方面对出口韧性进行测度并探究其空间特征，为下文考察新贸易保护下对外贸易高质量发展的产业逻辑提供数据支持。

第一节　对外贸易高质量发展与产业发展评价指标体系的构建

一、对外贸易高质量发展水平指标体系的构建

根据《“十四五”对外贸易高质量发展规划》，结合我国对外贸易高质量发展的现状与特点，参考曹俊文等①(2021)、付文宇等②(2021)、王敏等③(2022)等学者的研究成果(见表3-1)，从更趋平衡、更加充分、更为安全的对外贸易高质量发展多维内涵出发，按照贸易综合实力、协调创新水平、畅通循环能力、贸易开放合作和贸易安全体系五个维度，选取了涵盖不同方面的32项三级指标，构建中国对外贸易高质量发展水平评价指标体系。

---

① 曹俊文、雷清雅：《新发展理念下我国对外贸易高质量发展评价》，《统计与决策》2021年第15期。

② 付文宇、赵景峰、李彦：《中国对外贸易高质量发展的测度与评价》，《统计与决策》2021年第22期。

③ 王敏、范佳缘、王丽洁等：《高质量发展下对外贸易效率评价及影响因素——基于长江经济带11省市的实证分析》，《华东经济管理》2022年第4期。

表 3-1　中国对外贸易高质量发展水平指标的文献汇总

作者	观点	测度方法
曹俊文等	建立贸易有效发展、创新发展、协调发展、绿色发展、开放发展、共享发展六个维度的评价体系	熵值法
付文宇等	贸易发展环境、贸易发展条件、贸易发展能力、贸易合作水平四个维度构建	熵值法
王敏等	测度对外贸易高质量发展效率	DEA-Malmquist-Tobit 模型
李志洋等①	从经济增长速度、经济增长稳定性、创新效率、经济发展成果共享性与绿色发展水平五个方面构建 5 个一级评价指标	主成分分析法
马林静等②	构建了包含对外贸易结构优化度、对外贸易绩效水平、对外贸易竞争力、对外贸易规模地位以及对外贸易发展的可持续性五个维度	熵值法

（一）贸易综合实力指标

贸易综合实力是考量地区贸易发展水平的重要衡量依据，主要体现在贸易基本环境、货物与服务贸易规模、对外贸易竞争力等方面，是对外贸易高质量发展的基础。选取的衡量贸易综合实力的指标包括：进口依存度（X1）衡量地区经济对对外贸易的依赖程度；国际市场份额（X2）衡量贸易产品在国际市场的所占份额；货物贸易份额（X3）衡量地区货物贸易总额；服务贸易份额（X4）衡量地区服务贸易总额；对外贸易主体数量（X5）衡量对外贸易市场的发展潜力；出口增长优势指数（X6）衡量地区产品的竞争优势。

（二）协调创新水平指标

协调创新水平是考量地区对外贸易活力和发展潜力的重依据，主要体现在贸易产业协调程度、贸易产业创新水平、贸易产业结构优化度和绿色贸易产业发展等方面，是地区对外贸易高质量发展的引擎。选取的衡量协调创新水平的指标包括：进出口协调度（X7）和货物服务贸易协调度（X8）衡量对外贸易的经济效益；贸易创新主体数量（X9）衡量地区对外贸易的创新能力；贸易创新投入强度（X10）衡量地区对外贸易高质量发展的重视力度和强度；加工贸易出口份额（X11）衡量地区加工贸易转型升级的发展现状；贸易产业高技术化（X12）衡量地区对外贸易发展的科技能力和技术水平；

① 李志洋、朱启荣：《中国经济高质量发展水平的时空特征及其影响因素》，《统计与决策》2022 年第 6 期。

② 马林静：《基于高质量发展标准的外贸增长质量评价体系的构建与测度》，《经济问题探索》2020 年第 8 期。

服务贸易数字化进程(X13)衡量地区贸易数字化的发展潜力;政府支持环保度(X14)衡量政府对贸易高质量绿色发展的环保投入;贸易产业生态化水平(X15)衡量地区的贸易生态治理水平。

(三)畅通循环能力指标

畅通循环能力是考量地区内对外贸易一体化程度和贸易通道畅通度的重要依据,主要体现在贸易畅通度、贸易循环能力和国内国际贸易规则衔接等方面。选取的衡量畅通循环能力的指标包括:对外贸易通道顺畅度(X16)和对外贸易产业链畅通度(X17)衡量地区对外贸易的通畅程度;贸易通道建设(X18)衡量对外贸易走廊建设程度;高速公路里程占比(X19)和互联网水平(X20)衡量地区对外贸易发展的基础设施投入力度;服务贸易嵌入程度(X21)和贸易协定签署数量(X22)衡量地区对接国际贸易规则的衔接力度。

(四)贸易开放合作指标

贸易开放合作是考量地区贸易自由化便利化的重要依据,是衡量地区对外贸易高质量发展的重要环节,主要体现在贸易便利化水平和贸易合作紧密度等方面。选取的衡量贸易开放合作的指标包括:自由贸易试验区网络建设(X23)和跨境电商网络建设(X24)衡量地区自由贸易区网络构建程度和发展潜力;对外贸易效能(X25)衡量地区对外贸易效率;内外贸一体化程度(X26)衡量对外贸易经营方式、中介协调架构和政府管理体制的一体化程度;贸易和双向投资协调度(X27)衡量贸易可持续发展程度和合作程度;对外贸易建设(X28)衡量贸易人才吸纳力度。

(五)贸易安全体系指标

贸易安全体系是考量贸易风险防控体系健全程度,主要体现在进口来源安全和贸易摩擦风险等方面。选取的衡量贸易安全体系的指标包括国内粮食购买力(X29)和国内能源购买力(X30)衡量国民支柱的产业的自主掌握程度;贸易摩擦波动(X31)和美对华出口管制程度(X32)衡量我国对外贸易的风险程度。具体指标体系见表3-2。

表3-2　中国对外贸易发展水平指标体系

一级指标	二级指标	三级指标	计算说明
贸易综合实力	贸易基本环境	进口依存度(X1)	进口总额/GDP
		国际市场份额(X2)	出口总额/世界出口总额
	货物与服务贸易规模	货物贸易份额(X3)	货物进出口总额
		服务贸易份额(X4)	服务贸易进出口总额
	对外贸易竞争力	对外贸易主体数量(X5)	世界500强公司上榜数量
		出口增长优势指数(X6)	地区出口增长率-总出口增长率

续表

一级指标	二级指标	三级指标	计算说明
协调创新水平	贸易产业协调程度	进出口协调度(X7)	进口总额/出口总额
		货物服务贸易协调度(X8)	货物贸易/服务贸易
	贸易产业创新水平	贸易创新主体数量(X9)	研发人员折合全时当量
		贸易创新投入强度(X10)	研发经费
	贸易产业结构优化度	加工贸易出口份额(X11)	加工贸易出口额/出口总额
		贸易产业高技术化(X12)	高新技术产品贸易额/进出口总额
	绿色贸易产业发展	服务贸易数字化进程(X13)	软件业务出口
		政府支持环保度(X14)	节能环保支出/财政支出
		贸易产业生态化水平(X15)	能源消耗量/GDP
畅通循环能力	贸易畅通度	对外贸易通道顺畅度(X16)	跨境电商综合试验区数
		对外贸易产业链畅通度(X17)	当年进出口货物总值-上一年进出口货物总值
		贸易通道建设(X18)	中欧班列数量
	贸易循环能力	高速公路里程占比(X19)	高速公路里程/公路里程
		互联网水平(X20)	互联网宽带接入口数
	国内国际贸易规则衔接	服务贸易嵌入程度(X21)	是否签订区域服务贸易协定
		贸易协定签署数量(X22)	贸易协定签署数量
贸易开放合作	贸易便利化水平	自由贸易试验区网络建设(X23)	自由贸易试验区数
		跨境电商网络建设(X24)	跨境电商综合试验区数
		对外贸易效能(X25)	对外承包工程合同金额
	贸易合作紧密度	内外贸一体化程度(X26)	外商投资企业投资总额
		贸易和双向投资协调度(X27)	进出口总额/(对外直接投资+外商直接投资)
		对外贸易建设(X28)	对外劳务合作在外人数/总人口

续表

一级指标	二级指标	三级指标	计算说明
贸易安全体系	进口来源安全	国内粮食购买力(X29)	人均GDP/国内粮食市场价格
		国内能源购买力(X30)	能源消费弹性系数
	贸易摩擦风险	贸易摩擦波动(X31)	汇率变化率的绝对值
		美对华出口管制程度(X32)	中美贸易差额
			贸易救济案发生数量

二、产业发展水平指标体系的构建

目前对产业发展水平的测度大部分是从单一指标和多指标综合构建两个方面来进行。鉴于产业发展水平是一个具有丰富内涵的多维概念,因此,简单利用某一指标具有片面性,会导致评价结果出现偏差,而多指标综合构建恰恰能弥补这一不足,能更好地体现产业发展水平的内在要求。基于此,尝试从产业组织、产业结构以及产业政策三个维度来构建产业发展水平指标评价体系,具体见表3-3。构建逻辑如下:

表3-3 产业发展水平指标体系

一级指标	二级指标	三级指标	计算说明
产业组织	市场结构	规模经济	市场集中度
		技术创新	研发投入
	市场行为	市场活跃度	技术交易活跃率
	市场绩效	市场绩效水平	第八章测算得出
产业结构	产业结构升级	产业结构高级化	第三产业产值/第二产业产值
		产业结构合理化	泰勒指数
产业政策	产业安全水平	产业安全水平	第十四章测算
	产业政策	直接产业政策	政府补贴
		间接产业政策	信贷支持

(一)产业组织指标

产业组织是衡量产业发展水平的重要指标,产业组织是产业部门生产活动组织性的体现,是产业发展水平的内在要求之一。目前,我国产业发展存在效益不高、高技术产业低端嵌入、新兴产业"重规模、搞组装"的现象,虽然实现了产业规模的扩张,但却引致高端产业低端化发展。因此,要实现产业发展,首先要提高产业效益,并对产业贡献度进行把脉,合理调整各产业部门发展格局。选取市场结构(S)、市场行为(C)和市场绩效(P)对产业组织情况进行衡量,市场结构中选用规模经济和技术创新这两个三级指标对其进行表征,选用市场活跃度表征市场行为,选用市场绩效水平来衡量市场绩效情况。

(二)产业结构指标

产业结构是衡量产业发展水平的另一指标,随着新时代下传统红利逐渐消失,要素驱动型的产业发展模式已不再满足我国产业发展的要求,因此,必须转变传统的发展模式,做好新动能的培育以及新旧动能的转换和接续工作,为产业发展提供源源不断的动力源,提升产业结构水平。产业结构指标包括产业结构高级化和产业结构合理化两个方面。

(三)产业政策指标

产业政策是衡量我国产业政策制定情况的重要指标。根据宏观经济发展新阶段的特征、经济体制改革的进程和国际环境的变化,中国制定了以市场化改革和对外开放扩大为特点的产业政策。针对产业政策的衡量,选取直接产业政策和间接产业政策对其进行衡量,直接产业政策主要有政府对进出口企业的各类补贴(出口补贴、广告补贴以及退还进口税等),间接产业政策有信贷支持和税收优惠等方式。

第二节　对外贸易高质量发展与产业发展的测度与评价

一、评价方法的选择

指标权重的确定方法直接关系测度结果的准确性,包括主观赋权和客观赋权两种。其中主观赋权通常是请同领域的相关专家人为地打分来确定权重,如德尔菲法①。客观赋权法则是剔除人为因素,仅根据指标数据的特点计算权重,主要有熵值法②、层次分析法③④、时序全局主成分分

① 秦伟山、张义丰、袁境:《生态文明城市评价指标体系与水平测度》,《资源科学》2013年第8期。

② 张欢、汤尚颖、耿志润:《长三角城市群宜业与生态宜居融合协同发展水平、动态轨迹及其收敛性》,《数量经济技术经济研究》2019年第2期。

③ 陈晓丹、车秀珍、杨顺顺等:《经济发达城市生态文明建设评价方法研究》,《生态经济》2012年第7期。

④ 蓝庆新、彭一然、冯科:《城市生态文明建设评价指标体系构建及评价方法研究——基于北上广深四城市的实证分析》,《财经问题研究》2013年第9期。

析法[1][2]、因子分析法[3]、纵横向拉开档次评价法等[4]。选择科学有效的评价方法是评估对外贸易高质量发展和产业发展水平的重要环节。目前常用的指标评价方法主要有以下几种:

(一) 加权平均法

加权平均法是一种常见的综合评价方法。它通过对各个评价指标进行加权,然后计算出各个指标的加权平均值,从而得出一个综合评价结果。这种方法的优点是简单易懂,容易实施。但是,它的缺点也很明显,即权重的设定可能存在主观性,而且不同的权重设定可能会导致不同的评价结果。

(二) 层次分析法

层次分析法是一种比较科学的综合评价方法。它通过对各个评价指标进行层次化分析,然后对各个层次进行权重分配,最终得出一个综合评价结果。这种方法的优点是能够考虑各个评价指标之间的相互影响,从而得出更加准确的评价结果。但是,它的缺点也很明显,既需要进行较为复杂的计算,又需要对各个评价指标进行层次化分析,这可能会增加评价的难度。

(三) 模糊综合评价法

模糊综合评价法是一种比较灵活的综合评价方法。它通过对各个评价指标进行模糊化处理,然后利用模糊数学的方法进行计算,最终得出一个综合评价结果。这种方法的优点是能够考虑到评价指标之间的模糊性和不确定性,从而得出更加全面的评价结果。但是,它的缺点也很明显,即需要对各个评价指标进行模糊化处理,这可能会增加评价的难度。

(四) 灰色关联度分析法

灰色关联度分析法是一种比较特殊的综合评价方法。它通过对各个评价指标进行灰色关联度分析,然后得出各个指标之间的关联度,最终得出一个综合评价结果。这种方法的优点是能够考虑到各个评价指标之间的关联性,从而得出更加准确的评价结果。但是,它的缺点也很明显,即需要对各个评价指标进行灰色关联度分析,这可能会增加评价的难度。

---

① 成金华、陈军、李悦:《中国生态文明发展水平测度与分析》,《数量经济技术经济研究》2013 年第 7 期。

② 张欢、成金华、陈军等:《中国省域生态文明建设差异分析》,《中国人口・资源与环境》2014 年第 6 期。

③ 成金华、李悦、陈军:《中国生态文明发展水平的空间差异与趋同性》,《中国人口・资源与环境》2015 年第 5 期。

④ 杨新梅、黄和平:《中国城市生态文明建设水平评价及时空动态演变》,《生态经济》2020 年第 8 期。

（五）TOPSIS 法

TOPSIS 法是一种比较新颖的综合评价方法。它通过对各个评价指标进行正向化和负向化处理，然后计算出各个指标与正向理想解和负向理想解之间的距离，最终得出一个综合评价结果。这种方法的优点是能够考虑到各个评价指标之间的相互影响，从而得出更加准确的评价结果。但是，它的缺点也很明显，即需要对各个评价指标进行正向化和负向化处理，这可能会增加评价的难度。

把以上几种方法进行对比，具体比较见表 3-4。

表 3-4　各评价方法对比分析

方法	优点	缺点
加权平均法	简单易懂，容易实施	权重设定存在主观性
层次分析法	考虑各评价指标之间的相互影响，评价结果更准确	计算复杂且需要对各个评价指标进行层次化分析
模糊综合评价法	考虑评价指标之间的模糊性和不确定性，评价结果更全面	对各个评价指标进行模糊化处理，增加评价的难度
灰色关联度分析法	考虑各个评价指标之间的关联性，评价结果更准确	对各个评价指标进行灰色关联度分析，增加评价的难度
TOPSIS 法	考虑各评价指标之间的相互影响	对各个评价指标进行正向化和负向化处理，增加评价的难度

为了能够充分利用上述方法的优点并解决其存在的问题，我们使用熵值法进行评价。熵值法是一种常用的客观赋权法，其本质是识别指标数据的离散程度。熵值的大小决定了指标的离散程度与权重大小，熵值越小，表明离散程度越大，指标所占的权重就越大，则代表该指标对评价结果的影响程度越大，反之亦然。熵值法通过对数据的科学计算得到指标的权重，不仅可以避免主观因素带来的偏差，而且提高了评价结果的可信度。同时，因其操作较为简单，可以减少数据计算过程中出现的错误。基于此，选用熵值法对对外贸易高质量发展水平和产业发展水平进行测度分析，具体步骤如下：

依据上文构建的评价指标体系，由于指标单位不统一，因此测算前需要通过极差法对原始数据进行标准化处理。具体计算步骤为式（3-1）、式（3-2）。式（3-1）、式（3-2）中 X_{ij} 为 i 年第 j 个指标的标准化值，x_{ij} 为 i 年第 j 个指标的原始数值，$x_{ij\max}$ 和 $x_{ij\min}$ 为其最大值和最小值。

$$X_{ij} = \frac{x_{ij} - x_{j\min}}{x_{j\max} - x_{j\min}} \text{（正向指标）} \tag{3-1}$$

$$X_{ij}^{`} = \frac{x_{j\max} - x_{ij}}{x_{j\max} - x_{j\min}} \text{（负向指标）} \tag{3-2}$$

然后，通过式（3-3）、式（3-4），计算第 j 项指标的熵值 h_j，计算步骤为：

$$S_{ij} = X_{ij} / X_{ij} \tag{3-3}$$

$$h_j = -\frac{1}{\ln n}\sum_{i=1}^{n}(S_{ij}\ln S_{ij}) \tag{3-4}$$

最后，通过式（3-5）、式（3-6）分别计算出第 i 项指标的权重值 w_j 和综合评价指数 F_i，式（3-5）中，$1-h_j$ 为第 i 项指标的差异度。

$$w_j = \frac{1 - h_i}{\sum_{j=1}^{m}(1 - h_i)} \tag{3-5}$$

$$F_i = w_j X_{ij} \tag{3-6}$$

二、测度结果

（一）对外贸易高质量发展水平测度结果

运用上面的熵值法，采用 2012—2021 年中国 30 个省份（不含西藏、香港、澳门、台湾）的数据，我们测量对外贸易高质量发展水平。原始数据来源于《中国统计年鉴》、各省份统计年鉴、各省份国民经济和社会发展统计公报、WTO-RTA 数据库、《中国海关统计年鉴》和中国贸易救济信息网等。具体测度结果见表 3-5。

表 3-5　2012—2021 年中国对外贸易高质量发展水平测度结果

省份	2012 年	2013 年	2014 年	2015 年	2016 年	2017 年	2018 年	2019 年	2020 年	2021 年	均值
北京	0.3204	0.3098	0.3459	0.3702	0.3692	0.3494	0.3665	0.3699	0.3537	0.4355	0.3590
天津	0.1551	0.1539	0.1696	0.1608	0.1668	0.1615	0.1442	0.1527	0.1463	0.1757	0.1587
河北	0.0932	0.0950	0.1099	0.1067	0.1062	0.0988	0.0912	0.1009	0.1118	0.1280	0.1042
上海	0.3486	0.3389	0.3753	0.4165	0.4311	0.4032	0.3528	0.3560	0.3695	0.1001	0.3492
江苏	0.4439	0.4378	0.4790	0.4689	0.4541	0.4495	0.4077	0.4310	0.4995	0.1014	0.4173
浙江	0.2973	0.3147	0.2912	0.3124	0.2921	0.3066	0.2934	0.3195	0.3225	0.1886	0.2938
福建	0.2214	0.2195	0.2236	0.2377	0.2373	0.2255	0.1910	0.2096	0.2372	0.1629	0.2166
山东	0.2541	0.2554	0.2715	0.2671	0.2716	0.2853	0.2454	0.2570	0.2748	0.1658	0.2548
广东	0.7409	0.7359	0.7368	0.7357	0.1920	0.7740	0.1350	0.7471	0.7462	0.4279	0.5971
海南	0.1429	0.1365	0.1502	0.1638	0.7470	0.1321	0.7684	0.1455	0.2484	0.5175	0.3152
辽宁	0.2065	0.2073	0.2269	0.1985	0.1777	0.1936	0.1698	0.1633	0.1740	0.3664	0.2084
吉林	0.1337	0.1548	0.1700	0.1420	0.1624	0.1402	0.1505	0.1687	0.1789	0.1728	0.1574

续表

省份	2012年	2013年	2014年	2015年	2016年	2017年	2018年	2019年	2020年	2021年	均值
黑龙江	0.0982	0.0926	0.1036	0.1120	0.1117	0.1102	0.1381	0.1533	0.1433	0.2799	0.1343
江西	0.0974	0.0976	0.1055	0.1104	0.1114	0.1086	0.1044	0.1124	0.1192	0.1440	0.1111
河南	0.1405	0.1392	0.1489	0.1632	0.1617	0.1610	0.1489	0.1516	0.1588	0.3502	0.1724
湖北	0.1297	0.1329	0.1442	0.1536	0.1519	0.1472	0.1439	0.1557	0.1565	0.1883	0.1504
湖南	0.1247	0.1259	0.1396	0.1406	0.1355	0.1511	0.1421	0.1483	0.1563	0.1820	0.1446
山西	0.0745	0.1059	0.1139	0.0706	0.1233	0.0655	0.1251	0.1358	0.0767	0.1842	0.1075
安徽	0.1084	0.0695	0.0757	0.1280	0.0763	0.1305	0.0681	0.0750	0.1425	0.8710	0.1745
广西	0.1186	0.1179	0.1305	0.1435	0.1422	0.1453	0.1332	0.1431	0.1548	0.1952	0.1424
重庆	0.1535	0.1498	0.1701	0.1648	0.1624	0.1647	0.1636	0.1680	0.1761	0.3261	0.1799
四川	0.1731	0.1707	0.1930	0.1910	0.1898	0.2074	0.2034	0.2162	0.2328	0.2115	0.1989
贵州	0.1078	0.1090	0.1133	0.1200	0.1128	0.1238	0.1170	0.1264	0.1301	0.2439	0.1304
云南	0.1256	0.1358	0.1327	0.1386	0.1385	0.1439	0.1467	0.1591	0.1593	0.1538	0.1434
陕西	0.1485	0.1539	0.1711	0.1834	0.1760	0.1738	0.1736	0.1834	0.1928	0.1711	0.1728
甘肃	0.1428	0.1375	0.1391	0.1460	0.1448	0.1591	0.1580	0.1718	0.2050	0.2247	0.1629
青海	0.1426	0.1377	0.1564	0.1639	0.1498	0.1550	0.1506	0.1629	0.1671	0.2478	0.1634
宁夏	0.1569	0.1573	0.1681	0.1683	0.1611	0.1671	0.1588	0.1696	0.1608	0.2028	0.1671
新疆	0.1462	0.1437	0.1584	0.1626	0.1561	0.1679	0.1550	0.1682	0.1699	0.2032	0.1631
内蒙古	0.0722	0.0716	0.0826	0.0810	0.0891	0.0778	0.0761	0.0847	0.0886	0.1938	0.0918
均值	0.1850	0.1850	0.1968	0.2016	0.2007	0.2003	0.1917	0.2008	0.2123	0.2483	0.2022

（二）产业发展水平测度结果

采用2012—2021年中国30个省份（不含西藏、香港、澳门、台湾）的数据，通过熵值法来测量中国产业发展水平。原始数据来源于国家统计局、《中国统计年鉴》、《中国工业统计年鉴》、《中国固定资产投资统计年鉴》以及各省份的历年统计年鉴等。具体测度结果见表3-6。

表3-6　2012—2021年中国产业发展水平测度结果

省份	2012年	2013年	2014年	2015年	2016年	2017年	2018年	2019年	2020年	2021年	均值
北京	0.7177	0.7452	0.7171	0.7229	0.7515	0.7862	0.5998	0.6200	0.5664	0.6697	0.6896
天津	0.3643	0.3860	0.4043	0.4212	0.3884	0.3691	0.2877	0.2788	0.2550	0.3013	0.3456
河北	0.1070	0.1018	0.1029	0.1002	0.1104	0.1398	0.1412	0.1535	0.1532	0.1687	0.1279
上海	0.7750	0.7937	0.7728	0.7272	0.7299	0.7043	0.7148	0.7989	0.7098	0.7074	0.7434
江苏	0.1479	0.1287	0.1116	0.1368	0.1394	0.1089	0.1045	0.0919	0.1118	0.1200	0.1201

续表

省份	2012 年	2013 年	2014 年	2015 年	2016 年	2017 年	2018 年	2019 年	2020 年	2021 年	均值
浙江	0.2828	0.2794	0.2853	0.1932	0.1934	0.2013	0.1804	0.1634	0.1756	0.2107	0.2166
福建	0.1044	0.1082	0.0967	0.0965	0.1240	0.1338	0.1299	0.1328	0.1688	0.2446	0.1340
山东	0.1166	0.0995	0.1153	0.1166	0.1308	0.1255	0.1158	0.0913	0.0936	0.1678	0.1173
广东	0.4549	0.4791	0.4775	0.4744	0.4854	0.4850	0.4075	0.4366	0.3956	0.4516	0.4548
海南	0.3925	0.3912	0.3731	0.3525	0.3439	0.3914	0.3439	0.3681	0.3515	0.3192	0.3627
辽宁	0.2425	0.2573	0.2581	0.2617	0.2550	0.2911	0.2730	0.2630	0.2573	0.2521	0.2611
吉林	0.1332	0.1418	0.1573	0.1844	0.1983	0.2114	0.2098	0.2286	0.2340	0.2447	0.1944
黑龙江	0.1580	0.1596	0.1528	0.1553	0.1506	0.1629	0.1334	0.1328	0.1316	0.1409	0.1478
江西	0.0957	0.0925	0.1013	0.1122	0.1210	0.1351	0.1469	0.1613	0.1660	0.1810	0.1313
河南	0.2111	0.2213	0.2319	0.2391	0.2472	0.2751	0.2674	0.2454	0.2692	0.2842	0.2492
湖北	0.1134	0.1192	0.1313	0.1495	0.1633	0.1560	0.1802	0.1947	0.2031	0.2071	0.1618
湖南	0.1505	0.1675	0.1819	0.2057	0.2172	0.2233	0.2078	0.2207	0.2161	0.2210	0.2012
山西	0.1215	0.1331	0.1491	0.1681	0.1809	0.2161	0.2172	0.2347	0.2349	0.2271	0.1883
安徽	0.3770	0.3989	0.3876	0.3902	0.3719	0.4453	0.3860	0.3988	0.3454	0.2684	0.3770
广西	0.0967	0.1070	0.1053	0.1287	0.1317	0.1160	0.1051	0.1024	0.1330	0.1723	0.1198
重庆	0.1536	0.1718	0.1689	0.1647	0.1795	0.1685	0.1461	0.1520	0.1895	0.3239	0.1818
四川	0.1661	0.1861	0.1910	0.1770	0.1763	0.1698	0.1613	0.1492	0.1700	0.2104	0.1757
贵州	0.1340	0.1353	0.1431	0.1502	0.1571	0.1685	0.1712	0.1857	0.2005	0.2353	0.1681
云南	0.1072	0.1129	0.0925	0.1174	0.1248	0.1137	0.1135	0.1127	0.0941	0.0804	0.1069
陕西	0.1052	0.1152	0.1212	0.1045	0.1001	0.1124	0.1093	0.1123	0.1001	0.1231	0.1103
甘肃	0.1396	0.1654	0.1774	0.2148	0.2332	0.2154	0.2112	0.2177	0.2469	0.2686	0.2090
青海	0.0979	0.1037	0.1037	0.1255	0.1323	0.1080	0.0996	0.0902	0.0989	0.1198	0.1080
宁夏	0.1024	0.1139	0.1031	0.1396	0.1584	0.1223	0.0988	0.0672	0.0685	0.0600	0.1034
新疆	0.0817	0.0816	0.0855	0.0958	0.1076	0.1162	0.1030	0.0923	0.1204	0.1514	0.1035
内蒙古	0.0729	0.0719	0.0695	0.0929	0.0929	0.0706	0.0695	0.0682	0.0882	0.0969	0.0793
均值	0.2073	0.2156	0.2156	0.2211	0.2269	0.2312	0.2113	0.2150	0.2151	0.2379	0.2197

从上面的测算结果可以看出，我国对外贸易高质量发展水平与产业发展水平均值为 0. 2022 和 0. 2197，并且平均值也从 2012 年的 0. 1850、0. 2073 上升至 2021 年的 0. 2483、0. 2379，10 年间增长了 34. 21%、14. 74%，说明我国各省份产业与贸易发展空间大、动力足。但是各省份与各区域间产业与对外贸易高质量发展水平具有显著异质性，不平衡现象突出。

第三节　对外贸易高质量发展与产业发展的时空特征分析

为进一步明晰当前中国对外贸易高质量和产业发展水平的现状与变动趋势，需要在对中国对外贸易高质量和产业发展水平测度的基础上进行特征分析。将从时间、空间以及时空三个层面来开展分析，时序特征分析是根据时间维度对中国2012—2021年近10年来贸易高质量与产业发展水平的变动趋势进行分析，空间特征分析是根据空间维度对中国30个省份贸易高质量与产业发展水平的区域异质性与空间布局进行分析，时空特征分析是在时间与空间维度相结合的基础之上，对中国30个省份2012—2021年贸易高质量与产业发展水平的格局变动与演进特征进行分析。

一、时序特征分析

图3-1呈现了2012—2021年中国对外贸易高质量发展水平和产业发展水平变动趋势。从中国对外贸易高质量发展轨迹看，中国对外贸易高质量发展水平在2016—2018年有小幅度下降，但整体上呈现上升态势，发展势头良好，2012年为0.1850，2021年上升为0.2483，增长约34%，这说明中国加快融入国际经贸体系，积极转变贸易发展方式，在保证对外贸易规模整体扩张的同时，注重对外贸易结构优化，提升贸易增长质量成效显著。从对外贸易增长速率来看，2012—2021年中国对外贸易高质量发展水平的年均增长率为3.3%，虽然呈现出年均正增长的趋势，但是增长速度相对较慢。表明中国对外贸易高质量发展水平虽然在不断提升，但是提升速度迟缓，未来仍要加大对贸易高质量发展的重视力度，紧抓数字贸易机遇，畅通对外贸易产业链与供应链，转变对外贸易发展动力，增强风险抵御能力，激发对外贸易高质量发展潜力与活力。从中国产业发展变动态势看，产业发展水平在2018年有小幅回落，但随后不断攀升，2021年增长到0.2379，比2012年高0.0306，增长约15%，并且在2012—2021年中国产业发展水平年均增长率为1.5%，增长态势明显，但是产业发展水平依然处于较低水平，指数徘徊在0.2左右，综合水平具有较大的发展空间。推动现代化产业体系建设带动产业发展是我们长此以往的坚持，在未来要发挥超大规模市场优势，继续优化产业结构，提高产业核心竞争力，构建市场竞争力强、可持续的现代产业体系，夯实对外贸易发展的产业基础。

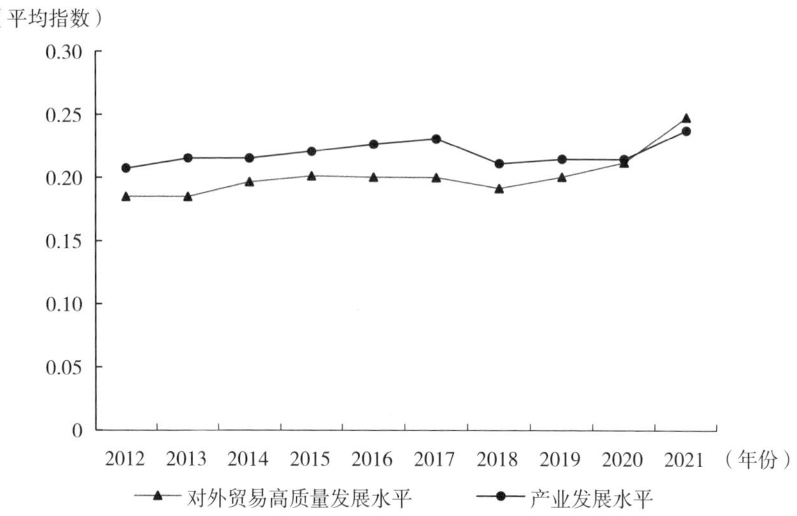

图 3-1 2012—2021 年中国对外贸易高质量发展水平与产业发展水平

资料来源：根据第三章第二节 2012—2021 年对外贸易高质量发展水平和产业发展水平的测算结果整理而得。

2012—2021 年中国对外贸易高质量发展水平综合指数五个子系统的变化趋势见图 3-2。可以看出，对外贸易综合实力指数小幅波动，但总体上呈现稳定态势，其中 2019—2021 年出现明显的上升态势，增长速度高达 5.99%。协调创新水平综合指数整体上呈现增长态势且指数较大，由 2012 年的 0.0479 增长到 2021 年的 0.0612，增长幅度达到 27.77%，增长率为五个子系统中最高值，其中 2018—2020 年的增长幅度最为明显，年平均增长率更是高达 25.07%。畅通循环能力指数呈现较明显的波动态势，2016—2020 年的波动程度较大，研究期内的最高值为 0.0409。对外贸易开放合作指数整体上呈波动下降态势，但 2018—2020 年对外贸易开放合作综合指数出现明显增长，增长率为 21.03%，原因在于 2018 年商务部扩大开放、深化合作，推进港澳经贸工作迈上新台阶，2020 年举办中国国际服务贸易交易会全球服务贸易峰会并建立区域全面经济伙伴关系协定自由贸易区，使贸易开放合作水平得以快速提升。对外贸易安全体系指数呈稳定发展态势，但研究期内其数值较低，这说明目前我国对外贸易安全是对外贸易高质量发展的短板，需要发挥后发优势，实现全面追赶。总的来看，五个子系统指数均在 2018 年之后出现较为明显的增长，其中协调创新水平的增幅最大，这主要得益于自由贸易港和数字贸易政策等政策的实施，同时表明全国在提升贸易数字化、数字化贸易和培育科技贸易人才等方面取得了显著成效。

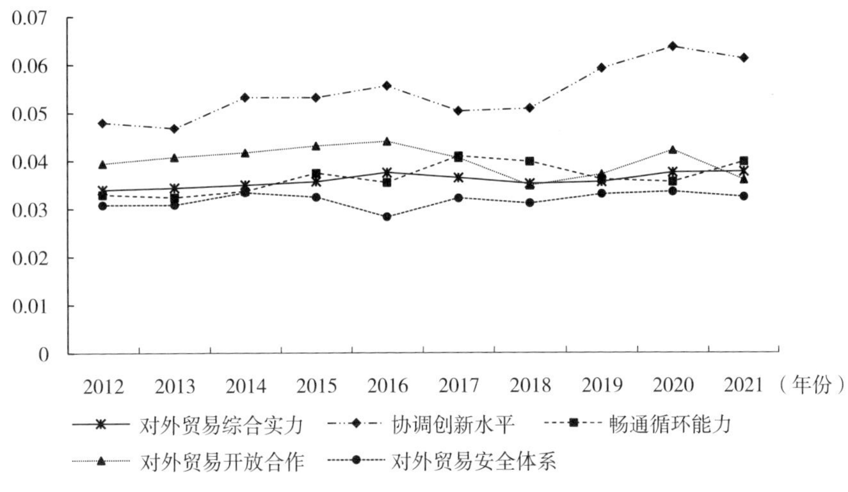

图 3-2　2012—2021 年中国对外贸易高质量细分指标发展水平

资料来源：根据第三章第一节 2012—2021 年对外贸易高质量发展水平细分指标的测算结果整理而得。

图 3-3 罗列了 2012—2021 年中国产业发展水平综合指数三个子系统的变化趋势。具体来看，产业组织整体上呈现小幅上升趋势，由 2012 年的 0.0742 上升至 2021 年的 0.0883，年均增长率为 1.95%，但产业组织综合指数均位于 0.1 以下，滞后于产业结构、产业政策综合水平，说明资源合理分配的市场秩序尚有很大的进步空间，没有形成合理和适度的市场竞争秩序，需要国家进一步制定产业组织政策，对市场结构、市场行为进行干预，构建一个竞争有序的市场环境。产业结构的上升趋势较为明显，由 2012 年的 0.0875 上升至 2021 年的 0.1324，年均增长率高达 4.72%，增长率在三个子系统中最高，表明在新一代科技与产业变革、创新驱动发展、“碳达峰、碳中和”目标硬约束等背景下，我国产业创新发展能力大幅提升，高端发展态势逐步显现，绿色发展水平迈上新台阶，产业结构转型升级成效显著。产业政策这一子指标在 2020 年之前一直呈现上升趋势，2020 年较 2012 年增长 0.0261，年均增长率为 2.22%，但在 2021 年出现大幅下滑，比 2020 年降低 0.0599，可能原因在于，2020 年新冠疫情袭击全世界，国际环境复杂严峻，生产停滞，产业链供应链稳定性下降，产业安全遭受极大威胁。总的来看，产业组织、产业结构和产业政策这三个子系统综合指数在 2020 年之前均处于上升态势，2021 年产业政策综合指数出现下降，但整体上三个子系统指数仍然具有较大的进步空间，未来需要进一步推动产业结构转型升级，营造良好的市场环境，把握大势、着眼长远，推动高质量发展和高水平安全良性互动。

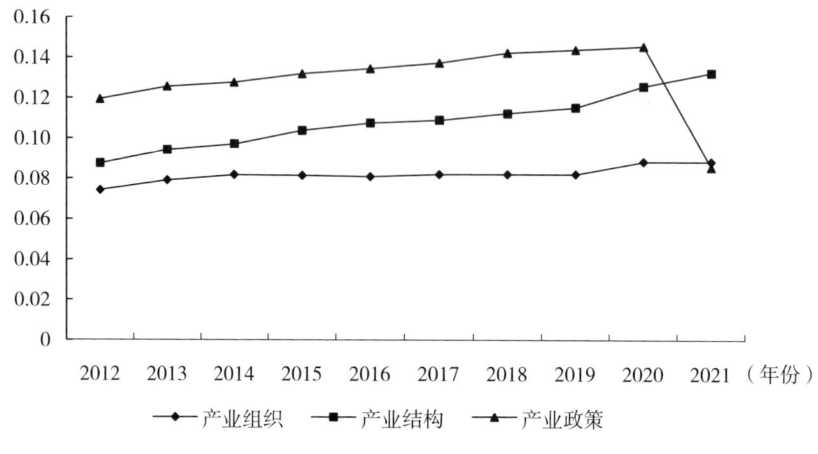

图 3-3 2012—2021 年中国产业细分指标发展水平

资料来源:根据第三章第一节 2012—2021 年产业发展水平细分指标的测算结果整理而得。

二、空间特征分析

为进一步分析中国对外贸易高质量发展水平和产业发展水平的区域差异,进一步将 30 个省份划分为东部地区、中部地区和西部地区①,并分别对三个地区的对外贸易高质量发展与产业发展水平综合指数求平均值。从图 3-4 可以明显看出,东部地区对外贸易高质量发展水平最高,远高于全国对外贸易高质量发展平均水平 0. 2022,而中西部地区远低于全国对外贸易高质量发展平均水平,与东部地区相比,中部地区和西部地区对外贸易高质量发展平均水平综合指数比东部地区分别低 0. 1517 和 0. 1711。同样,东部地区产业发展水平最高,比中部地区和西部地区分别高出 0. 1185 和 0. 1915。分省份来看,如图 3-5 所示,对外贸易高质量发展水平位居前五位的省份为广东、江苏、北京、上海、海南,位居后五位的省份分别为内蒙古、贵州、安徽、河北、山西。产业发展水平位居前五位的省份为上海、北京、广东、安徽、海南,位居后五位的省份分别为内蒙古、宁夏、新疆、云南、青海。可以明显看出,对外贸易高质量发展水平与产业发展水平较高的省份位于东部地区,而中西部地区的对外贸易高质量发展水平与产业发展水平相对较低。中国对外贸易高质量发展水平和产业发展水平确实存在严重的空间分布不均衡现象,东部地区与中西部地区对外贸易发展水平与产业发展水

① 东部地区包括北京、天津、河北、辽宁、上海、江苏、浙江、福建、山东、广东和海南;中部地区包括山西、吉林、黑龙江、安徽、江西、河南、湖北和湖南;西部地区包括广西、重庆、四川、贵州、云南、陕西、甘肃、青海、宁夏、内蒙古和新疆。

平存在明显的差距。可能的原因是东部地区经济发展水平与对外开放程度较高，地理位置优越，基础设施相对完善，创新效率高等，为对外贸易与产业的发展提供了良好的基础与环境。而中西部地区承接产业转移的能力较弱，产业发展基础与产出效率较低，科技与研发能力较差，使贸易与产业发展受阻。

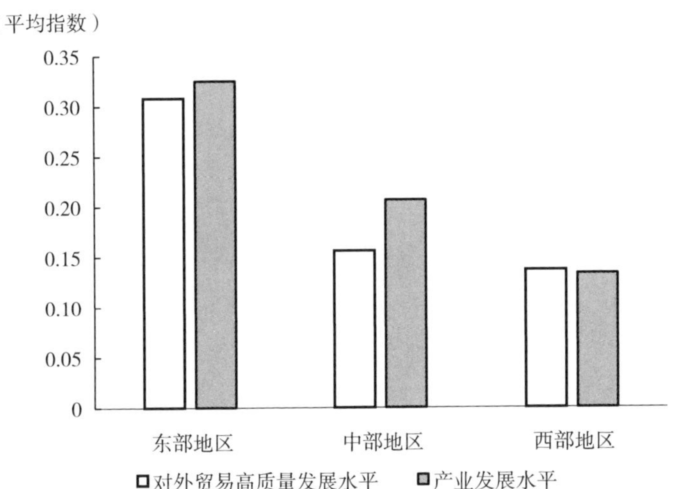

图 3-4　2012—2021 年中国对外贸易高质量发展水平和产业发展水平

资料来源：根据第三章第二节 2012—2021 年对外贸易高质量发展水平和产业发展水平的测算结果整理而得。

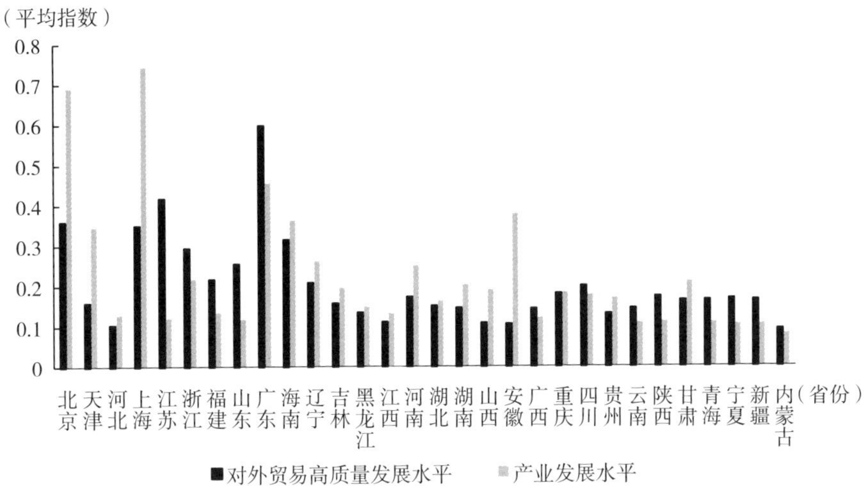

图 3-5　2012—2021 年中国 30 个省份对外贸易高质量发展水平和产业发展水平

资料来源：根据第三章第二节 2012—2021 年对外贸易高质量发展水平和产业发展水平的测算结果整理而得。

为了更加科学、准确地探究中国对外贸易高质量发展水平和产业发展水平的区域异质性，根据25%、50%和75%分位数将中国30个省份的对外贸易高质量发展水平和产业发展水平划分为四个等级（见表3-7）。能够明显看出，广东、北京、上海、海南等省份位居对外贸易高质量发展水平与产业发展水平最高等级。这类区域产业发展水平与对外贸易高质量发展水平相对较高，与其他省份相比具有很大的比较优势，但是综合指数仍然处于较低水平，不能放松对产业与对外贸易高质量发展的追求。在中高等级省份中，重庆与四川两省无论是产业发展水平还是对外贸易高质量发展水平都处于较高水平，对外贸易发展水平与产业发展水平相对平衡，而像河南、湖南、陕西、辽宁、吉林和山西等省份虽然处在中高等级，但存在产业发展水平与对外贸易发展水平的失衡现象。产业是贸易发展的基础，贸易是产业扩展的关键，应重视贸易与产业的协调推进。而内蒙古、新疆、河北、江西、黑龙江、广西、云南、湖北、贵州等省份产业发展水平与对外贸易高质量发展水平处于中低或低等级，相较于其他省份产业发展水平与对外贸易发展水平相对落后，未来需要进一步借鉴高等级省份产业与对外贸易发展的成功经验，努力发挥后发优势，提高对外贸易高质量发展水平与产业发展水平。

表3-7　中国对外贸易高质量发展水平和产业发展水平等级分类

等级分类	对外贸易高质量发展水平		产业发展水平	
低	低于0.1384	内蒙古、河北、安徽、山西、江西、贵州、黑龙江	低于0.1200	内蒙古、宁夏、新疆、云南、青海、陕西、山东、广西
中低	0.1384—0.1631	广西、云南、湖南、湖北、吉林、天津、甘肃、新疆	0.1200—0.1681	江苏、河北、江西、福建、黑龙江、湖北、贵州
中高	0.1631—0.2125	青海、宁夏、河南、陕西、重庆、四川、辽宁	0.1681—0.2329	四川、重庆、山西、吉林、湖南、甘肃、浙江
高	高于0.2125	福建、山东、浙江、海南、上海、北京、江苏、广东	高于0.2329	河南、辽宁、天津、海南、安徽、广东、北京、上海

资料来源：根据第三章第二节2012—2021年对外贸易高质量发展水平和产业发展水平的测算结果整理而得。

通过修正引力模型，我们确定了全国30个省份对外贸易高质量发展水平与产业发展水平的空间关联关系，并构建了关系矩阵，为了从整体上考察各省份之间对外贸易高质量发展水平与产业发展水平空间关联网络的形态，基于地理距离和经济距离两个视角，利用社会网络分析软件Ucinet 6.16

中可视化工具 Netdraw 绘制了中国 30 个省份对外贸易高质量发展水平与产业发展水平的空间关联网络拓扑图，限于篇幅原因，本节仅展示了 2021 年的网络拓扑图，见图 3-6 和图 3-7。由软件计算可得，对外贸易高质量发展水平与产业发展水平整体网络密度分别为 0.2126、0.2103。从图 3-6 和图 3-7 可以更加详细地看出，整体来看，中国省际对外贸易高质量发展水平与产业发展水平呈现出显著的空间关联关系，网络中不存在孤立省份。分区域来看，上海、浙江、广东等东部沿海地区大多位于网络中心位置，而其他中西部省份则位于网络的边缘。从数值上来看，中国省际对外贸易高质量发展水平与产业发展水平虽然已呈现网络结构形态，但空间关联关系的紧密程度还相对较低。从溢出效应来看，位于网络边缘位置的省份溢出效应明显，位于网络核心位置省份受益效应明显，表明边缘省份产业与对外贸易发展的资源严重外流，而核心位置省份对产业与对外贸易发展相关资源具有较强的控制和支配能力。因此，对外贸易高质量发展水平与产业发展水平的空间关系不均衡现象依然突出，加强中国省际对外贸易高质量发展水平与产业发展水平的空间关系并提升空间关联网络的稳定性还存在较大空间。

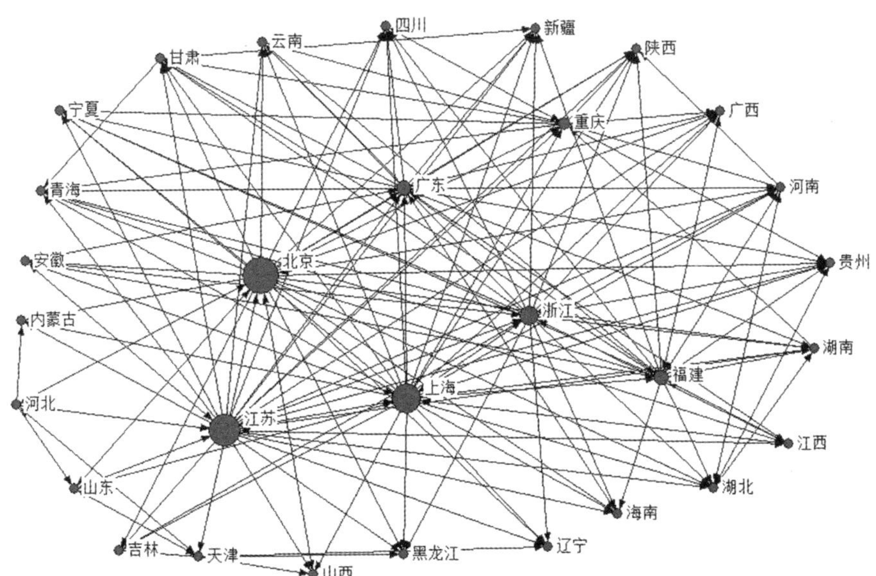

图 3-6　中国省际对外贸易高质量发展水平空间网络拓扑图

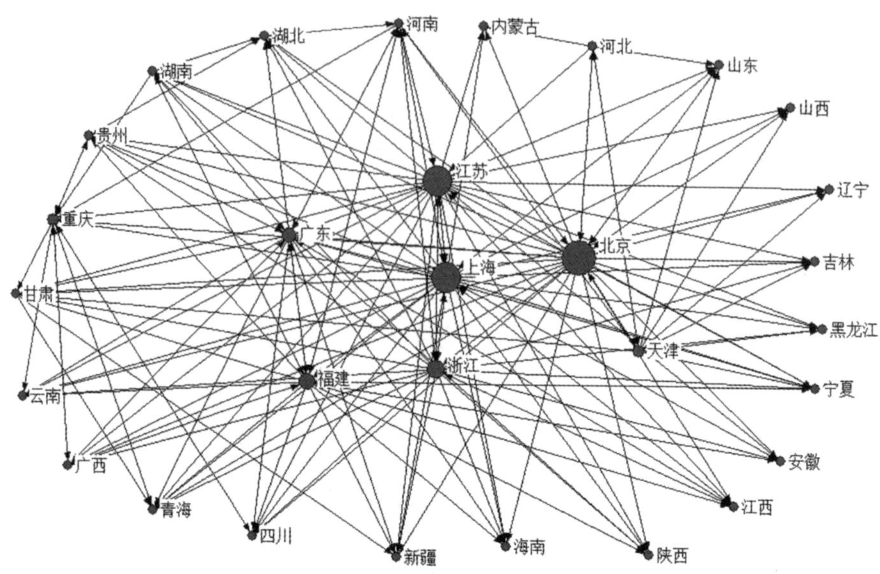

图 3-7　中国省际产业发展水平空间网络拓扑图

三、时空演化分析

图 3-8、图 3-9 显示了东部地区、中部地区与西部地区 2012—2021 年中国对外贸易高质量发展水平和产业发展水平的变动趋势。从整体趋势来看，东部地区、中部地区、西部地区三大地区的对外贸易高质量发展水平与产业发展水平在考察期内呈波动上升态势，说明三大地区的对外贸易高质量发展水平与产业发展水平呈现向好趋势。从波动位置来看，对外贸易高质量发展水平与产业发展水平由东向西逐渐降低，呈现“东高西低”的格局，区域发展不平衡问题突出。从均值来看，考察期内东部地区、中部地区、西部地区三大地区对外贸易高质量发展水平均值为 0. 3077、0. 1560、0. 1365，产业发展水平的均值分别为 0. 3248、0. 2063、0. 1333，中西部地区的对外贸易高质量发展水平与产业发展水平均值显著低于东部地区，两极分化严重。从 2012 年和 2022 年对比来看，2022 年全国及东部地区、中部地区、西部地区三大地区的对外贸易高质量发展水平较 2012 年分别增长了 20. 02%、59. 58%、95. 41%，产业发展综合水平中部地区和西部地区分别增长了 30. 42%、46. 55%，东部地区下降 2. 50%。可见，中西部地区对外贸易高质量发展水平与产业发展水平增长潜力较大。这也折射出下一步实现对外贸易高质量发展水平与产业发展水平的方向应该是稳东部地区促中西部地区。未来应通过制度创新、政策引导等方式，加大对中西部地区对外贸易与产业扶持力度，努力缩小区域发展差

距，多维度推进中西部地区对外贸易与产业发展质量提升，搭建出东部地区、中部地区、西部地区更趋协调的平衡发展格局。

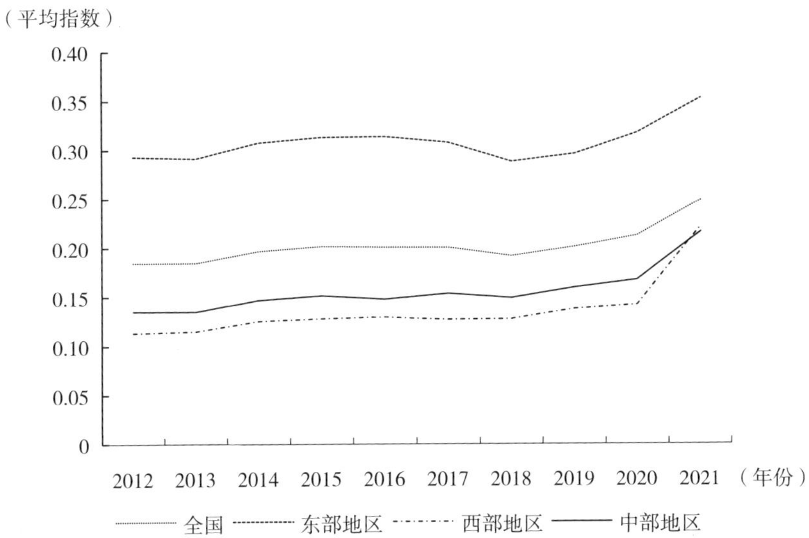

图 3-8　2012—2021 年中国对外贸易高质量发展水平平均指数

资料来源：根据第三章第二节 2012—2021 年对外贸易高质量发展水平的测算结果整理而得。

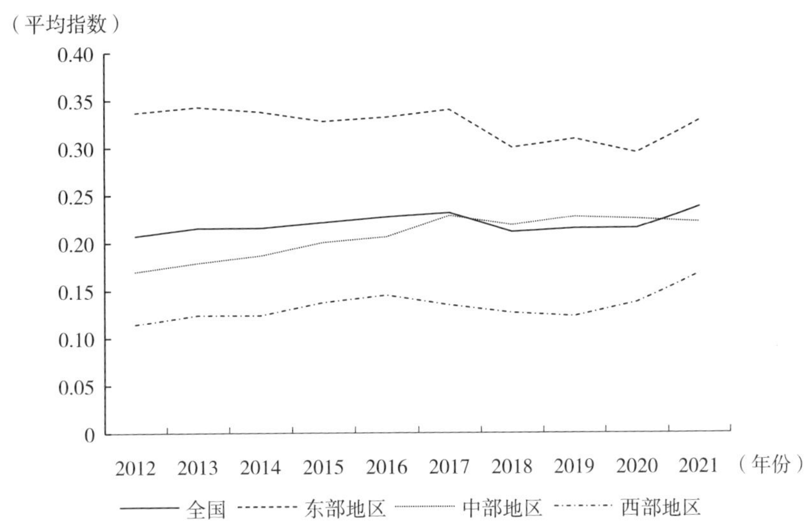

图 3-9　2012—2021 年中国产业发展水平平均指数

资料来源：根据第三章第二节 2012—2021 年产业发展水平的测算结果整理而得。

为进一步明确中国对外贸易高质量发展水平与产业发展水平的区域差异变动特征，对 2012—2021 年中国对外贸易高质量发展水平与产业发展水平的变异系数进行计算，见图 3-10、图 3-11。从全国整体的变异系数来分析，中国对外贸易高质量发展水平与产业发展水平变异系数呈现出波动下降的趋势，从 2012 年的 0.7225、0.8471 下降到 2021 年的 0.6153、0.6128，说明中国地区之间对外贸易高质量发展水平与产业发展水平的差距在不断缩小。总体上，中国地区对外贸易高质量发展水平与产业发展水平差距呈缩小趋势，区域贸易与产业发展日趋均衡、协调。进一步对东部地区、中部地区和西部地区的变异系数进行计算，可以看出，东部地区对外贸易高质量发展水平与产业发展水平变异系数整体上呈现出波动下降态势，表明东部地区之间对外贸易高质量发展水平与产业发展水平差异在缩小；中部地区对外贸易高质量发展水平变异系数呈现波动小幅上升趋势，产业发展水平变异系数呈现显著下降趋势，说明中部地区对外贸易高质量发展水平差距有扩大态势，而产业发展水平差距明显缩小；西部地区对外贸易高质量发展水平变异系数没有明显变化，但产业发展水平变异系数呈现显著上升趋势，意味着西部地区产业发展水平差距逐步扩大。总体来看，东部地区对外贸易高质量发展水平与产业发展水平变异系数最大，中西部地区变异系数相差不大，均显著低于东部地区变异系数，显示出中国三大区域内部对外贸易高质量发展水平与产业发展水平存在严重的不均衡现象，东部地区内部差距最大，不均衡现象更为突出，未来需要进一步协调东部地区和中西部地区发展，努力搭建东西双向互济的发展新格局。

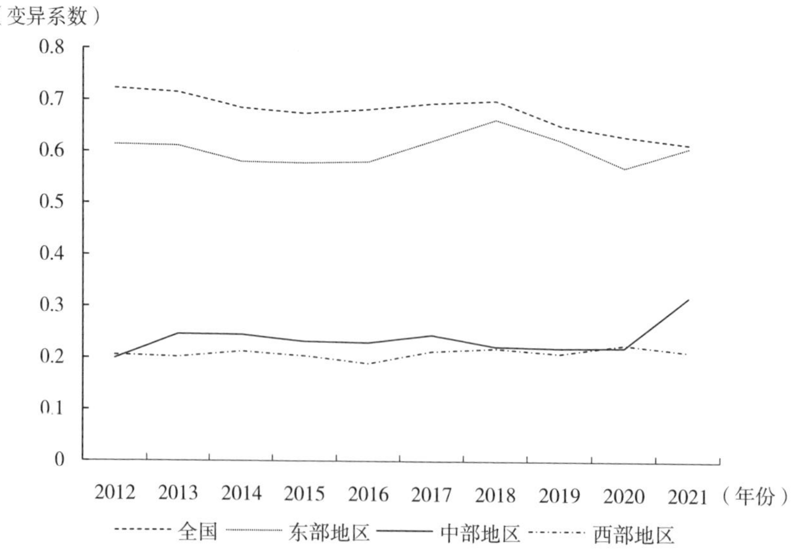

图 3-10　2012—2021 年中国对外贸易高质量发展水平变异系数

资料来源：根据第三章第二节 2012—2021 年对外贸易高质量发展水平的测算结果整理而得。

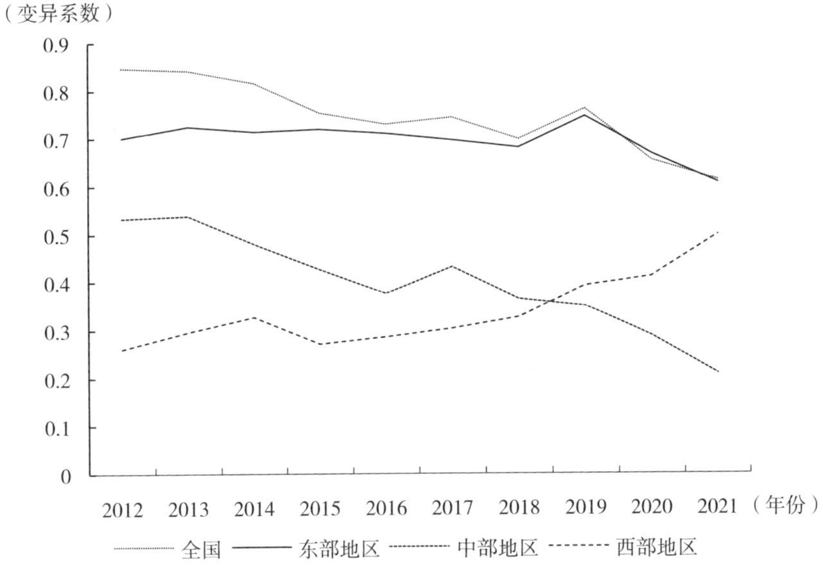

图 3-11　2012—2021 年中国产业发展水平变异系数

资料来源：根据第三章第二节 2012—2021 年产业发展水平的测算结果整理而得。

第四节　新贸易保护下中国对外贸易韧性特征分析

在新贸易保护下，企业全球化经营受到阻碍，产业发展与跃升遭遇瓶颈，国内出口规模遭到抑制，全球经贸格局被打破。但中国经济展现出的韧性，是我们应对新贸易保护的坚定信心，例如，华为作为全球领先的通信公司，因技术优势遭遇连续不断的打压，但其在危机中能够“越挫越强”，在研发能力、综合实力等方面实现了反超改进，彰显了中国经济的韧性。面对复杂的外部环境压力，中国经济韧性强、潜力足、长期向好的基本面是经济高质量发展的底气和动力，对中国对外贸易体系提升抗风险和冲击能力、实现对外贸易的高质量发展具有重要意义。

一、贸易韧性的测度

（一）出口韧性的内涵与测度

出口韧性是贸易韧性的重要组成部分，是实现对外贸易高质量发展的基石。对外贸易韧性主要考虑经济体在遭受冲击后恢复到原有水平的能力。鉴于此，本书认为出口韧性可视作区域经济韧性的一个维度表征贸易韧性，体现经济体在遭受外部冲击过程中自身进行动态调整的能力。

借鉴区域经济韧性理论①，从经济体应对冲击的抵抗性和恢复性两个方面对出口韧性进行测度，其中，出口抵抗性关注贸易系统受到外部冲击引起贸易衰退的规避能力，出口恢复性关注贸易系统适应外部冲击并不断转变调整的恢复能力。借鉴马丁等（Martin 等，2016）②的研究方法，通过真实出口贸易变化与预期出口贸易变化的比较计算出口韧性。地区预期的出口变化计算公式为：

$$(\Delta C_P^{t+k})^{预期} = C_P^T \cdot g_N^{t+k} \tag{3-7}$$

其中，$(\Delta C_P^{t+k})^{预期}$ 表示地区 p 在抵抗期或恢复期 $[t,t+k]$ 时期内预期的出口变化量；C_P^T 表示地区 p 在 t 年的出口额；g_N^{t+k} 表示全国在 $[t,t+k]$ 时期内出口额变化率。

抵抗力的计算公式为：

$$resistance_P = \frac{\Delta C_P^{抵抗} - (\Delta C_P^{抵抗})^{预期}}{|(\Delta C_P^{抵抗})^{预期}|} \tag{3-8}$$

其中，$\Delta C_P^{抵抗}$ 表示地区 p 在抵抗期内实际出口变化量，$(\Delta C_P^{抵抗})^{预期}$ 表示地区 p 在抵抗期内预期出口变化量。

恢复力的计算公式为：

$$recoverability_P = \frac{\Delta C_P^{恢复} - (\Delta C_P^{恢复})^{预期}}{|(\Delta C_P^{恢复})^{预期}|} \tag{3-9}$$

其中，$\Delta C_P^{恢复}$ 表示地区 p 在恢复期内实际出口变化量，$(\Delta C_P^{恢复})^{预期}$ 表示地区 p 在恢复期内预期出口变化量。

结合我国对外贸易与产业发展实际，本节定义 2018 年 1 月—2020 年 12 月为抵抗期，2021 年 1—12 月为恢复期。根据抵抗期与恢复期的划分，进一步采用式（3-8）和式（3-9）计算中国 2018 年 1 月—2021 年 12 月的出口韧性，并从省际、三大区域和聚类分析三个层次全面评价中国出口韧性的发展状况。

（二）抵抗期和恢复期的划分

新贸易保护下，全球贸易格局稳定性下降、不确定性增加，加上新冠疫情下许多国家采取经济封锁措施，经济增长放缓现象频发。2017 年特朗普发动贸易摩擦后，2018 年全球经济出现明显下滑，2019 年全球投资和贸易增长动力不足，导致全球需求增长疲弱，全球制造业持续下行。2020 年全

① 冯苑、聂长飞、张东：《中国城市群经济韧性的测度与分析——基于经济韧性的 shift-share 分解》，《上海经济研究》2020 年第 5 期。

② Martin R.，Sunley P.，Gardiner B.，et al.，"How Regions React to Recessions：Resilience and the Role of Economic Structure"，*Regional Studies*，Vol.50，No.4，2016.

球经济萎缩 3.3%、英国经济萎缩 9.9%、日本经济萎缩 4.8%、美国经济萎缩 3.4%、发展中国家经济萎缩平均达到 2.5%。经济活动的减少伴随着全球国际贸易的萎靡，2020 年全球货物贸易量萎缩 9.2%。只有中国货物贸易逆势增长，2018 年在中美贸易增长大幅度下降的情况下，货物贸易仍显示出较强的韧性，增长 12.6%，2019 年增长 3.4%、2020 年增长 1.9%。2021 年，在国内外疫情形势有所缓解的情况下，中国货物贸易大幅度增长 21.4%。

中国国内生产总值与出口总额同比增长情况见图 3-12。图 3-12 为 2018 年第一季度—2021 年第四季度国内生产总值季度变化情况。从我国总体经济增长角度来看，2018 年第一季度到 2019 年第四季度国内生产总值、第一产业、第二产业、第三产业均呈现正增长，但在 2020 年第一季度出现负增长，2020 年第二季度、第三季度至第四季度开始缓慢复苏，国内生产总值同比增速分别为 3.1%、4.8% 和 6.4%，第一、二、三产业均有不同程度的复苏。这种复苏与我国经济结构和疫情防控措施密不可分。2021 年，从总体经济增长角度来看，第一季度国内生产总值同比增速高达 33.6%，其中，第二产业恢复最为迅猛；第二、三、四季度的国内生产总值同比增速分别为 19.1%、16.3% 和 16.0%，较 2020 年同期增速水平有了极大提高。

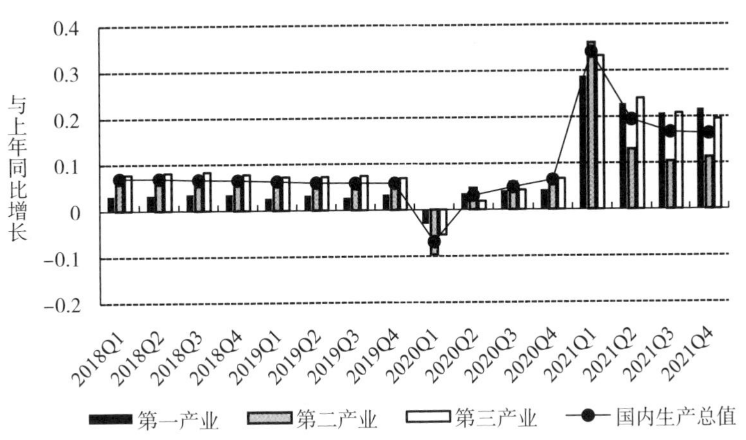

图 3-12　中国国内生产总值与出口总额同比增长情况

资料来源：根据国家统计局和中国海关总署官网提供的 2018 年第一季度至 2021 年第四季度中国国内生产总值、第一、二、三产业增加值与出口总额数据计算并整理而得。

二、贸易韧性的空间特征

（一）省际层面

如图 3-13 所示，图（a）和图（b）分别为抵抗力和恢复力均值与中位数的雷达图。可以看到，大部分省份抵抗力的中位数均大于均值，说明数据呈偏态分布，由于均值易受极端数据的影响，表示在左端存在较极端的数据。而大部分省份在抵抗期的 1—3 月出口额呈现负增长，原因可能是 2020 年新冠疫情暴发导致的全国大面积“停工停产”所引发的产能不足。从抵抗力均值情况来看，各省份抵抗力存在较大差异，其中，抵抗力最高的地区是北京和云南。北京作为首都，在对外贸易政策和应对贸易保护方面具有先天优势，而昆明海关在 2020 年制定实施的 23 项措施对支持云南省对外贸易稳定增长起到重要作用。抵抗力最薄弱的省份是青海和辽宁。近年来，青海与辽宁的市场主体偏少，青海长期依靠以资源加工为主的高载能产品扩大出口规模，极易受到外部冲击的影响；辽宁的出口受国家对高能耗、高污染企业出口限制的影响，出口产品结构的深层次原因导致出口缺乏抵抗力。

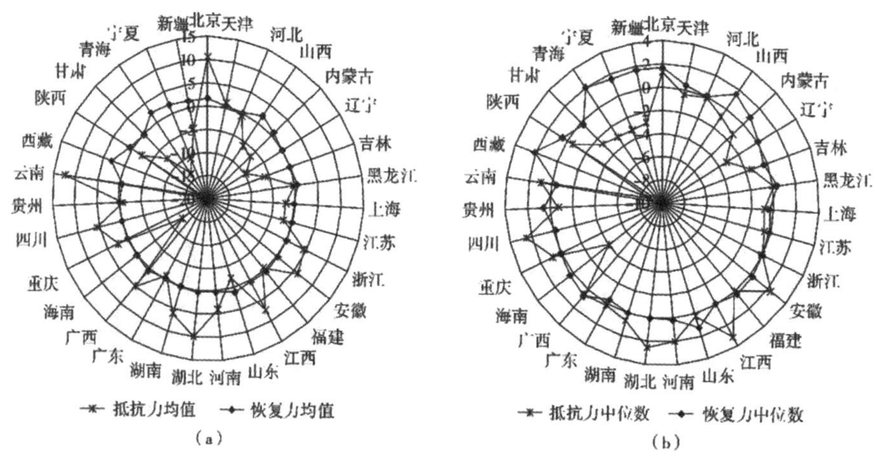

图 3-13　省级出口韧性情况

资料来源：根据国家统计局、中国海关总署官网提供的 2018 年 1 月—2021 年 12 月出口贸易额数据整理并计算而得。

从恢复期看，省份间恢复力均值的地区差异显著小于抵抗力，其中与抵抗力相比变化最大的是青海、辽宁、甘肃、内蒙古等经济发展水平相对滞后的地区。恢复力的中位数与均值的分布情况类似，全国总体呈现较为均衡的态势，尤其是 2021 年我国对外贸易成绩亮眼，出口同比增长 21.2%，说明我国在积极应对外部冲击下采取的一系列稳外贸政策切实可行。

（二）区域层面

如表3-8所示，第一季度，从抵抗力角度看，东部地区与中部地区表现较强，均值分别为0.116和1.481。新贸易保护下，美国对华进行经贸遏制，医药、纺织、医疗及外科设备是2020年度实施贸易保护最多的三类产品。这段时期，中国的出口主要依靠强大的工业体系进行高新技术与机电产品出口。从恢复力角度看，中西部地区的出口贸易都表现出一定的恢复韧性，均值为0.427和0.081。第二季度，从抵抗力角度看，表现较强的是中部地区；从恢复力角度看，三大区域都体现了一定的出口恢复韧性，表现最突出的是西部地区，均值为1.186。第三季度，从抵抗力角度看，表现较好的是中部地区，均值为0.411，货物进出口稳中提质，虽然面临各项保护政策的围追堵截，电子产品、医疗仪器及器械出口依然保持快速增长，表现出强劲的出口抵抗能力；从恢复力角度看，东部地区与西部地区表现相对较好，均值分别为0.587和0.992，这是由于2021年6月起出口价格指数持续走高，数量指数下行，价格因素对出口贡献逐渐浮出水面。第四季度，中部地区抵抗力明显高于东西部地区，且三大地区恢复力都表现较好。从整体看，在样本期间内，中部地区抵抗力和恢复力均表现较好，同时，中国对外贸易出口远超预期。这也从出口实绩说明了虽然新贸易保护来势汹汹，但我国出口的基本盘根基扎实，产业发展演进多年来的沉淀和积累造就了冲击下依然强劲的出口韧性，这也为逆流而上、实现对外贸易的高质量发展提供了契机。

表3-8　中国出口韧性分季度排名情况

出口韧性		第一季度	第二季度	第三季度	第四季度
抵抗力	均值	中部>东部>西部	中部>东部>西部	中部>东部>西部	中部>东部>西部
	中位数	中部>东部>西部	中部>东部>西部	中部>东部>西部	中部>东部>西部
恢复力	均值	中部>西部>东部	西部>东部>中部	西部>东部>中部	西部>中部>东部
	中位数	中部>西部>东部	西部>东部>中部	西部>东部>中部	西部>中部>东部

资料来源：根据国家统计局、中国海关总署官网提供的2018年1月—2021年12月出口贸易额数据整理并计算而得。

（三）聚类分析层面

本部分采用系统聚类（Q型）方法，对各省份出口韧性水平进行等级划分，得到我国31个省份出口韧性的聚类谱系图，如图3-14所示。依据出口韧性系统聚类分析的结果进行排序，将全国31个省份划分为3类，分别为出口韧性强劲地区、出口韧性稳健地区、出口韧性脆弱地区。

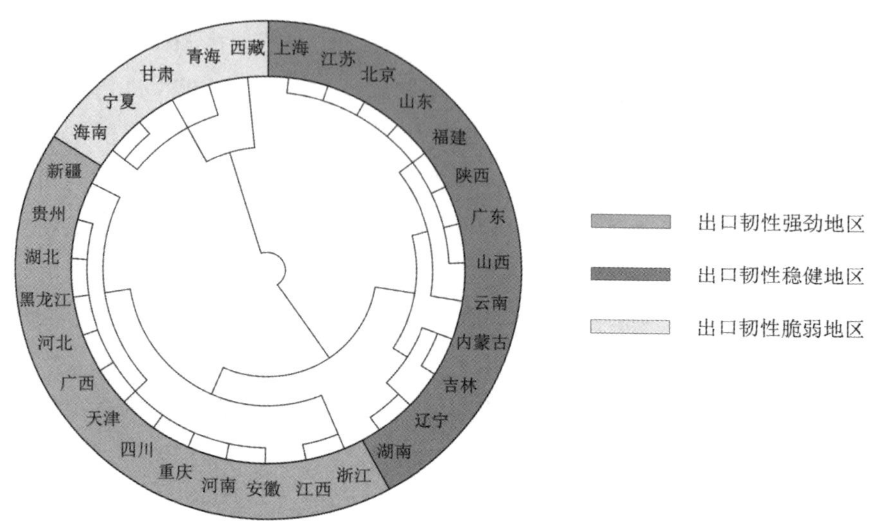

图 3-14　中国省份贸易韧性聚类谱系图

资料来源：根据国家统计局、中国海关总署官网提供的 2018 年 1 月—2021 年 12 月出口贸易额数据整理并计算而得。

出口韧性强劲地区，包括浙江、江西、安徽、河南、重庆、四川、天津、广西、河北、黑龙江、湖北、贵州、新疆 13 个省份。这些省份的共同点之一是，对外贸易出口水平相对比较发达，且出口产业结构较为平衡，出口集中度适中，因此抵御外部贸易冲击的能力较强。同时，得益于近年来的对外贸易和产业政策，这些省份对外贸易经营主体更具活力，民营企业、外商投资企业出口推动作用强劲，使这些地区出口的恢复力也相对较高。

出口韧性稳健地区，包括上海、江苏、北京、山东、福建、陕西、广东、山西、云南、内蒙古、吉林、辽宁、湖南 13 个省份。这些省份的特点表现为出口韧性具有一定差异，集中体现在高抵抗力低恢复力或者低抵抗力高恢复力。以云南和山西为例，观测期内，云南的抵抗力最为强劲，但其恢复力最弱，山西的抵抗力相对较弱，全国排名第 23 位，但其恢复力均值相对较高，全国排名第 4 位，二者共同作用使这些省份的出口韧性较为稳健。因此，作出相应的措施弥补这些省份出口抵抗力或恢复力短板，提高其出口韧性，是推进对外贸易高质量发展进程的当务之急。

出口韧性脆弱地区，包括海南、宁夏、甘肃、青海、西藏 5 个省份。这些省份的出口韧性水平普遍较低，抵抗力与恢复力水平均有待提高。究其原因，出口规模与质量均较低且出口国与出口产品均相对单一是其主要问题。以青海为例，虽然是共建"一带一路"建设重点省份，但其省内支撑企业"走出去”的社会服务机构建设滞后，缺乏创新服务能力。与此同时，出口产品尽管拥有优质的原料和国内知名商标，却因技术标准不达标或品牌建设滞后，特色资源没有得到充分体现。这类省份在顶层设计时应充分明确企业“走出去”的重要性，加强问题导向，从主观层面获得对现实存在问题的高度重视和从制度建设中获得发展的动能，从而促进其出口韧性的提高。

在外部环境不确定性越来越大、新贸易保护愈演愈烈的当下，中国的对外贸易韧性的特征事实从基本盘和时空特征两个层面给了我们应对外部冲击和逆流而上实现对外贸易高质量发展的基本信心和努力方向。从省份层面看，各地区抵抗力存在较大差异，恢复力呈现较为均衡的态势。从区域层面看，中部地区出口抵抗力强于东西部地区，且三大区域出口恢复力表现较为平稳。从时空演化特征层面看，在时序上出口恢复力呈轻微上升趋势，在地区与空间上三大地区出口韧性存在一定区域不平衡现象，同时抵抗力的分布重心总体向西北移动，恢复力向西南方向移动。因此，全面提升各省份对外贸易韧性水平，根据各区域的时空差异，结合产业分布和竞争优势，因地制宜地制定产业与对外贸易发展政策，不仅能够应对新贸易保护的冲击，还有助于推动实现对外贸易的高质量发展。

对对外贸易高质量发展水平与产业发展水平进行科学测度是研究新贸易保护下对外贸易高质量发展的产业逻辑的基础，本章分别从对外贸易综合实力、协调创新水平、畅通循环能力、对外贸易开放合作、对外贸易安全体系五个维度构建中国对外贸易高质量发展指标体系，从产业组织、产业结构、产业政策三个维度构建中国产业发展指标体系，并基于2012—2021年各省份的面板数据，运用熵值法对中国对外贸易高质量发展综合指数与产业发展综合指数进行测度，并根据测度结果对中国对外贸易高质量发展水平与产业发展水平的时空特征进行分析。得出的结论如下：第一，中国对外贸易高质量发展水平与产业发展水平整体呈现上涨态势，但上升趋势缓慢，对外贸易高质量发展与产业发展动力不足，与发达国家具有明显差距，综合水平提升空间较大。第二，中国对外贸易高质量发展水平与产业发展水平空间不均衡现象突出，整体来看呈现出“东部地区>中部地区>西部地区”的阶梯规律。这主要是因为经济状况、地理区位、承接产业转移和对外开放程度等因素造成的。中国对外贸易高质量发展水平与产业发展水平呈现“东高西低、两极分化”的现象，空间关联关系的紧密程度还相对较低，空间分布不平衡、不协调、不充分的现象依然突出。第三，面对新贸易保护的冲击，中国经济显示出韧性强、潜力足、长期向好的特点。各地区抵抗力存在较大差异，中部地区出口抵抗力强于东西部地区，恢复力呈现较为均衡的态势，在时序上出口恢复力呈轻微上升趋势，在地区与空间上三大地区出口韧性存在一定区域不平衡现象，同时抵抗力的分布重心总体向西北移动，恢复力向西南方向移动。鉴于此，在新贸易保护背景下，未来要加大对重要产业领域和产业链关键环节扶持力度，全面提升各省份贸易韧性水平，增强自身产业掌控力，尽可能缩小区域产业与贸易发展差距，夯实对外贸易发展的产业基础，推动产业与对外贸易良性互动，实现产业与对外贸易高质量发展。

第四章　新贸易保护下企业与对外贸易高质量发展

企业是国民经济的细胞，是构成产业和市场的微观基础，更是研究产业经济的出发点和核心。新贸易保护不同措施发挥的作用各有差异，同一种政策对不同类型企业的影响效果、作用机制和异质性效应都不相同。为了全面分析新贸易保护下企业与对外贸易高质量发展的逻辑关系，本章以2012—2021年出口企业为研究样本，构建了度量企业感知的贸易保护程度指标，探讨新贸易保护对出口企业发展的影响和作用机制，以及出口企业发展对对外贸易高质量发展水平的影响与作用机制。

第一节　新贸易保护下企业发展影响对外贸易高质量发展的机理

新贸易保护会显著增加企业经营成本、融资约束和技术封锁，为企业正常贸易发展建立隐性壁垒，导致企业交易成本增加，大幅减少企业贸易量，降低交易效率。出口企业沿着研发创新路径通过市场竞争效应、成本分摊效应和利润回流效应对对外贸易高质量发展水平具有显著的正向影响，体现出明显的逆向技术溢出、先进技术吸收与应用及产品质量升级。综上，新贸易保护下对外贸易高质量发展的企业发展逻辑见图4-1。

一、新贸易保护与企业发展

（一）理论模型

本部分参考哈尔彭等（Halpern 等，2015）①的方法构建理论模型来分析新贸易保护对企业发展的影响。假设世界只有两个国家，分别为本国（H）与外国（F），生产仅需使用中间品和劳动两种要素。柯布—道格拉斯生产函数为：

$$Y_i = A_i T_i^{\alpha} L_i^{\beta} \tag{4-1}$$

① Halpern L., Koren M., Szeidl A., "Imported Inputs and Productivity", *American Economic Review*, Vol.105, No.12, 2015.

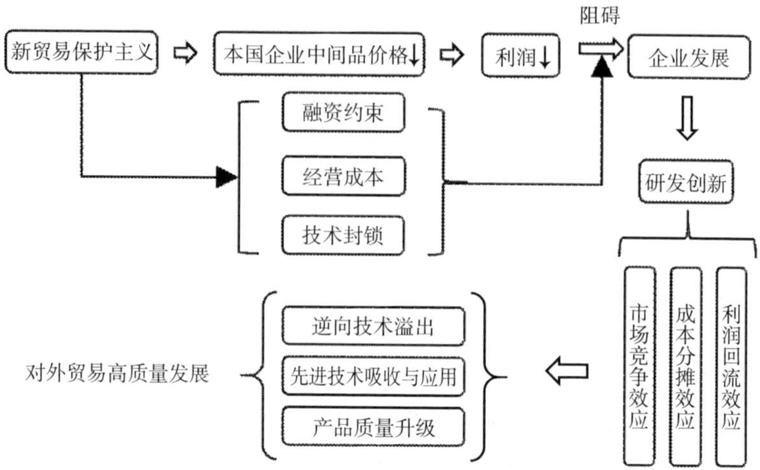

图 4-1 新贸易保护下对外贸易高质量发展的企业发展逻辑

Y_i 为企业 i 生产数量,A_i 为企业 i 希克斯中性全要素生产率,T_i 企业 i 中间品要素投入,L_i 企业 i 劳动要素投入,α 为中间品要素投入比例,β 为劳动要素投入比例,并且假设规模报酬不变,那么 $\alpha+\beta=1$。为了分析新贸易保护对国内企业发展的影响,将中间品投入分为本国中间品投入(T_{iH})与外国中间品投入(T_{iF}),价格分别为 P_H 与 P_F,本国中间品投入与外国中间品投入的关系为:

$$T_i = [T_{iH}^{\frac{\rho-1}{\rho}} + (DT_{iF})^{\frac{\rho-1}{\rho}}]^{\frac{\rho}{\rho-1}} \tag{4-2}$$

ρ 为本国中间品与外国中间品投入的替代弹性,D 为本国中间品与外国中间品的生产率差异。

假设企业支出为 Z,企业的预算约束则为:

$$P_H T_{iH} + P_F T_{iF} + \omega L_i = Z \tag{4-3}$$

假设企业最终品的价格为 1,企业利润函数则为:

$$\pi_i = Y_i - P_H T_{iH} - P_F T_{iF} - \omega L_i \tag{4-4}$$

利润函数对本国中间品投入(T_H)、外国中间品投入(T_F)与劳动要素(L_i)求一阶偏导可得:

$$\frac{\partial \pi_i}{\partial T_{iH}} = \alpha A_i T_i^{\alpha-1} L_i^{\beta} \cdot \frac{\rho}{\rho-1} [T_{iH}^{\frac{\rho-1}{\rho}} + (DT_{iF})^{\frac{\rho-1}{\rho}}]^{\frac{1}{\rho-1}} \cdot \frac{\rho-1}{\rho} \cdot T_{iH}^{\frac{-1}{\rho}} - P_H = 0 \tag{4-5}$$

$$\frac{\partial \pi_i}{\partial T_{iF}} = \alpha A_i T_i^{\alpha-1} L_i^{\beta} \cdot \frac{\rho}{\rho-1} [T_{iH}^{\frac{\rho-1}{\rho}} + (DT_{iF})^{\frac{\rho-1}{\rho}}]^{\frac{1}{\rho-1}} \cdot \frac{\rho-1}{\rho} \cdot T_{iH}^{\frac{-1}{\rho}} \cdot D^{\frac{\rho-1}{\rho}} \cdot \frac{\rho-1}{\rho} \cdot T_{iF}^{\frac{-1}{\rho}} - P_F = 0 \tag{4-6}$$

$$\frac{\partial \pi_i}{\partial L_i} = \beta A_i T_i^{\alpha} L_i^{\beta-1} - \omega = 0 \tag{4-7}$$

由式(4-5)与式(4-6)可得:

$$T_{iH} = D^{1-\rho}\left(\frac{P_F}{P_H}\right)^{\rho} T_{iF} \tag{4-8}$$

由式(4-6)与式(4-7)可得:

$$L_i = \frac{\beta P_F}{\alpha\omega} \cdot \left[D^{1-\rho}\left(\frac{P_F}{P_H}\right)^{\rho-1} + 1\right] \cdot T_{iF} \tag{4-9}$$

为了进一步简化公式,令 $M = D^{1-\rho}\left(\frac{P_F}{P_H}\right)^{\rho-1}$,并将式(4-8)和式(4-9)代入企业预算约束线,能够得出:

$$T_{iF} = \frac{\alpha Z}{(M+1)\ P_F} \tag{4-10}$$

$$X_{iH} = M \cdot \frac{P_F}{P_H} \cdot T_{iF} \tag{4-11}$$

$$L_i = \frac{\beta Z}{\omega} \tag{4-12}$$

根据式(4-2)、式(4-10)和式(4-11)能够求出中间品投入(T_i)的总需求量:

$$T_i = \frac{\alpha Z D}{P_F} \cdot (M+1)^{\frac{1}{\rho-1}} \tag{4-13}$$

因此,企业的生产规模为:

$$Y_i = A_i\left[\left(\frac{\alpha D}{P_F}\right)^{\alpha} \cdot \left(\frac{\beta}{\omega}\right)^{\beta} \cdot (M+1)^{\frac{\alpha}{\rho-1}}\right] \tag{4-14}$$

对式(4-14)取对数为:

$$\ln Y_i = \ln \mathrm{A} + \alpha \ln \alpha D - \alpha \ln \mathrm{P}_F + \beta \ln \beta - \beta \ln \omega + \frac{\alpha}{\rho - 1}\ln(M+1) \tag{4-15}$$

假设本国企业 i 对国际市场价格没有影响力,而外国中间品价格(P_F)是新贸易保护下(Q)的增函数 $P_F = P_F(Q)$,$\frac{\partial P_F}{\partial Q} > 0$。即新贸易保护下($Q$)越大,外国中间品价格($P_F$)越高,将式(4-15)对新贸易保护下($Q$)求一阶导:

$$\frac{\partial \ln Y_i}{\partial Q}=\frac{\partial P_F}{\partial Q}\cdot\frac{\partial \ln Y_i}{\partial P_F}=\frac{\partial P_F}{\partial Q}\cdot\left(-\frac{\alpha}{P_F}+\frac{\alpha}{\rho-1}\cdot\frac{(\rho-1)\cdot M\cdot\frac{1}{P_H}}{(M+1)\frac{P_F}{P_H}}\right) \tag{4-16}$$

因为，$\frac{\alpha}{\rho-1}\cdot\frac{(\rho-1)\cdot M\cdot\frac{1}{P_H}}{(M+1)\frac{P_F}{P_H}}=\frac{\alpha M}{(M+1)P_F}<\frac{\alpha}{P_F}$ (4-17)

所以，$\frac{\partial \ln Y_i}{\partial P_F}<0$ (4-18)

又因为，$\frac{\partial P_F}{\partial Q}>0$，所以可得：$\frac{\partial \ln Y_i}{\partial Q}<0$ (4-19)

由于利润函数：$\pi_i=Y_i-Z$ (4-20)

因此，$\frac{\partial \pi_i}{\partial Q}=\frac{\partial \ln Y_i}{\partial Q}<0$ (4-21)

式(4-21)表明，随着新贸易保护冲击程度的增强，企业利润将会逐步下降，直到低于零利润以下，企业会选择退出市场。因此，得出以下假说：

假说4-1：新贸易保护冲击会对企业发展产生负面影响。

（二）机制分析

本部分尝试构建一个多渠道机制下的数理模型来分析新贸易保护冲击对企业发展的影响机制，假定世界有 n 个国家都生产并出口同质产品，出口国为 i 国，进口国为 j 国，j 进口国的效用函数为 CES 效用函数：$U_j=\left(\sum_{j=1}^{n}T_{ji}^{\frac{\rho-1}{\rho}}\right)^{\frac{\rho}{\rho-1}}$，$U_j$ 为 j 国的消费者效用，T_{ji} 为 j 国进口 i 国的商品。并且，将 θ_j 视为 j 国消费者的收入预算，P_{ji} 视为 j 国进口 i 国的商品价格，在收入预算线 $S.t.T_{ji}\times\pi_{ji}=\theta_j$ 下求 j 进口国的消费者效用最大化：

$$\max \mathrm{Y}_j=\left(\sum_{j=1}^{v}T_{ji}^{\frac{\rho-1}{\rho}}\right)^{\frac{\rho}{\rho-1}} \tag{4-22}$$

π_{ji} 为 j 国从 i 国获取的进口利润，根据消费者效用最大化条件，j 国进口 i 国的商品价格 P_{ji} 为：

$$P_{ji}=\frac{T_{ji}^{\frac{-1}{\rho}}}{\sum_{j=1}^{n}T_{ji}^{\frac{\rho-1}{\rho}}}\cdot\theta_j \tag{4-23}$$

假定 i 出口国的出口企业生产函数为：

$$Y = AK^{\alpha}L^{1-\alpha} \tag{4-24}$$

A 为技术水平，K 为资本要素投入，L 为劳动要素投入，并且 $A = f(\lambda, \delta, I, T)$，即 A 由新贸易保护水平 λ 和经营成本 δ、融资约束 I、技术封锁 T 共同决定，经营成本、融资约束和技术封锁提高将不利于企业技术进步，

即：

$$\frac{\partial A_i}{\partial \delta_i} < 0 \text{、} \frac{\partial A_i}{\partial I_i} < 0 \text{ 和 } \frac{\partial A_i}{\partial T_i} < 0 \tag{4-25}$$

假定 i 国出口企业利润为 π_i，则利润函数为：

$$\max \pi_{ji} = P_{ji}T_i - \theta_i L_i - \gamma_i K_i \tag{4-26}$$

根据利润最大化条件对式（4-26）求偏导，可得 i 国出口企业资本与劳动预算约束曲线为：

$$\frac{\partial \pi_{ji}}{\partial K_i} = \alpha P_{ji} A K_i^{\alpha-1} L_i^{-\alpha} - \gamma_i = 0 \tag{4-27}$$

$$\frac{\partial \pi_{ji}}{\partial L_i} = (1-\alpha) P_i A K_i^{\alpha} L_i^{-\alpha} - \theta_i = 0 \tag{4-28}$$

求解可得：

$$P_{ji} = A_i^{-1} \alpha^{-\alpha} (1-\alpha)^{\alpha-1} \gamma_i^{\alpha} \theta_i^{1-\alpha} \tag{4-29}$$

由于实际进出口中存在贸易成本，因此将式（4-29）修改为：

$$P_{ji}' = P_{ji} \times (1 + C_{ji}(\lambda)) \tag{4-30}$$

$C_{ji}(\lambda)$ 为 i 国商品出口到 j 国的贸易成本，将式（4-30）代入式（4-29）与式（4-23）得出：

$$\frac{T_{ji}^{\frac{-1}{\rho}}}{\sum_{j=1}^{n} T_{ji}^{\frac{\rho-1}{\rho}}} \times \theta_j = A_i^{-1} \times \alpha^{-\alpha} \times (1-\alpha)^{\alpha-1} \times \gamma_i^{\alpha} \times \theta_i^{1-\alpha} \times [1 + C_i(\lambda)] \tag{4-31}$$

两边取对数，并求全微分可得：

$$\left[\frac{1}{\rho \times T_{ji}} + \left(\frac{\rho-1}{\rho}\right)^2 \times \frac{T_{ji}^{\frac{-1}{\rho}}}{\sum_{j=1}^{n} T_{ji}^{\frac{\rho-1}{\rho}}}\right] dT_{ji} = \frac{1}{\theta_j}\mathrm{d}\theta_j - \frac{\alpha}{\gamma_i}\mathrm{d}\gamma_i - \frac{(1-\alpha)}{\theta_i}\mathrm{d}\omega_i + \frac{1}{A_i}\mathrm{d}A_i - \frac{1}{1+C_i(\lambda)}\mathrm{d}C_i(\lambda) \tag{4-32}$$

根据式（4-32），因为 $\left[\frac{1}{\rho \times T_{ji}} + \left(\frac{\rho-1}{\rho}\right)^2 \times \frac{T_{ji}^{\frac{-1}{\rho}}}{\sum_{j=1}^{n} T_{ji}^{\frac{\rho-1}{\rho}}}\right] > 0$，因此

$\frac{dT_{ji}}{dA_i} > 0$, $\frac{dT_{ji}}{dC_i(\lambda)} < 0$。

j 国受新贸易保护冲击程度越强, i 国商品出口到 j 国的贸易成本越高,因此 $\frac{\partial C(\lambda)_i}{\partial \lambda_j} > 0$,又因为 $\frac{dT_{ji}}{dC_i(\lambda)} < 0$,可以推出 $\frac{dT_{ji}}{d\lambda_j} < 0$,即 j 国受新贸易保护冲击程度越强, i 国企业出口到 j 国的商品越少。

因为 $\frac{dT_{ji}}{dA_i} > 0$、$\frac{dT_{ji}}{d\lambda_j} < 0$,能够得出 $\frac{\partial A_i}{\partial \lambda_j} < 0$,即 j 国受新贸易保护冲击程度越强, i 国企业技术发展水平将会越受约束。又因为 $\frac{\partial A_i}{\partial \lambda_j} < 0$, $\frac{\partial A_i}{\partial \delta_i} < 0$、$\frac{\partial A_i}{\partial I_i} < 0$ 和 $\frac{\partial A_i}{\partial T_i} < 0$,能够推出: $\frac{\partial \delta_i}{\partial \lambda_j} < 0$、$\frac{\partial I_i}{\partial \lambda_j} < 0$ 和 $\frac{\partial T_i}{\partial \lambda_j} < 0$。即随着新贸易保护冲击程度的增强,经营成本、融资约束和技术封锁将会逐步提高。因此,提出如下假说:

假说 4-2:新贸易保护通过增强企业融资约束,进而对企业发展产生负面影响。

假说 4-3:新贸易保护通过增加企业经营成本,进而对企业发展产生负面影响。

假说 4-4:新贸易保护通过增加企业技术封锁强度,进而对企业发展产生负面影响。

二、企业发展与对外贸易高质量发展

(一) 理论模型

本部分参考格罗斯曼和赫尔普曼(Grossman 和 Helpman,1991)①以及阿希翁和霍威特(Aghion 和 Howitt,1992)②的方法构建质量改进的内生经济增长模型来探究企业发展对本国对外贸易高质量发展的作用效果。假设产出只由中间品投入 m 所决定,不存在资本积累情况,此时,Cobb-Douglas 生产函数为:

$$y = Am^{\delta} \tag{4-33}$$

y 为总产出, A 为生产技术参数,与中间品质量正相关, δ 为中间品产出弹性,并且 $0 < \delta < 1$。

① Grossman G.,Helpman E.,*Innovation and Growth in the Global Economy*,MIT Press,1991.

② Aghion P.,Howitt P.,"A Model of Growth Through Creative Destruction",*Econometrica*,Vol.60,No.2,1992.

在式(4-33)中,创新表示更高质量的中间品被研发出来并取代旧中间品投入使用,并且更高质量中间品使用能够提升生产技术参数 A,提升幅度为 τ (τ >0),因此满足:

$$A_{t+1} = \tau A_t \tag{4-34}$$

假定不考虑人口增长,经济中存在 N 个个体,提供的劳动总供给为 N ,分配给中间品部门的劳动为 m,与中间品数量相同,研发部门劳动为 n,因此劳动总供给为 N 可表示为:

$$N = m + n \tag{4-35}$$

假定在一定时间内单个研究人员研发成功的概率服从期望为 λ (0< λ <1)的独立泊松分布,λ 表示单个研究人员的研发能力,与公共知识积累正相关,当 n 个研发人员同时参与研发,新型中间品研发成功的概率为 λn 。

1. 研发部门

研发部门劳动力投入量由式(4-36)决定:

$$w_t = \lambda V_{t+1} \tag{4-36}$$

t 表示研发成功次数,w_t 表示中间品生产部门工资,V_{t+1} 表示研发人员在 $t + 1$ 次研发成功所获取利润报酬的贴现现值(市场价值),λV_{t+1} 为研发的预期收益。该式表明在局部均衡条件下,劳动者从事研发或中间品生产的收益相同,使劳动力能够在研发或中间品生产部门自由流动。

在单位时间内(两次创新间隔时间),第 $t + 1$ 次研发成功所获取预期收益取决于预期利润收入与潜在损失,一方面,预期利润收入为 π_{t+1} 。另一方面,在此时间内,若第 $t + 2$ 次研发成功,当前研发者将会损失全部收入 V_{t+1} ,在研发部门劳动人数为 n_{t+1} 的情况下,研发成功概率为 λn_{t+1} ,期望损失为 $\lambda n_{t+1} V_{t+1}$ 。因此,在单位时间内,第 $t + 1$ 次研发成功所获取预期收益为 $\pi_{t+1} - \lambda n_{t+1} V_{t+1}$ 。假设在资本市场上无套利行为,预期收益等于无风险债券收益,在此时间内,无风险债券收益为 rV_{t+1} ,因此,资本市场无套利行为存在的均衡为:

$$rV_{t+1} = \pi_{t+1} - \lambda n_{t+1} V_{t+1} \tag{4-37}$$

对式(4-37)整理可得:

$$V_{t+1} = \frac{\pi_{t+1}}{r + \lambda n_{t+1}} \tag{4-38}$$

$r + \lambda n_{t+1}$ 为贴现因子,式(4-38)表明,当某一研发成功后,高收益会吸引更多研发者进入,从而导致创新成功者获取垄断利润的时间缩短,创新收益减少。

2. 中间品生产部门

在第 t 个研发成功之后，中间品生产商的利润为：

$$\pi_t = P_t(m_t)m_t - w_t m_t \tag{4-39}$$

其中，$P_t(m_t)$ 为第 t 个创新所对应的价格，m_t 为中间品销售数量，也指劳动投入量。假定产品部门为完全竞争市场，产品价格与边际产出相等：$P_t(m_t) = \delta A_t\, m_t^{\delta-1}$ 。

对式(4-39)求利润最大化条件：

$$\frac{\partial \pi_t}{\partial m_t} = \delta^2 A_t\, m_t^{\delta-1} - w_t \tag{4-40}$$

可得中间品最优投入量为：

$$m_t = \left(\frac{w_t}{\delta^2 A_t}\right)^{\frac{1}{\delta-1}} = \left(\frac{\widetilde{w}}{\delta^2}\right)^{\frac{1}{\delta-1}} \tag{4-41}$$

其中，$\widetilde{w}_t = w_t / A_t$ ，为通过生产率调整的工资，式(4-41)还可以表示为：$m_t = m(\widetilde{w}_t)$ ，即中间品最优投入量 m_t 是 $\widetilde{w}_t$ 的函数，并且两者呈负相关。

此时，中间品生产商最大化利润为：

$$\pi_t = (\delta A_t m_t^{\delta} - w_t m_t) = \left(\frac{1}{\delta} - 1\right) w_t m_t = A_t\left(\frac{1}{\delta} - 1\right)\left[\frac{1}{\delta_2}\right]^{\frac{1}{\delta-1}}\left(\frac{w_t}{A_t}\right)^{\frac{\delta}{\delta-1}}$$

$$= A_t\left(\frac{1}{\delta} - 1\right)\left[\frac{1}{\delta_2}\right]^{\frac{1}{\delta-1}}(\widetilde{w}_t)^{\frac{\delta}{\delta-1}} = A_t \pi(\widetilde{w}_t) \tag{4-42}$$

在式(4-42)中，中间品生产商的利润 π_t 是 $\widetilde{w}$ 的函数，并且两者呈负相关，即研发部门对劳动者需求增多，会导致工资水平与下一期创新成功的概率水平上升，提升创新者丧失垄断利润的概率，降低预期利润水平。

联立式(4-34)、式(4-36)、式(4-38)和式(4-42)可得研发部门的套利公式为：

$$\widetilde{w}_t = \lambda \frac{\tau \pi(\widetilde{w}_{t+1})}{\tau + \lambda n_{t+1}} \tag{4-43}$$

劳动力市场出清可表示为：

$$N = m(\widetilde{w}_t) + n_t \tag{4-44}$$

3. 稳态均衡

在稳态均衡条件下，研发均衡条件与劳动力市场出清条件同时满足，即存在静态解使式(4-43)与式(4-44)同时成立，此时 $\widetilde{w}_t \equiv \widetilde{w}$ ，$n_t \equiv n$ 。

式(4-43)与式(4-44)可整理为：

$$\widetilde{w} = \lambda \frac{\tau\pi(\widetilde{w})}{\tau + \lambda n} \tag{4-45}$$

$$N = m(\widetilde{w}) + n \tag{4-46}$$

在 $(n,\widetilde{w})$ 二维空间里，式(4-45)与式(4-46)对应曲线斜率正好相反，存在唯一稳态均衡。

整理式(4-42)可得：

$$\pi(\widetilde{w}) = \left(\frac{1}{\delta} - 1\right)\frac{w}{A}m = \left(\frac{1}{\delta} - 1\right)\widetilde{w}m = \left(\frac{1}{\delta} - 1\right)\widetilde{w}(N - n) \tag{4-47}$$

把式(4-47)代入式(4-45)，得出稳态均衡条件为：

$$1 = \lambda \frac{\tau \frac{1-\delta}{\delta}(N - n)}{r + \lambda n} \tag{4-48}$$

根据式(4-48)可知，稳态均衡条件下，研发部门劳动投入量 $\hat{n}$ 与研发能力 λ 正相关，与最终品市场竞争程度 δ 负相关，与市场利率 r 负相关，与劳动总供给 N 正相关。

根据式(4-41)可知，稳态均衡条件下中间品最优投入量为 $\hat{m}$，在第 t 次创新成功时，最终品产出 $y_t = A_t\hat{m}^{\delta}$，那么 y_{t+1} 为：

$$y_{t+1} = A_{t+1}\hat{m}^{\delta} = \tau A_t\hat{m}^{\delta} = \tau y_t = (1 + f)y_t \tag{4-49}$$

在稳态均衡条件下，f 为中间品质量提升所引起最终产品规模的增长率，即对外贸易增长率。对式(4-49)两边取对数得：$g = \ln\tau$。最终产品在连续单位时间内变动情况为：

$$\ln y_{t+1} = \ln y_t + (\ln\tau)\ \eta(\sigma) \tag{4-50}$$

$\eta(\sigma)$ 为 σ 时期内创新成功的次数，服从期望为 $\lambda\hat{n}$ 的泊松分布。若在 σ 时期内创新成功的次数为0，则 $\ln y_{t+1} = \ln y_t$，若在 σ 时期内创新成功的次数为1，则 $\ln y_{t+1} = \ln y_t + \ln\tau$，推出在稳态均衡情况下对外贸易增长率 f 为：

$$\hat{f} = E(\ln y_{t+1} - \ln y_t) = \lambda\hat{n}\ln\tau \tag{4-51}$$

式(4-51)意味着，稳态均衡条件下，在单个研发人员研发能力 λ 和创新规模 τ 给定情况下，对外贸易增长率 f 与创新劳动人数成正比，即创新劳动人数，创新成功的概率越大，中间品质量越高，对外贸易增长率越快。

4. 在模型中引入外向型企业发展

假设世界由两个封闭经济体组成，两个经济体要素禀赋、技术和偏好等

均相同,且最终产品生产使用相同中间品,因此稳态均衡下,外国对外贸易增长率$\widehat{f^*}$为:

$$\widehat{f^*} = \lambda \widehat{n^*} \ln\tau \tag{4-52}$$

$\widehat{n^*}$为外国对研发人员的需求量。

外向型企业的国际贸易行为作为一个桥梁将世界连接为一个整体,本国企业通过对外贸易与东道国企业开展技术交流与合作,学习彼此先进技术与管理经验,甚至直接进口国外高质量中间品,两国研发部门共同创新,研发高质量中间品并供两国使用。基于此,两国贸易增长率等于世界贸易增长率,在稳态均衡情况下,世界研发人员数量等于两国研发部门研发人员投入量之和,即$n^w = \widehat{n} + \widehat{n^*}$。世界对外贸易增长率为:$\widehat{f^w} = \lambda \widehat{n^w} \ln\tau = \lambda(\widehat{n} + \widehat{n^*}) \ln\tau$。因此,在企业发展之后,稳态均衡情况下,对外贸易增长率为:

$$\widehat{f_1^{trade}} = \widehat{f^w} = \lambda \widehat{n^w} \ln\tau = \lambda(\widehat{n} + \widehat{n^*}) \ln\tau \tag{4-53}$$

$\widehat{f_1^{trade}}$严格大于$\widehat{f}$,因此得出以下结论:企业发展能够有效促进本国对外贸易高质量发展。

由于上述前提假定条件太过严苛,与现实情况不相符,基于此,放宽上述假定,允许两国初始资源禀赋不相同,并且中间品投入也有所差异。由于存在技术保护,企业开展国际贸易并不能完全获取国外前沿生产技术与中间品,但是仍然能够得到部分相对先进的生产技术与中间品,增加公共知识积累。这一方面能够直接提升研发人员研发水平,从λ提高到λ',另一方面研发水平提升能够提高研发部门工资水平,使均衡就业人数由$\widehat{n}$提高到$\widehat{n'}$,此时,本国稳态均衡下对外贸易增长率为:

$$f_2^{trade} = \lambda \widehat{n'} \ln\tau \tag{4-54}$$

$\widehat{f_2^{trade}}$严格大于$\widehat{f}$,再次表明企业发展能够有效促进本国对外贸易高质量发展。基于此提出以下假说:

假说4-5:企业发展能够有效促进本国对外贸易高质量发展。

（二）机制分析

企业作为微观经济运行的主力军,对外贸易企业高质量发展在一定程度上也决定了对外贸易高质量发展的状况。一方面,对外贸易企业发展能够通过促进企业自主创新水平提升影响对外贸易高质量发展。第一,竞争效应。对外贸易企业不仅面临国内市场竞争,还要参与激烈的国际市场竞争,使企业加大研发力度,增强企业核心竞争力。第二,研发成本分摊效应。研发投入是持续累积的一个过程,市场需求少,单位产品分摊的研发费用就会高,企业利润会随之降低,不利于企业自主创新。第三,利润回流效应。

对外贸易企业海外子公司将其在境外市场获取的部分利润注入回母公司，进而为母公司研发提供资金支持。第四，创新资源获取效应。跨国公司能够在海外市场获取到区别于母公司的创新资源，并通过异质性创新资源的整合利用，提高企业创新能力。对外贸易企业自主创新能力增强，能够提高产品的核心竞争力，破除“卡脖子”技术的制约，增强对外贸易竞争实力。

另一方面，进口中间品能够促进企业获取逆向技术溢出，促进企业积极创新，进而影响对外贸易高质量发展。第一，进口中间品逆向技术溢出效应提高企业创新效率。高质量进口中间品作为国外前沿技术的产物蕴含着先进的生产技术，企业通过进口国外高质量中间品增加了学习先进生产技术的机会，利用“干中学”效应，促进国外先进技术向国内转移。第二，进口中间品能够刺激企业增加研发投入。为了提高对高质量进口中间品的利用效率，进一步完成对进口中间品先进技术吸收与应用，企业会主动提高研发投入，增加对先进技术学习、吸收与转换的能力。第三，进口中间品能够为企业进一步创新提供条件。进口中间品使用对提高产品质量具有重要作用，而消费者对高质量产品的需求价格弹性较低，在市场需求不变的情况下，产品质量的提高增强了企业产品定价能力，使企业利润获取能力显著增强，激励企业持续增加研发投入，为企业研发创新创造了良好的条件。企业技术水平提高，产品质量的升级，研发与创新条件的完善，将会进一步提升企业对外贸易综合实力。基于以上两个方面，提出以下假说：

假说 4-6：企业发展能够通过创新路径影响对外贸易高质量发展。

第二节　新贸易保护影响企业发展的实证分析

一、模型构建

新贸易保护对企业的影响属于典型的外生冲击，因此采用双重差分模型研究新贸易保护对出口企业发展的影响。构建以下计量模型：

$$ROA_{it} = \alpha_0 + \alpha_1 DID_{it} + \alpha_2 Controls + \theta_i + \tau_c + \varphi_t + \mu_{it} \quad (4-55)$$

式(4-55)中，ROA 为出口企业发展，采用衡量企业盈利能力指标的资产回报率；DID 表示新贸易保护冲击的虚拟变量，当 $DID=1$ 时，说明企业 i 在 t 年受到新贸易保护的冲击，反之则没有；控制变量用 $Controls$ 表示；企业、行业、年度层面固定效应用 θ_i、τ_c、φ_t 表示；μ_{it} 为随机扰动项

前文提出新贸易保护影响企业发展的机制，即新贸易保护通过融资约束、经营成本、技术封锁三条机制路径影响出口企业发展。在此基础上，为

了解析新贸易保护对我国出口企业发展影响路径，利用中介效应模型对其作用机制进行检验。鉴于此，我们借鉴李嘉楠等（2022）①和温忠麟等（2004）②的做法，在基准回归的基础上将中介变量作为新被解释变量构建以下回归模型：

$$Med_{it} = \beta_0 + \beta_1 DID_{it} + \beta_2 Controls + \theta_i + \tau_c + \varphi_t + \vartheta_{it} \quad (4-56)$$

$$PM_{it} = \gamma_0 + \gamma_1 DID_{it} + \gamma_2 Med_{it} + \gamma_3 Controls + \theta_i + \tau_c + \varphi_t + \epsilon_{it} \quad (4-57)$$

其中，*Med* 为我们所关注的中介变量。式（4-56）、式（4-57）用来检验新贸易保护如何通过三种机制路径影响出口企业发展。

二、变量选取与数据来源

（一）被解释变量

本书的被解释变量为企业发展。重在探讨新贸易保护条件下，出口企业在融入全球贸易网络后的贸易选择行为和贸易决策，以是否发生的海外贸易行为作为判别企业是否融入全球贸易网络的标准。将制造业上市企业与海外关联企业表进行匹配，如果 i 企业在 t 年在海外设立了关联企业，则认为 i 企业在 i 年及之后的年份均被定义为出口企业，否则为未出口企业。一个企业的发展水平主要由其盈利能力决定，参考杨浩东和王高峰（2023）③、王宏伟和董康（2022）④的做法，选用出口企业的资产回报率来衡量出口企业发展。

（二）核心解释变量

本书的核心解释变量为新贸易保护。使用内容分析法构建一个较为全面反映中国上市企业的新贸易保护指标。首先，参考已有文献⑤，构建新贸易保护关键词的词频词库。基于 Python 软件从上市企业年报进行有效推断词库词语出现频率，用于反映企业应对新贸易保护的经营战略意图和对

① 李嘉楠、高雅婷、梁若冰：《贸易冲击与产业长期发展："一战"的经验证据》，《世界经济》2022 年第 11 期。

② 温忠麟、张雷、侯杰泰、刘红云：《中介效应检验程序及其应用》，《心理学报》2004 年第 5 期。

③ 杨浩东、王高峰：《智慧城市建设对高新区企业发展影响评估》，《科技管理研究》2023 年第 2 期。

④ 王宏伟、董康：《数据要素对企业发展的影响——基于云计算行业 197 家上市公司实证分析》，《东岳论丛》2022 年第 3 期。

⑤ 蔡中华、车翔宇、何浩东：《中美贸易战对企业研发投资影响的实证研究》，《科学学研究》2023 年第 4 期。

该问题的关注程度和意图表达。以“贸易摩擦”和“关税保护”两个层面对出口企业应对新贸易保护进行结构化分层。在“贸易”上，分为贸易逆差、贸易顺差、冷战、单边遏制、逆全球化、中止减让、市场化采购排除、经济发展模式、产业政策、232 调查、301 调查、歧视性、知识产权等关键词。在“关税”上主要是反倾销税、反补贴税、加征、独立关税、贸易磋商、关税清单、进口关税、出口关税、加征关税、加征税率、关税升级、壁垒、非关税、非关税壁垒、贸易平衡等关键词。然后，使用年报文本识别与语料词典匹配，将上述词库扩充到 Python 软件包中的“Jieba”分词库，对上市企业年报内容进行提取，统计出口企业贸易保护等关键词出现的次数。最后，采用出口企业新贸易保护相关词汇频数衡量微观出口企业新贸易保护程度指标，根据新贸易保护程度是否大于 0 来划分实验组和对照组，当 *trade* 为 1 时，表示新贸易保护程度大于 0 为实验组；反之，赋值为 0 为对照组。*Year* 是时点变量，贸易摩擦实际正式开始于 2017 年，因此以 2017 年作为临界点，在此之后，*Year* 赋值为 1；在此之前，*Year* 赋值为 0。

（三）机制变量

融资约束（*SA*），参考鞠晓生等（2013）①研究，$SA=-0.737\times Size+0.043\times Size^2-0.040\times age$，其中，*Size* 表示企业总资产规模的自然对数，*Age* 表示企业经营年度。

经营成本（*OC*），企业通过提高产品质量、保持产品相对廉价价格和寻租行为，造成企业运营成本增加以及消费者福利损失。采用销售费用率（*SER*）和管理费用率（*MER*）衡量企业经营成本。

技术封锁（*TB*），一般而言，企业遭受技术封锁的强度越大，企业用于研发的费用占比将越高，采用企业研发费用与营业收入的比值进行衡量。

（四）控制变量

董事会规模（*SCALE*），采用企业董事会董事数量进行衡量；营业收入增速（*BGR*），表示公司成长性，即企业本期营业收入和上期营业收入金额差与上期营业收入之比；董监高是否具有海外背景（*AB*），现任的董监高中是否有人具有海外背景，如果有则记为 1，反之记为 0；员工密集度（*SI*），即企业年末员工数与当年营业收入的比值；无形资产比率（*IAR*），即企业无形资产总额与企业总资产的比值；账面市值比（*BTM*），即企业股东权益和企业市值之比；企业年龄（*Age*），采用当年年份与企业成立年份之差进行衡量；

---

① 鞠晓生、卢荻、虞义华：《融资约束、营运资本管理与企业创新可持续性》，《经济研究》2013 年第 1 期。

两职合一（*Dual*），总经理和董事长是否存在两职合一，是为1，否则为0；产业高级化（*IU*），采用地级市的第三产业产值与第二产业产值之比进行衡量。

（五）数据来源

样本选取国泰安（CSMAR）数据库中2012—2021年A股制造业上市企业。由于ST、PT以及资不抵债的样本以及相关变量严重缺失的样本会产生较大偏误，予以剔除，最终得到包含1337家出口企业8907个观测值。核心数据源自国泰安（CSMAR）数据库、Wind数据库和《中国城市统计年鉴》，并对数据进行了交叉核对和上下1%的缩尾处理，并在回归分析中对标准误差进行企业层面的聚类调整。

表4-1为主要变量的描述性统计。在被解释变量方面，样本中被解释变量的两个代理指标资产回报率（*ROA*）、净资产收益率（*ROE*）的均值分别为0.0430和0.0719，标准误差分别为0.0605和0.1187，数据特征符合出口企业分布。其他变量为控制变量，均与已有研究的变量分布相近。

表4-1 描述性统计

变量	样本量	均值	标准误差	最小值	p50	p75	最大值
ROA	8907	0.0430	0.0605	−0.2733	0.0416	0.0727	0.1999
ROE	8907	0.0719	0.1187	−0.6750	0.0746	0.1249	0.3572
DID	8907	0.4489	0.4974	0.0000	0.0000	1.0000	1.0000
SCALE	8907	8.4712	1.6289	4.0000	9.0000	9.0000	18.0000
BGR	8907	0.2029	0.4466	−0.5760	0.1117	0.3072	2.5652
AB	8907	0.6444	0.4787	0.0000	1.0000	1.0000	1.0000
SI	8907	1.3651	0.8596	0.1660	1.1845	1.7938	4.4267
IAR	8907	0.0458	0.0341	0.0025	0.0380	0.0572	0.2017
BTM	8907	0.3396	0.1564	−0.0942	0.3212	0.4320	0.9973
Age	8907	16.8356	5.6080	2.0000	17.0000	20.0000	53.0000
Dual	8907	0.3286	0.4697	0.0000	0.0000	1.0000	1.0000
IU	8907	0.6202	0.2705	0.0299	0.6143	0.8494	2.1007
SER	8907	0.0803	0.0870	0.0034	0.0493	0.0971	0.4460
MER	8907	0.0868	0.0555	0.0118	0.0749	0.1090	0.3254
SA	8907	−3.7918	0.2576	−5.6459	−3.7943	−3.6332	−2.1094
TB	8907	0.0181	0.0307	0.0000	0.0000	0.0329	0.1551

三、基准回归与稳健性检验

（一）基准回归

首先依托样本期间的全样本，将新贸易保护作为冲击事件，考察了新贸易保护对出口企业发展的影响。表 4-2 报告了新贸易保护与出口企业发展的基准回归结果。列(1)汇报了只控制企业、行业和年份的固定效应的估计结果，新贸易保护(*DID*)对出口企业发展(*ROA*)影响的估计系数在5%的水平下显著为负；在此基础上，列(2)进一步加入控制变量，结果表明新贸易保护(*DID*)对出口企业发展(*ROA*)影响的回归系数为-0.0065，且在5%的水平下显著，较列(1)回归结果未出现较大变化；尽管上述模型设定中考虑了企业、行业以及年份的固定效应，但仍可能在年份—行业层面遗漏影响新贸易保护和出口企业发展的关键变量，为此我们详细考虑了控制变量和控制相关固定效应后的回归结果。列(3)在列(2)的基础上进一步纳入年份—行业的固定效应，有效控制了行业层面的时变异质性行业环境特征，新贸易保护会导致受影响企业的盈利能力下降 0.56%，结论依旧可靠，验证了假说 4-1。

表 4-2　基准回归结果

变量	(1)	(2)	(3)	(4)
	ROA			平行趋势检验
DID	-0.0059** (-1.98)	-0.0065** (-2.24)	-0.0056* (-1.85)	
*Before*2				0.0051 (1.32)
*Before*1				0.0064 (1.51)
Current				0.0075** (2.09)
*After*1				0.0081** (1.98)
*After*2				0.0088** (2.32)
控制变量	否	是	是	是
企业/行业/年份固定效应	是	是	是	是
年份—行业固定效应	否	否	是	是

续表

变量	(1)	(2)	(3)	(4)
	ROA			平行趋势检验
N	8907	8907	8907	8907
$AdjR^2$	0.0472	0.0793	0.1413	0.1254

注:括号内为经企业层面聚类调整后的 t 统计量,*** 、** 和 * 分别表示在 1%、5%和 10%的水平下显著。以下各表同。

从统计学意义上分析,上述分析可以发现新贸易保护(*DID*)对出口企业发展(*ROA*)的回归系数始终显著为负;从经济意义看,以列(1)结果为例,当增加新贸易保护措施时,企业发展将随之受到消极影响;从统计学分析和经济分析两方面综合来看,新贸易保护对出口企业发展产生了显著的负面影响。如前面的理论分析所言,在当今新贸易保护浪潮盛行时期,新贸易保护边界取决于贸易争端与关税征收的共同作用,两者的合力对出口企业发展产生抑制作用。从外部来看,国外积极的宏观调控政策鼓励本国产业回流,本国出现大量企业外迁、生产转移;从内部来看,新贸易保护导致国内经济下行造成消费者收入减少,需求消费不足,进一步传递至企业生产环节,导致国际订单大幅减少。这就导致我国的出口企业贸易增长潜力和管理机制被严重削弱,贸易摩擦和贸易争端升级的局势加剧会进一步阻碍国内企业发展,导致企业利润减少,整体绩效表现较差,从而使大量企业逐渐退出市场,国内企业整体竞争力下降。

DID 模型有效性估计在于处理组与对照组的出口企业发展(*ROA*)必须满足在政策冲击前后的变化趋势是一致的。结果见表 4-2 列(4),在新贸易保护前,相对时间虚拟变量系数均不显著且数值较小,这表明实验组与对照组在出口企业发展(*ROA*)上无显著差异,即新贸易保护符合平行趋势假设。

(二) 稳健性检验

1. 替换核心指标

选取净资产收益率(*ROE*)替代上述被解释变量,该指标和企业获利能力具有正相关关系,若某一企业净资产收益率(*ROE*)越高时,该企业的盈利能力也相应越强,则出口企业发展前景更加可观。为得到稳健的结论,和基准回归,分列控制不同的固定效应,综合表 4-3 可知贸易保护对资产收益率(*ROE*)的影响系数均显著为负,表明替换被解释变量后,核心结论依然稳健可靠。

表 4-3　替换核心指标检验

变量	(1)	(2)	(3)
	ROE		
DID	-0.0123* (-1.86)	-0.0139** (-2.13)	-0.0119* (-1.76)
控制变量	否	是	是
企业/行业/年份固定效应	是	是	是
年份—行业固定效应	否	否	是
N	8907	8907	8907
$AdjR^2$	0.0360	0.0655	0.1241

2. 模型设定变更

模型设定变更的检验主要包括:(1)采用调整聚类稳健标准误差。为保证结论稳健,分别对检验的标准误差在地区层面与行业层面进行了聚类调整。表 4-4 中列(1)、列(2)结果表明,新贸易保护的估计系数依然显著为负,与研究结论一致。(2)考虑滞后效应。新贸易保护对出口企业发展可能存在时间滞后,为此,将基准回归方程中的解释变量、控制变量均采取滞后一阶的形式重新进行回归。从表 4-4 中列(3)结果可以看出,新贸易保护的估计系数依然显著为负,证实了基本结论的稳健性。

表 4-4　其他稳健性检验

变量	(1)	(2)	(3)
	更换聚类稳健标准误		滞后效应
DID	-0.0066* (-1.94)	-0.0065* (-1.83)	-0.0050* (-1.67)
控制变量	是	是	是
企业/行业/年份固定效应	是	是	是
N	8818	8818	7343
$AdjR^2$	0.4608	0.4611	0.0486

3. 安慰剂检验

假定出口企业发展并不是由于新贸易保护的影响而造成的,而是随着时间的推移因出口企业其他因素改变所引起的,这种改变与新贸易保护没有任何关联。为排除这种影响,构建虚假新贸易保护冲击年份进行安慰剂检验。其中,将新贸易保护冲击年份分别设定为 2013 年、2014 年、2015 年进行回归。结果显示,更改贸易保护冲击时间后,回归结果如表 4-5 所示,均与 DID 基准回归结果不一致。这表明基准回归并非由某些偶然因素所导致。

表 4-5 安慰剂检验

变量	(1)	(2)	(3)
	2013 年	**2014 年**	**2015 年**
DID	0.0004 (0.18)	-0.0012 (-0.57)	-0.0025 (-1.05)
控制变量	是	是	是
企业/行业/年度固定效应	是	是	是
观测值	8907	8907	8907
$AdjR^2$	0.0785	0.0785	0.0787

四、机制检验与异质性分析

(一)机制检验

1. 融资约束

新贸易保护的实质是维持外国企业对中国企业的技术代差,从而使外国企业在国际市场的竞争中获得更多的市场份额。新贸易保护措施对中国企业最直接的影响是反补贴税造成的价格扭曲。贸易保护措施在一定程度上削弱了中国企业价格加成程度,而提高产品质量可以减弱新贸易保护对中国企业价格加成的冲击。为了提高产品质量,中国企业会增加研发,将进行融资。因此,新贸易保护对企业发展的冲击沿着“价格加成→产品质量→融资”的链条传递。新贸易保护还会造成金融市场预期减弱,投资者对企业表现缺乏信心,往往表现出“融资难,资金难”的窘境。实证回归结果如表 4-6 列(1)、列(2)所示。列(1)的结果显示,新贸易保护的估计系数为 0.0013,且在 1%的水平下显著为正,列(2)的回归结果中,新贸易保护与融资约束的系数分别为-0.0073 和-0.8727,且均在 1%的水平下显著为负,这表明新贸易保护显著增加了企业融资约束,从而对企业发展产生负面影响,证明了融资约束是新贸易保护影响企业发展的关键中介变量,验证了假说 4-2。对这一现象的解释为:新贸易保护会增加各种经济政策不确定性,严重降低和损害国内企业的预期和信心,国外企业为了维持产品质量代差也会进行债务融资,进而国内企业出于避险情绪会出现融资难的情况,不可避免地给贸易市场、资本市场和汇率市场带来较大冲击。因此,实施新贸易保护会使企业付出更高的机会成本,相应地也会产生更大的边际影响,主要体现在短期资本的大量外流，会通过减少国内需求促使非贸易品相对价格下跌，从而加剧实际汇率波动带来贬值压力，进一步引致企业整体价值也出现大幅缩水，经营受阻，后期企业绩效表现也不容乐观。

表 4-6 机制检验(一)

变量	(1)	(2)	(3)	(4)
	SA	***ROA***	***TB***	***ROA***
DID	0.0013** (2.03)	-0.0073*** (-2.70)	0.0034*** (3.66)	-0.0043 (-1.73)
SA		-0.8727*** (-17.93)		
TB				-0.5488*** (-16.26)
控制变量	是	是	是	是
企业/行业/年度固定效应	是	是	是	是
N	8907	8907	8907	8907
$AdjR^2$	0.0812	0.0941	0.6377	0.0880

2. 技术封锁

为了应对新贸易保护冲击，中国企业必须缩小与先进企业产品质量代差，才能实现利润最大化，而技术创新是提高产品质量的唯一途径。企业必须增加研发投入，也就是新贸易保护对企业技术升级的倒逼效应。若企业受到新贸易保护造成的技术封锁强度越大，意味着企业将面临更高的研发投入。采用技术封锁作为中介变量，并将其纳入回归模型。回归结果见表4-6列(3)、列(4)。列(3)的结果显示，新贸易保护的回归系数在1%的水平下显著为正，列(4)的回归结果中，贸易保护和技术封锁的回归系数均负向显著，表明新贸易保护显著增加了技术封锁强度，进而导致企业生产活动受阻，证实了新贸易保护会增加技术封锁进而对企业发展产生不利影响，验证了假说4-4。这可能是新贸易保护造成的技术封锁，抬高了企业的研发投入，导致企业所需的技术、资金、原料供给不足，影响生产。对企业自身而言，新贸易保护主义盛行、技术封锁加剧，会阻止与研发相关的要素资源在国际市场中的自由流动，产能与需求不匹配，导致企业出现严重的供给不足问题。这将大幅增加企业研发投入，拉长企业对核心技术的研发周期、延缓了企业技术创新步伐，对企业的技术创新造成极大的阻碍作用。进一步，国内企业会因现有能力不足以支撑高水平的自主知识产权的创造，而在面对国际市场的竞争时不能占据有利位置，遭到利润盘剥，被长期限制在低附加值与微利化的中低端环节。

3. 经营成本

在新贸易保护情况下，由于掠夺性融资决策的影响，无意义的竞争会造成资源浪费，并且可能通过寻租行为造成企业运营成本增加以及消费者福利损失。实证回归结果见表4-7。列(1)、列(3)的结果显示，新贸易保护的系数分别为0.0057和0.0084，且均在1%的水平下显著为正。这表明，新贸易保护的发生显著增加了企业经营成本。此外，列(2)、列(4)的回归结果中，销售费用率(SER)和管理费用率(MER)的系数均在1%的水平下显著为负，回归结果显示，新贸易保护会通过增加企业经营成本，阻碍企业发展，同时也再次验证经营成本机制成立，验证了假说4-3。新贸易保护下的加征关税条例会使企业产品随着多次跨境贸易沿着全球价值链产生累积效应，逐步放大企业交易成本。同时，新贸易保护所导致的对外贸易环境变化也会在一定程度上影响企业生产经营决策，改变企业对外贸易战略选择，从而增加企业决策成本。此外，新贸易保护造成的经济增速减缓和增长乏力会使原材料、能源等大宗商品的国际价格提升，使企业外部资源成本不断攀升。交易成本、决策成本以及外部资源成本等经营成本的增加均会致使企业利润率下降，严重制约了企业长期稳定的发展。

表4-7　机制检验(二)

变量	(1)	(2)	(3)	(4)
	SER	***ROA***	***MER***	***ROA***
DID	0.0057*** (2.76)	−0.0076*** (−2.78)	0.0084** (2.44)	−0.0075*** (−2.77)
SER		−0.2389*** (−15.90)		
MER				−0.1575*** (−17.23)
控制变量	是	是	是	是
企业/行业年度固定效应	是	是	是	是
N	8907	8907	8907	8907
$AdjR^2$	0.0701	0.0866	0.0938	0.0918

(二) 异质性分析

正如前面理论分析指出，新贸易保护会改变出口企业发展状况，然而这种改变可能受到区域、行业、企业性质等方面的作用。

1. 区域异质性分析

将企业注册地所在城市是否属于共建“一带一路”沿线城市划分为共建“一带一路”地区和非共建“一带一路”地区。实证回归结果如表4-8列(1)、列(2)所示,列(1)结果显示,在非共建“一带一路”地区,新贸易保护对出口企业发展的回归系数并不显著,说明新贸易保护对非共建“一带一路”地区的出口企业发展没有产生明显影响。列(2)结果显示,在共建“一带一路”地区,新贸易保护对企业出口发展的估计系数在1%的水平下显著为负,共建“一带一路”地区的出口企业发展的确受到新贸易保护产生的负向影响。也就是说,新贸易保护加大了某些别有用心国家对共建“一带一路”的质疑,相较于非共建“一带一路”地区,共建“一带一路”地区的出口企业发展受到新贸易保护的影响更大。

表4-8　区域异质性

变量	(1) 非共建“一带一路”地区	(2) 共建“一带一路”地区	(3) 非“自由贸易试验区”	(4) “自由贸易试验区”
DID	0.0007 (0.15)	−0.0116*** (−2.99)	−0.0038 (−1.04)	−0.0092* (−1.90)
控制变量	是	是	是	是
企业/行业/年份固定效应	是	是	是	是
N	3936	4971	4938	3969
$AdjR^2$	0.0868	0.0957	0.0809	0.1049

除共建“一带一路”外,中国在国内多个地区建立自由贸易试验区以对标国际高标准经贸规则,这在当下新贸易保护主义不断抬头的背景下,设立自由贸易试验区有效契合了传统贸易理论,以贸易促分工,精细化的劳动分工又会提高生产力和专业化水平,先进生产力又会推动需求和供给的双向增加,进而再次促进对外贸易发展,升华市场容量与深度。自2013年以来,中国共批复设立了22个自由贸易试验区涉及54个城市,将企业所在城市是否属于“自由贸易试验区”城市划分为“自由贸易试验区”区域和非“自由贸易试验区”区域。实证回归结果如表4-8列(3)、列(4)所示。列(3)结果显示,在非“自由贸易试验区”区域,新贸易保护对出口企业发展的回归系数并不显著,说明新贸易保护对非“自由贸易试验区”区域的出口企业发展影响没有产生明显影响。列(4)结果显示,在“自由贸易试验区”区域,贸易保护对出口企业发展的估计系数在10%的水平下显著为负,说明“自由

贸易试验区”区域的出口企业发展的确受到新贸易保护产生的负向影响。这说明,新贸易保护无异于在企业生产经营过程中增加了交易成本,抑制了企业研发创新和良性竞争,甚至在经济增长链中更多地发挥了“掺沙子”的负向作用,而不是“加润滑剂”的正向促进作用。

2. 行业异质性分析

企业是创新的主体,是把科学技术变成现实生产力的载体,其竞争力的提升体现在资源配置效率、比较优势和获利能力等方面,更重要的是逐步从劳动密集型、资本密集型过渡到技术知识密集型。从产业层面,这种竞争力体现在贸易条件的改善、出口能力的提高、资本和生产输出能力的强化上。参照证监会2012年行业分类标准,按照要素密集度将制造业企业划分为劳动密集型、资本密集型和技术密集型企业。从表4-9列(1)、列(2)、列(3)可以看出,在劳动密集型和资本密集型行业中,新贸易保护与出口企业发展的系数为-0.0062和-0.0003,两者均并不显著,而在技术密集型行业中,贸易保护与出口企业发展的系数为-0.0098,并在5%的水平下显著为负,表明在技术密集型行业中,新贸易保护对出口企业发展的抑制效应更强。可见,新贸易保护导致的技术封锁,在技术密集型行业对我国出口企业发展产生了不利影响。

表4-9　行业异质性

变量	(1) 劳动密集型	(2) 资本密集型	(3) 技术密集型	(4) 非高科技行业	(5) 高科技行业
DID	-0.0062 (-1.09)	-0.0003 (-0.06)	-0.0098** (-2.27)	-0.0052 (-1.02)	-0.0059* (-1.66)
控制变量	是	是	是	是	是
企业/行业/年份固定效应	是	是	是	是	是
N	854	3265	4788	1694	7213
$AdjR^2$	0.0723	0.0866	0.1093	0.0454	0.1005

在高科技技术应用领域,涉及更多的知识产权管理问题。高科技企业作为我国产业发展的中流砥柱,在对外贸易的持续增长、产业结构的快速转型和结构升级中,高科技产业逐步发展为引领中国经济复苏的中坚力量。借鉴《战略性新兴产业分类目录》《战略性新兴产业分类(2012)(试行)》和经济合作与发展组织(OECD)相关文件,对照《上市公司行业分类指引(2012年修订)》,确定企业是否属于高科技行业。从表4-9可以看出,

列(4)结果显示,在非高科技行业,新贸易保护对出口企业发展的回归系数并不显著,说明新贸易保护对非高科技行业的企业出口影响没有产生明显影响。列(5)结果显示,在高科技行业,新贸易保护对出口企业发展的估计系数在10%的水平下显著为负,说明高科技行业在一定程度上受到新贸易保护对出口企业发展产生负向影响。可见,知识产权和高新技术相关产品逐渐成为经济领域西方大国贸易摩擦的新焦点,其目的是阻断我国产业结构的转型升级。

3. 企业异质性分析

除了区域和行业的差异特征,新贸易保护政策的实施还将可能因企业特征差异对企业出口发展呈现非对称效应。以美国为代表的垄断性技术制裁和贸易保护主义对垄断产业譬如高新科技产业均设置了严格的贸易保护壁垒,导致中国企业在全球化进程中持续面临各种形式的关税和非关税壁垒。具体而言,贸易保护设立的壁垒对低垄断出口企业产品的挤出效应更加明显,低垄断出口企业的产品同质性更高,容易被出口目的国当地企业的产品所替代,这使低垄断企业在出口目的国市场的份额下降、出口利润被削弱,进而限制低垄断企业在出口产品市场上的正常发展。由此,采用勒纳指数度量企业垄断势力,并根据该指数的中位数高低分为高垄断企业和低垄断企业。从表4-10列(1)、列(2)可以看出,列(1)的结果显示,在低垄断企业组,新贸易保护对出口企业发展的估计系数在1%的水平下显著为负,说明新贸易保护设立的相关壁垒对低垄断出口企业发展产生负向影响。列(2)结果显示,在高垄断企业组,新贸易保护对出口企业发展的回归系数并不显著,说明新贸易保护设立的相关壁垒对高垄断出口企业发展没有产生明显影响。简言之,上述结果为新贸易保护的实施还会因企业垄断水平差异对出口发展提供了证据支持。

表4-10　企业异质性

变量	(1) 低垄断企业	(2) 高垄断企业	(3) 国有企业	(4) 民营企业
DID	-0.0132^{***} (−2.87)	0.0009 (0.23)	0.0047 (0.97)	-0.0100^{***} (−2.94)
控制变量	是	是	是	是
企业/行业/年份固定效应	是	是	是	是
N	4453	4454	2131	6776
$AdjR^2$	0.1156	0.1636	0.1409	0.0882

新贸易保护主义的升温大大增加了民营出口企业发展的不确定性，比如反倾销和反补贴调查、关税壁垒等都会导致民营企业出现财务风险。一些发达国家通过采取贸易保护主义措施，提高了对进口产品的各项要求和进口标准，不仅导致民营企业产品进入这些国家的难度增加，还会出现境外投资风险增加问题。典型的是民营企业遭遇新贸易保护设置的技术壁垒和绿色壁垒，出口的产品可能会因未达到技术规范或不符合环境保护的规定等，致使其出口受到限制，出口规模遭到重创。还有一些民营出口企业的产品还没进入进口国市场就已被退回，甚至要承担巨额赔偿责任，这些都不利于民营企业长期持续稳定地发展。

民营企业是对外贸易高质量发展不可或缺的重要基础。民营企业数量在十年间翻了两倍有余，在世界 500 强企业中，我国民营企业由 2012 年的 5 家增加到 2022 年的 28 家。从中央到地方，共同稳定民营经济发展预期、提振民营经济发展信心。依据企业产权性质，将样本企业划分为国有企业和民营企业。从表 4-10 列(3)、列(4)可以看出，列(3)结果显示，在国有企业样本中，新贸易保护对出口企业发展的估计系数并不显著，新贸易保护设立的相关壁垒将对国有企业发展没有产生明显影响，这说明国有企业补贴可能在一定程度上缓解了新贸易保护带来的冲击。列(4)结果显示，在民营企业样本中，新贸易保护对出口企业发展的回归系数为-0.01，并在 1%的水平下显著，说明新贸易保护设立的相关壁垒将对民营企业发展产生负向影响，这也意味着新贸易保护政策的实施更不利于民营企业发展。为鼓励民营企业发展，国家陆续出台《中华人民共和国对外关系法》《中华人民共和国反外国制裁法》《中华人民共和国出口管制法》《不可靠实体清单规定》《阻断外国法律与措施不当域外适用办法》等文件，共同构成了我国应对外部挑战、保护民营企业海外权益的法律体系，后续有望通过救济与震慑两条路径发挥作用。民营企业自身也应坚定信心，充分发挥主观能动性，将外界助力内化为发展动力，主动顺应形势变化，为稳对外贸易发挥更大作用。

第三节　企业发展影响对外贸易高质量发展的实证分析

一、模型构建

企业生产技术的创新和产出水平的提高是产业技术进步以及产品技术

附加值提升的根本动力,企业发展可以通过带动产业升级进一步推动对外贸易高质量发展。为了考察在新贸易保护主义下企业发展对对外贸易高质量发展的影响效应,借鉴欧阳艳艳等(2020)①的研究思路,构建以下计量模型:

$$HQ = \gamma_0 + \gamma_1 ROA + \gamma_2 Controls + \theta_i + \tau_c + \varphi_t + \epsilon_{it} \quad (4-58)$$

$$HQ = \delta_0 + \delta_1 DID \times ROA + \delta_2 DID + \delta_3 ROA + \delta_4 Controls + \theta_i + \tau_c + \varphi_t + \epsilon_{it} \quad (4-59)$$

式(4-58)中,被解释变量为对外贸易高质量发展(HQ),重点考察企业发展对对外贸易高质量发展水平的影响,采用熵值法对中国各省份对外贸易高质量发展水平进行测度,数据来源第三章测度结果。核心解释变量(ROA)为出口企业发展,出口企业发展与对外贸易高质量发展属于两个不同频率的数据,借鉴贝尔等(Ball 等,2019)②的方法,通过一个新方程设计权重对微观层面的数据出口企业发展进行宏观层面的加总,最终使出口企业发展与对外贸易高质量发展保持在同一频率上。$Controls$ 为一系列控制变量;θ_i 、τ_c 、φ_t 分别表示企业、行业、年份固定效应;ϵ_{it} 为随机扰动项。进一步地,要想说明新贸易保护是否会削弱企业发展对中国对外贸易高质量发展的影响。在式(4-58)的基础上,以企业发展和新贸易保护的交互性($DID \times ROA$)作为核心解释变量。

企业的出口量往往与产品技术含量密切相关,出口产品技术含量越高的产品市场需求越大③,企业将围绕可获得的支持技术研发的资金比例采取双边掠夺性策略,政府将通过产业政策进行干预,进而对对外贸易高质量发展产生重要影响。为了考察企业发展是否通过创新机制对对外贸易高质量发展水平产生影响,构建以下计量模型:

$$Innovate = \omega_0 + \omega_1 ROA + \omega_2 Controls + \theta_i + \tau_c + \varphi_t + \sigma_{it} \quad (4-60)$$

$$HQ = \rho_0 + \rho_1 ROA + \rho_2 Innovate + \rho_3 Controls + \theta_i + \tau_c + \varphi_t + \pi_{it} \quad (4-61)$$

其中,$Innovate$ 为机制变量,具体包括研发占比(RD)和专利申请量($Patent$),其他变量的含义与式(4-59)保持一致。式(4-60)、式(4-61)

---

① 欧阳艳艳、黄新飞、钟林明:《企业对外直接投资对母国环境污染的影响:本地效应与空间溢出》,《中国工业经济》2020 年第 2 期。

② Ball R.T., Gallo L., Ghysels E., "Tilting the Evidence: The Role of Firm-Level Earnings Attributes in the Relation Between Aggregated Earnings and Gross Domestic Product", *Review of AccountingStudies*, Vol.24, No.2, 2019.

③ Khandelwal A.K., Schott P.K., Wei S.J., "Trade Liberalization and Embedded Institutional Reform: Evidence from Chinese Exporters", *American Economic Review*, Vol.103, No.6, 2013.

用来检验出口企业发展如何通过创新机制路径影响对外贸易高质量发展。

二、基准回归与稳健性检验

表 4-11 报告了新贸易保护下企业发展与对外贸易高质量发展水平的回归结果。列(1)只汇报了控制企业、行业和年份固定效应的回归结果,在统计学意义上,可以发现企业发展(*ROA*)对对外贸易高质量发展水平(*HQ*)的回归系数始终在 1%的水平下显著为正,出口企业发展水平每提高 1 单位,对外贸易高质量发展水平增长约 0.01 单位;从经济意义看,当单个企业发展水平得到提升时,必然会推动整体对外贸易高质量水平提高;从统计学分析和经济分析两方面综合来看,出口企业发展对对外贸易高质量发展水平具有显著的正向影响,验证了假说 4-5。

表 4-11 新贸易保护下企业发展与对外贸易高质量发展水平的回归结果

变量	(1)	(2)	(3)	(4)	(5)	(6)
	HQ	*HQ*	*HQ*	*HQ*	*HQ*	*HQ*
ROA	0.0059*** (4.92)	0.0059*** (4.95)	0.0059*** (4.97)	0.0058*** (4.81)	0.0058*** (4.82)	0.0057*** (4.83)
DID×ROA				-0.0034** (-2.39)	-0.0045*** (-2.92)	-0.0044*** (-2.74)
DID				0.0001*** (6.87)	0.0001*** (6.79)	0.0001*** (6.68)
控制变量	否	是	是	否	是	是
企业固定效应	是	是	是	是	是	是
行业/年份固定效应	是	是	否	是	是	否
年份-行业固定效应	否	否	是	否	否	是
N	8260	8260	8260	8260	8260	8260
$AdjR^2$	0.9939	0.9939	0.9941	0.9939	0.9939	0.9941

列(4)加入企业发展与新贸易保护的交互项(*DID×ROA*)并在 1%的水平下显著为负,说明新贸易保护对企业发展对外贸易高质量发展的影响产生了负向调节效应;列(2)、列(5)进一步纳入相关控制变量,企业发展(*ROA*)、企业发展与新贸易保护的交互项(*DID×ROA*)分别在 1%的水平下显著;列(3)、列(6)则选择控制年份—行业的固定效应,交互固定效应可以吸收行业层面随时间变动的经济因素或政策冲击对对外贸易高质量发展水

平的影响。企业发展（*ROA*）、企业发展与新贸易保护的交互项（*DID*×*ROA*）分别的估计系数依然显著，从一定程度上表明结论是稳健的。造成这一结果的可能原因在于尽管新贸易保护倒逼企业提升生产技术的创新和产出水平，但是同时贸易摩擦和贸易争端升级的局势加剧会进一步阻碍国内企业的国际订单，有效寻求外部技术和国际合作的机会被阻断，因此在短期内有碍于地区对外贸易高质量发展水平。

替换被解释变量指标。选取全要素生产率（*tfp_lp*）替代上述被解释变量，该指标能更全面地反映企业的资源配置能力，企业将投入转化为最终产出的整体效率，提高全要素生产率是对外贸易高质量发展的动力源泉。为得到稳健的结论，和上述做法一致，分列控制不同的固定效应，由表 4-12 可知，企业发展对全要素生产率（*tfp_lp*）的影响系数均显著为正，表明替换被解释变量后，核心结论依然稳健可靠。

表 4-12　稳健性检验

变量	(1)	(2)	(3)
	tfp_lp		
ROA	0.0059*** (4.92)	0.0059*** (4.95)	0.0059*** (4.97)
控制变量	否	是	否
企业/行业/年份固定效应	是	是	否
N	8354	8354	8354
$AdjR^2$	0.4330	0.4356	0.4686

三、机 制 检 验

结果如表 4-13 所示，列（1）变量 *ROA* 的系数显著为正，企业发展显著提高了企业研发占比。进一步，列（2）变量 *ROA* 与研发占比（*RD*）的系数均显著，创新研发对对外贸易高质量发展产生了部分中介效应。研发占比较高的企业选择具有更高技术含量的产品出口，大力开展技术创新研发，能够助力对外贸易高质量发展。列（3）变量 *ROA* 的系数显著为正，企业发展显著提高了企业专利申请数量。进一步，列（4）变量 *ROA* 与专利申请量（*Patent*）的系数均显著，专利申请量对对外贸易高质量发展产生了部分中介效应。专利申请量较高的企业会选择具有更高技术含量的产品出口，加大对新技术开发力度，能够助力对外贸易高质量发展，验证了假说 4-6。

表 4-13　机制检验

变量	(1)	(2)	(3)	(4)
	RD	***HQ***	***Patent***	***HQ***
ROA	1.1140*** (9.12)	−0.0045*** (−6.80)	0.0347*** (9.66)	−0.0064*** (−9.72)
RD		0.0090*** (17.85)		
Patent				0.0001*** (19.66)
控制变量	是	是	是	是
企业/行业/年份固定效应	是	是	是	是
N	8907	8354	8907	8354
$AdjR^2$	0.9049	0.5211	0.8194	0.5241

本章以2012—2021年出口企业为研究样本,使用文本分析法构建反映中国上市企业的新贸易保护指标,利用双重差分模型与固定效应模型来考察新贸易保护对出口企业发展的具体影响以及出口企业发展对对外贸易高质量发展水平的影响。主要研究结论如下:第一,新贸易保护对出口企业发展具有显著的负向影响,贸易摩擦和贸易争端升级的局势加剧会进一步阻碍国内企业发展,致使企业利润减少,整体绩效表现较差。第二,新贸易保护影响出口企业发展的机制路径表现在:新贸易保护会显著增加企业经营成本、融资约束和技术封锁,为企业正常贸易发展建立隐性壁垒,会导致企业交易成本增加,大幅减少企业贸易量,降低交易效率。第三,异质性分析发现,新贸易保护对不同区域、行业、企业的影响有显著差异,即新贸易保护对"一带一路"地区与"自由贸易试验区"、技术密集型与高科技行业、低垄断出口与民营企业具有显著的负向影响。第四,出口企业发展对对外贸易高质量发展水平具有显著的正向影响。影响机制主要体现在企业技术创新水平,创新研发和专利申请量对对外贸易高质量发展产生了部分中介效应,研发占比和专利申请量较高的企业选择具有更高技术含量的产品出口,大力开展技术创新研发,能够助力对外贸易高质量发展。

第五章　新贸易保护下产业组织创新与对外贸易高质量发展

产业组织创新如何促进对外贸易高质量发展，在新贸易保护盛行的国际复杂环境中，如何实现对外贸易高质量发展的产业组织逻辑？为厘清产业组织创新与对外贸易高质量发展的关系，本章对产业组织创新与对外贸易高质量发展的关系进行理论分析，通过2008—2021年中国省份的面板数据，构建产业组织创新指标体系并进行测度，实证检验产业组织创新对对外贸易高质量发展的影响以及新贸易保护的冲击效应。

第一节　中国产业组织创新现状

改革开放40多年来，我国对产业组织演化与创新的探索从未止步。"结构—行为—绩效"的范式分析框架是哈佛学派建立的一套经典的关于产业组织的分析框架。本节借助该分析框架对我国产业组织创新进行分析。①

一、市场结构分析

党的十四大提出社会主义市场经济体制改革目标，市场在资源配置中起基础性的调节作用，统一开放的现代市场体系逐步建立。这一时期，在规模经济显著的产业内发展大型企业，要求形成有效竞争的市场结构；而在规模经济不显著的产业中支持中小企业发展，要求形成各种规模企业相互竞争的市场结构。2001年我国正式加入世界贸易组织之后，一方面，国家促进钢铁、汽车、有色金属等多个产业的跨地区联合，培育优质大企业以提升产业集中度；另一方面，国家发布相关政策文件以促进中小企业的健康发展，发挥中小企业在国民经济发展中的重要作用。

党的十八届三中全会提出要全面优化政府与市场的关系，使市场在资源配置中起决定性作用。国家出台了一系列政策，在生态环保、农业水利、

① 徐枫、李云龙：《基于SCP范式的我国光伏产业困境分析及政策建议》，《宏观经济研究》2012年第6期。

交通、信息、能源等七个重点领域放宽市场准入门槛，市场竞争有了一定程度的提高。在鼓励创新创业为中小微企业减负的同时，市场结构调整的主要问题仍然是市场集中度低与恶性竞争严重，因此国家进一步扫除制度性障碍，同时通过兼并重组培育了一批大型企业。①

总体而言，改革开放以来，我国产业集中度显著提高，跨行业、跨地区、跨所有制企业兼并重组加快，企业规模迅速扩大，竞争力显著提升，规模经济效应不断提高。在产业技术水平的推动与需求的拉动下，我国产品差别度显著提升，这不仅培育了消费者对企业的忠诚度和偏好度，也使企业在竞争中保持优势地位。

二、市场行为分析

市场行为指企业在一定的市场结构下为实现其既定目标而采取的适应市场要求的策略性行为。在社会主义市场经济下，我国的市场行为以竞争为主，市场竞争分为价格竞争与非价格竞争。

价格竞争主要表现为部门内企业打“价格战”，使用低廉的价格打败对手；而在部门之间，资本的逐利性导致利润平均化。这种价格竞争的方式对我国产业发展具有双重作用：积极作用是促进国内企业改进产品，在竞争中占优，经营效率得以提升，使我国企业的生产更加适应人民日益增长的美好生活需要。消极作用是过度的价格竞争导致产品质量下降。改革开放为中国经济注入了活力，无数企业在获得生产机会的同时，也开始一系列逐利行为，假冒伪劣产品层出不穷，已成为严峻的社会问题。

非价格竞争主要表现技术创新、广告行为和企业兼并行为。技术进步是企业的生存之道，我国在改革开放后才意识到技术创新的重要性，并于20世纪90年代中后期提出国家创新系统的概念，“十三五”规划中明确指出国家战略之一是培育企业成为创新的主体，不断提高企业的技术创新能力②③。技术创新方面，我国技术创新的实践呈现出以下特点：一是传统生产要素已经逐步失去其战略主导地位；二是前沿科技，特别是以计算机网络技术、生物技术、新材料技术等为代表的前沿科技已然成为我国创新竞争的主要战略高地；三是科技成果逐渐成为我国技术创新的主要形式，并通过知

① 刘戒骄、张小筠、王文娜：《新中国70年产业组织政策变革及展望》，《经济研究参考》2019年第16期。

② 周勤、余晖：《转型时期中国产业组织的演化：产业绩效与产业安全》，《管理世界》2006年第10期。

③ 龚关、胡关亮：《中国制造业资源配置效率与全要素生产率》，《经济研究》2013年第4期。

识产权法对之施以保护；四是国家逐渐完善“研发—成果落地—生产”的产业链，提升产业创新的效率指数。广告行为方面，我国的广告业在党的十四大确立社会主义市场经济体制改革目标时开始呈现井喷式发展，广告业经营单位与广告业就业人数增速达到190%和168%。2001年中国加入世界贸易组织之后，广告业本身也从保护走向竞争，引进先进理念并通过传递信息、强化差别、指导消费行为极大地提升了我国资源配置效率。① 企业兼并行为方面，在我国产业发展的进程中，企业兼并也起到双重作用。从积极意义上说，企业兼并从存量上调整了国内的产业结构，使生产要素向优势企业集中。产业集中度低、恶性竞争现象是我国各个行业普遍存在的问题，因此国家颁布一系列政策措施来加快企业兼并重组，消除其兼并重组的制度障碍。这些措施，不仅降低了企业跨区域、跨所有制兼并重组的障碍，而且企业重组也取得了实质性进展。与此同时，为消除制度障碍，国家也进一步加大了对公平竞争的监管审查力度。

三、市场绩效分析

市场绩效可以用来反映产业的实际运营成效，也可以用来表示最终实现产业发展目标的大体程度。改革开放以来，我国产业的资源配置效率、产业的规模结构效率都有了显著的提升。②

产业的资源配置效率是评价市场绩效最重要的指标。在资源配置效率方面，关于国有企业效率问题的讨论已旷日持久。改革开放以前，我国公有制经济资源配置效率低下，微观经济效率低迷。而伴随着经济体制改革的深入，资源配置出现新的格局。在规模结构效率方面，我国新增了一批出口型企业。相较于非出口型企业，出口型企业具有较高的生产率优势，且因政府的优惠政策而具有更低的生产成本。而产业集中度提高的政策又使一大批优质企业成长起来，产业的规模结构效率显著提升。

第二节　新贸易保护下产业组织创新影响对外贸易高质量发展的机理

历史和经验已经明确给出答案，若想保持经济、社会、贸易的可持续发展，创新是必不可少的经济活动。创新对一个企业、产业甚至国家来说都是

① 张国华：《中国广告业40年回顾与展望》，《中国广告》2019年第6期。

② 黄群慧：《改革开放40年中国的产业发展与工业化进程》，《中国工业经济》2018年第9期。

至关重要的。创新能决定一个企业的成本、一个产业的兴衰和一个国家的盛衰。在众多创新形式中,产业组织创新可以起到上承微观企业创新下启宏观政策革新的作用。产业组织创新可以实现资源的优化配置和生产要素的高效组合,从而带来生产效率的提升,推动对外贸易高质量发展。产业组织揭示了不完全竞争条件下的企业行为和市场构造,外部市场的不确定性对产业组织形式提出了更高的要求。本书基于 SCP 分析范式,从市场结构、市场行为、市场绩效维度着手,进一步从市场壁垒、企业研发行为、生产效率等方面分析了新贸易保护影响对外贸易高质量发展的产业组织创新逻辑。新贸易保护下对外贸易高质量发展的产业组织创新逻辑如图 5-1 所示。

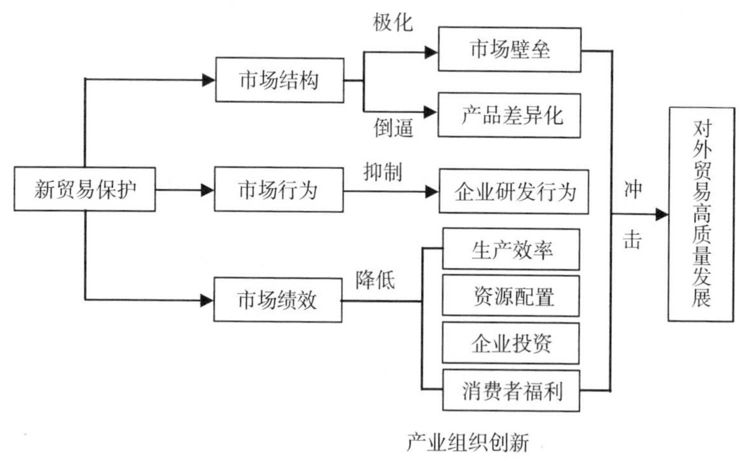

图 5-1 新贸易保护下对外贸易高质量发展的产业组织创新逻辑

一、理论模型

(一)基本假定

假定有两个不同的国家,设为 A 国和 B 国,假设两个国家对外贸易领域的资本投入相同,记为 K,两国之间资本、劳动力等生产要素可以自由流动,设生产要素的流通成本较低,可忽略不计。A 国和 B 国在对外贸易领域的差异体现在产业组织不同,A 国的产业组织更加高级合理,B 国的产业组织则比较落后。设定产业组织创新表现为投入一定的情况下产出的增加,高级合理的产业组织比传统产业组织具有更高的创新边际效率,产业组织创新引起的对外贸易出口效益服从柯布—道格拉斯生产函数,将对外贸易决定函数定义如下:

$$Y(t) = AK^{\alpha}(RT)^{1-\alpha} \tag{5-1}$$

其中，$Y(t)$ 表示一国对外贸易出口总额或潜在总额，R 表示要素生产率，即一国的生产力水平，假定在一国短期内技术水平不变，所以短期内要素生产率不会发生变化，即在短期内为常数。T 为技术水平因素，包括影响技术水平的技术进步、人力资本、资源配置效率等因素，假定一国的技术水平仅由产业组织形式决定，高级化的产业组织具有更高的技术水平，决定技术水平的技术创新、人力资本等因素随产业组织创新而呈指数式增长。因此，可以将技术水平 T 表示为 $T = T_0e^{gt}$，其中 T_0 为初始的技术水平，g 为影响技术水平要素的增长率，α 为弹性系数，A 为综合技术水平，t 表示时间。根据上述定义，对外贸易决定函数可表示为：

$$Y(t) = A\beta e^{(1-\alpha)gt}(0 < \alpha < 1) \tag{5-2}$$

其中，$\beta = K^{\alpha}(RT_0)^{1-\alpha}$，根据上面的假定可知，$\beta$ 短期内不会发生变化，短期内为常数。

（二）比较分析

基于以上假定，A 国和 B 国具有不同的产业组织，所以两国拥有不同的技术水平，A、B 两国的对外贸易决定函数可以表示为：

$$Y_A(t) = A_A\beta_A e^{(1-\alpha_A)g_At}(0 < \alpha_A < 1) \tag{5-3}$$

$$Y_B(t) = A_B\beta_B e^{(1-\alpha_B)g_Bt}(0 < \alpha_B < 1) \tag{5-4}$$

根据上述假设，A 国和 B 国拥有相同的资本投入，同时拥有相同的要素生产率，两国地区区别在于由不同产业组织决定的技术水平差异，所以有：

$$A_A = A_B \ \alpha_A = \alpha_B \tag{5-5}$$

高级合理的产业组织将带来更高的技术创新、更强的人力资本和更加高效的资源配置效率，所以高级合理的产业组织较传统产业组织具有更高的技术水平，A 国产业组织更加高级和合理，所以 A 国在对外贸易出口领域拥有更高的技术水平，在对外贸易出口领域具有更强的产业竞争力，主要体现在 A 国比 B 国拥有更高的技术水平，即：

$$g_A > g_B \tag{5-6}$$

因为 A 国和 B 国具有相同的弹性系数，所以有：

$$(1 - \alpha_A)g_At > (1 - \alpha_B)g_Bt \tag{5-7}$$

短期内，两国的要素生产率为常数，保持不变，根据 $R_A = R_B$ 可知 $\beta_B = \beta_B$，结合式（5-7）可知，短期内 A 国的对外贸易出口额或出口潜力大于 B 国，即：

$$Y_A(t) > Y_B(t) \tag{5-8}$$

上述分析的是短期内 A 国和 B 国的对外贸易出口情况，产业组织高级的国家比产业组织落后的国家拥有更高的对外贸易出口额或更强的出口潜力。长期情况下,两国的要素生产率和技术水平均随着产业组织的创新而发生改变,产业组织创新通过优化资源配置而提升要素生产率,通过技术创新效应和人力资本效应提升技术水平,两国的对外贸易决定函数会随着产业组织创新产生两方面变化,一方面是A国要素生产率提升速率大于B国要素生产率,即长期内有:$\beta_A > \beta_B$;另一方面因为A国技术水平提升水平较B国高,即长期内有:$(1-\alpha_A)g_At > (1-\alpha_B)g_Bt$,从长期来看,A、B两国对外贸易出口的关系为:

$$\lim_{t\to\infty}\frac{Y_B(t)}{Y_A(t)} = \lim_{t\to\infty}\frac{\beta_B}{\beta_A}e^{[(1-\alpha_B)g_B-(1-\alpha_A)g_A]t} = 0 \tag{5-9}$$

据此可知,长期来看,在其他条件不变的情况下,随着时间的推移,当时间达到足够大的时候,A国的对外贸易出口额将远远大于B国的对外贸易出口额,其现实意义就是,随着时间的推移,A国将逐渐吞噬B国的出口市场份额,最终A国的出口额越来越大,B国的出口额越来越小。

(三)结果分析

根据理论模型的分析,在其他条件相同且不变的情况下,产业组织创新对一国对外贸易出口具有较强的促进作用。短期内,由产业组织创新带来的较高的技术水平决定了拥有高级产业组织国家的外贸出口额或对外贸易出口潜力更强;长期情况下,产业组织创新能带来要素生产率和技术水平提升的边际效应,高级合理的产业组织创新具有更大的边际效应,所以初始产业组织创新水平较高的国家将获得更多的对外贸易出口份额,若其他条件不变,随着产业组织的不断创新,拥有高级产业组织的国家甚至能垄断某一产业的产品出口。

二、理论机制

(一)新贸易保护影响产业组织创新的理论分析

基于"结构—行为—绩效"的范式分析框架是哈佛学派建立的一套经典的关于产业组织的分析框架,该框架下产业组织主要包括市场结构、市场行为、市场绩效三部分。本部分将借助该框架对新贸易保护冲击产业组织创新的影响机理进行分析。

首先,新贸易保护对我国市场结构的影响主要通过规模经济极化和倒逼技术创新两条途径实现。一方面,对外贸易环境的不确定性导致国内企业出口受阻,为缓解库存周转压力,企业进而缩减生产规模。中小企业由于更大的存货周转压力将进行更为明显的规模缩减,最终导致中小企业市场份额下降,无法达到规模经济效益,从而生产成本相对较高。另一方面,新贸易保护下国内相关行业重新洗牌，在生产效率和创新能力上处于劣势地位的企业将倒逼其技术创新。因此增加创新投资会增大企业先发优势，提升产品质量、提高议价能力和获得自主知识产权，在企业保持竞争优势和避免销量损失的同时，应对市场风险和竞争，争取获得更大的市场份额并维持利润的持续增长。

其次，新贸易保护对我国市场行为的冲击主要通过影响企业研发行为来实现。新贸易保护下短期内将倒逼中国企业加大技术研发投入以缩小与发达国家的产品差异化程度。然而增加的研发投入并不绝对引致企业利润增加，倘若新贸易保护持续时期较长，必将改变市场结构，造成市场规模萎缩以及进入/退出成本升高，同时投资者预期减弱，企业融资成本增加，最终导致企业停止研发创新。

最后，新贸易保护主要通过影响生产效率、资源配置、企业投资、消费者福利等途径冲击市场绩效。新贸易保护政策对出口竞争有较强的抑制作用，通过限制贸易规模扩大，导致规模经济效益减少，从而对生产率提高产生制约。新贸易保护还导致资源分配偏离最优水平和最佳产业选择，这一影响在贸易争端中尤为显著，对具有优质资源的企业产生损失，不利于市场绩效的提升。同时，新贸易保护下，大量的不确定性严重抑制企业创新和生产率的提高，不利于市场绩效的提升。此外，贸易保护往往导致产品价格上升，消费者福利因而遭受损害，进而影响市场绩效。基于此，提出以下假说：

假说5-1：新贸易保护能够冲击产业组织创新。

（二）产业组织创新影响对外贸易高质量发展的理论分析

1. 优化产业结构，形成结构增值效应

产业结构优化主要体现在产业结构高级化和合理化两个方面，且两者相互支撑、相互弥合。一方面，产业组织创新会促进产业结构合理化，通过打造高效的生产网络，促进产业间合作变得更加协调有序。与此同时，产业组织创新能够带来更加高效的产业组织形式，并同时挤出一些相对发展不足的企业，进而使不合理的组织结构得到优化提升，建立更具优势的产业组织体系，使整个体系逐渐走向平衡，最终实现产业结构的合理化。[①] 另一方面，产业组织创新还可以促进产业高级化，使整个产业中高科技产业的比值不断提升，竞争优势更加显著。与此同时，产业组织创新促进了新技术的传播与溢出，带动相关产业协同发展，带动产业技术水平提升，使产业结构由

① 周旭霞：《杭州产业与社会可持续发展》，浙江工商大学出版社2012年版，第89—94页。

劳动力、资源密集型向资本、技术密集型转变。

2. 获得规模效益,形成规模经济效应

规模经济指随着企业规模的扩大,企业生产经营中的一些固定成本可以得到平均化,企业进而会得到更低的单位生产成本,带来更多的利润。① 企业是整个经济活动的微观基础,规模经济能够大大降低企业的生产成本,实现更多的利润,提升企业的竞争力。但是,规模经济发挥作用也存在一定的前提条件,其中产业组织的优化提升是主要的前提之一,产业组织持续优化能够带来规模经济效益的实现。产业形态与专业化提升有着紧密的联系,而提升专业化程度是企业获得规模效应的重要途径,它可通过提高企业专业化分工协同水平,推动企业实现规模经济。产业组织创新将促使行业内大中小企业的比例达到一个适中的比例,进而使产业组织演化到一个总体内部平衡的状态,此时相关的企业实现专业化分工,达到"1+1>2"的效力;而不合理的产业组织形态则会全面限制企业的专业化转型。随着新一代通信技术的不断发展,产业组织向着扁平化和更加高效化的方向发展,这不仅能够降低企业的单位生产成本,也能够降低企业的销售费用和管理成本,使之达到更高的生产水平,提升产业整体规模经济效益,进而推动对外贸易高质量发展。

3. 增强研发要素投入,形成技术创新效应

高效的产业组织能够降低企业的运行成本,提升企业的生产利润,为企业研发提供充足资金,进一步提高企业的技术水准。技术进步一方面带来了更强的竞争优势,另一方面还可形成行业扩散效应,带动其他产业协同升级,促进新技术在整个行业内的快速扩散,形成整个行业内的竞争优势。通过充分的交流融合,能够大大激发企业的创新投入,形成竞争与合作的均衡发展。② 由此,企业将会走向更加良性的发展道路上,从而推动产业整体发展。同时,随着技术水平的不断提升,企业自身的内生技术含量越发突出,促使企业产品差异化程度越来越高,不断丰富的产品种类不仅满足了市场上消费者日益增长的需求,而且增加了企业的市场占有率,从而促进了对外贸易高质量发展。

---

① 斯蒂格勒用生存技术来确定最佳规模水平,认为凡在长期竞争中得以生存的规模都是最佳规模,因此最佳规模存在多种不同的规模,大厂商的规模经济也是生存技术的结果。斯蒂格勒:《进入壁垒、规模经济和厂商规模》,见《产业组织和政府管制》中文版,上海三联书店1996年版。该文通过对进入壁垒的重新表述,排除了规模经济、产品差异化和绝对成本优势等结构性因素,突出了政府管制构成壁垒的作用,认为在自然垄断产业中,其竞争效率主要受新厂商的进入影响,只要进入是自由的,则其自然垄断产业就存在效率水平。

② 胡惠林:《中国经济区文化产业发展报告》,上海人民出版社2012年版,第258—279页。

4. 提高人力资本积累，形成人力资本效应

当今世界，各国间存在诸多竞争，比如能源竞争、军事武器竞争、粮食竞争、技术竞争等，但人才竞争才是决定国家未来兴衰的主要因素。近年来，越来越多的国家开始注重人力资本的培养。20 世纪 80 年代中期，随着"新经济增长理论"的创立，人力资本因素首次作为内生变量引入到经济增长模型，认为人力资本是"经济和外贸增长的发动机"，人力资本作用的充分发挥，推动经济、对外贸易和社会的发展。

随着产业专业化程度的提高，产业内相关企业的人力资本水平也将得到相应的提升，使越来越多的员工能够被培训成熟练的高级技术工人。[①] 作为技术的载体，人力资本的优势培育一旦成功便无法被消除，将为产业组织创新带动对外贸易高质量发展提供源源不断的智力支持。另外，人力资本的优势还可以作用于其他生产要素，拉动其他生产要素的边际收益提升。由此来看，产业组织创新带来的专业化提升，能大幅提升企业的人力资本水平，从而为经济和对外贸易高质量发展注入强劲动力。

5. 促进资源有效配置，形成资源配置效应

资源配置的最优化是产业组织创新追求的首要目的。[②] 产业组织代表了生产力要素的配置方式，每一种产业组织均代表了一种资源的配置形式，产业组织创新则是资源配置方式得到改善提升的重要手段，产业组织不断优化的过程实质上就是资源合理配置的过程，是实现资源优化配置的重要环节。合理高效的产业组织能够通过资源配置的最优化降低企业单位生产成本，从而为企业构筑起一道准入壁垒，即其他组织的企业无法享用这一成本优势，这一方面降低了产业内各个企业的生产经营成本，另一方面防止了市场恶性竞争对产业稳定性的破坏。同时，产业组织创新还形成了一定的竞争机制，避免产业内企业因自然垄断等原因而造成产业发展停滞。[③] 由此，产业组织创新带来的良性循环最终促进了对外贸易高质量发展。

综上所述，产业组织创新能为对外贸易发展带来新的能量和动力，从而

---

① 潘云鹤、宗宇伟、张绍华：《大数据产业发展总体战略研究》，上海科学技术出版社 2018 年版，第 135—139 页。

② 德姆塞茨（Demsetz）认为高集中率导致高利润率是生产效率的结果，而不是资源配置低效率的指标。在价格行为上，斯蒂格勒进一步讨论了在高集中度产业中的大厂商的竞争行为，认为由于在高集中度产业中，大厂商仍然受到竞争的压力，其价格水平将制定在可维持水平，这个水平符合效率标准。

③ 谯薇：《新经济时代的产业发展研究——以有机农业和战略性新兴产业为例》，四川大学出版社 2016 年版，第 84—91 页。

促进对外贸易高质量发展。产业组织创新可以通过规模效应、技术效应、结构效应、人力资本效应和资源配置效应对对外贸易高质量发展产生作用，其中，规模效应和结构效应属于市场结构优化层面，技术效应和人力资本效应属于市场行为层面，资源配置效应则属于市场绩效层面，最终促使产业组织优化通过改善市场结构、行为和绩效促进对外贸易高质量发展。基于此，提出以下假说：

假说 5-2：产业组织创新能够促进对外贸易高质量发展。

第三节　实证分析

一、产业组织创新测度

（一）产业组织创新指标评价体系构建

产业组织创新是一个系统演进的过程，目前尚无具体指标能准确反映产业组织创新情况，因此，为了准确检验产业组织创新对对外贸易出口的影响，必须先对产业组织创新进行准确测度。考虑到数据的可获得性和可操作性，在科学性原则、系统性原则、准确性原则的基础上构建产业组织创新评价体系，包含结构优化、规模经济、技术创新、人力资本效应和资源配置效应 5 个二级指标和 12 个三级指标，具体指标体系见表 5-1。

表 5-1　产业组织创新指标评价体系

一级指标	二级指标	三级指标
市场结构	结构优化	霍夫曼比例（%）
		高新技术产业增加值占工业总产值比重（%）
市场行为	规模经济	工业成本费用利润率（%）
		大型企业工业产值占工业总值之比（%）
	技术创新	研发投入占主营业务收入比（%）
		从事科技活动企业比重（%）
	人力资本效应	科技活动人员占总从业人员比重（%）
		研发人员全时当量（万人年）
		全员劳动生产率（元/人/年）
市场绩效	资源配置效应	总资产贡献率（%）
		资产利润率（%）
		营业利润率（%）

（二）指标解释及数据来源

产业组织创新能带来结构高级化和合理化，本节结构优化选取了霍夫曼比例和高新技术产业增加值占工业总产值比重两个三级指标。霍夫曼比例是由经济学家霍夫曼于1931年提出,用来反映一国或地区产业结构的演变规律,现在用该指标来反映工业内部产业结构演进的高级化程度,计算公式为:消费资料工业净产值/资本资料工业净产值,但统计资料没有按照消费资料和生产资料为口径的统计数据,在实际研究中,往往采用轻工业产值与重工业产值的比值,本节也采用此方法。指标数值越小说明产业结构高级化程度越高。高新技术产业增加值占工业总产值比重越大,说明产业结构高级化程度越高。

产业组织创新能带来企业规模效应和产业规模效应。产业规模较复杂且难以测度,而企业是经济发展的微观基础,企业实力增强意味着经济或者对外贸易实力的增强,所以本节采用企业规模效应测度产业组织创新带来的规模效应。产业组织创新能降低企业生产成本,增加企业利润率,所以选取工业成本费用利润率作为其中之一指标。另外,产业组织创新能通过提高生产集中度而使企业获得规模效应,所以选取大型企业工业产值占工业总值之比作为指标之一。

产业组织创新并不会直接带来新技术和新工艺的诞生,其主要是通过优化一些有利于技术创新的因素来增加技术创新的可能性,比如增加企业研发资本投入、增加专业研究人才等。现有关于技术创新的评价指标主要从投入产出角度展开,但产业组织创新并没有带来直接的创新投入,也没有直接的技术创新产出,而是增加了企业的创新率,所以,本书采用研发投入占主营业务收入比和从事科技活动企业比重两个变量进行衡量。

产业组织创新带来的人力资本效应主要是通过更加专业化的分工增加工人的工作技能和熟练程度。常见的人力资本的测度方式为采用平均教育年限进行测度,但在本章中显然是不合适的,产业组织创新对人力资本进行的是再教育或自我提升,是人力资本的积累及人力资本能力的提升。基于此,采用科技活动人员占总从业人员比重、研发人员全时当量、全员劳动生产率三个变量作为衡量指标。

产业组织创新带来的资源配置效应主要体现在企业生产效率的提升、利润率的提升等方面,本节采用总资产贡献率、资产利润率和营业利润率三个变量进行测度,其中总资产贡献率=(利润总额+税金总额+利息支出)/平均资产总额×100%,资产利润率=(利润总额/资产总额)×100%,营业利润率=(营业利润/主营业务收入)×100%。

本节采用2008—2021年中国省级面板数据进行分析。各指标数据来源于2009—2021年《中国工业统计年鉴》《中国科技统计年鉴》《中国统计年鉴》《中国经济贸易年鉴》,部分地方数据来源于各地方统计年鉴、公报等以及商务部和地方商务厅的官方网站。

（三）产业组织创新评价

1. 研究方法

现有处理指标体系综合得分的方法有很多,比如层次分析法、德尔菲法、模糊综合评价法和因子分析法。相对来说,前三种方法在处理过程中均包含主观赋值的步骤,使整个处理方法呈现出一定的主观性,因子分析法能更加客观地处理指标评价体系。据此,采用因子分析法评价产业组织创新水平。因子分析法的科学性和严谨性使其在综合评价指标测算中获得广泛应用,目的在于将复杂关系的多因素变量综合得到公因素,同时也能够清晰反映自变量和因变量之间的关系,采用因子分析法综合评价地区产业组织创新水平模型为:

$$\begin{cases} k_1 = A_{11}H_1 + A_{12}H_2 + \cdots + A_{1m}H_m + \varepsilon_1 \\ k_2 = A_{21}H_1 + A_{22}H_2 + \cdots + A_{2m}H_m + \varepsilon_2 \\ \vdots \\ k_n = A_{n1}H_1 + A_{n2}H_2 + \cdots + A_{nm}H_m + \varepsilon_n \end{cases} \tag{5-10}$$

式(5-10)中, k_1 , k_2 , $\cdots$, k_n 是原始变量,即原始评价指标, H_1 , H_2,$\cdots$, H_m 为因子; A_{11} , $\cdots$, A_{nm} 是因子载荷,表示每个指标对因变量的解释程度; ε_1 , ε_2 , $\cdots$, ε_n 表示因变量不能被自变量解释的部分,相当于普通最小二乘法(OLS)中的白噪声,此处称为特殊因子。

类似于经典回归要求自变量之间不能存在显著线性关系一样,因子分析法同样要求各解释变量之间存在相关性。检验变量间是否存在相关性的方法为KMO(Kaiser-Meyer-Olkin)和巴特利(Bartlett)球状检验,KMO的取值范围为0—1,越接近1则越适合做因子分析。巴特利球状检验的原假设为相关系数矩阵是一个单位阵,如拒绝原假设则适合做因子分析。

2. 结果分析

因为指标原始数据在量纲、单位等方面存在较大差异,所以进行分析前需要对原始数据进行标准化处理。数据标准化后,采用SPSS软件对12个变量做因子分析。首先进行的是KMO和巴特利球状检验,检验结果显示KMO=0.843,巴特利球状检验的P值为0.00,强烈拒绝原假设,说明相关系数矩阵不是单位矩阵,可以做因子分析。产业组织创新指标公因子方差表见表5-2。

表 5-2　产业组织创新指标因子分析结果

指标	初始	提取
霍夫曼比例	1.000	0.862
高新技术产业增加值占工业总产值比重	1.000	0.841
工业成本费用利润率	1.000	0.883
大型企业工业产值占工业总值之比	1.000	0.882
研发投入占主营业务收入比	1.000	0.972
从事科技活动企业比重	1.000	0.952
科技活动人员占总从业人员比重	1.000	0.988
研发人员全时当量	1.000	0.837
全员劳动生产率	1.000	0.803
总资产贡献率	1.000	0.937
资产利润率	1.000	0.936
营业利润率	1.000	0.957

对产业组织创新各指标进行方差分解，根据结果可知，12 个指标中有三个因子的特征根大于 1，且三个因子的累积方差贡献率为 89.67%，所以本节可以确定 3 个因子为提取的因子。根据 $D=a_1\times H_1+a_2\times H_2+a_3\times H_3$ 来计算因子综合得分，其中 D 为产业组织创新得分，H_i 为指标因子得分，a_i 为因子的权重，根据因子的贡献率占比获得。得到 2008—2021 年各省份产业组织创新经过指标优化处理后的因子综合得分，结果见表 5-3。

表 5-3　2008—2021 年各省份产业组织创新指标因子综合得分

地区＼年份	2008	2009	2010	2011	2012	2013	2014	2015	2016	2017	2018	2019	2020	2021
北京	0.051	0.053	0.056	0.061	0.069	0.076	0.084	0.088	0.094	0.101	0.107	0.111	0.113	0.119
天津	0.032	0.033	0.035	0.038	0.042	0.045	0.047	0.050	0.053	0.054	0.057	0.061	0.065	0.071
河北	0.012	0.015	0.017	0.019	0.020	0.021	0.022	0.023	0.024	0.025	0.026	0.028	0.033	0.037
山东	0.023	0.025	0.027	0.028	0.030	0.032	0.033	0.034	0.036	0.037	0.039	0.042	0.044	0.048
黑龙江	0.019	0.019	0.020	0.021	0.022	0.024	0.025	0.026	0.027	0.029	0.030	0.035	0.039	0.041
吉林	0.026	0.027	0.028	0.029	0.031	0.031	0.032	0.033	0.037	0.038	0.040	0.043	0.045	0.044
辽宁	0.017	0.018	0.019	0.020	0.021	0.022	0.023	0.024	0.025	0.027	0.028	0.029	0.031	0.035
江苏	0.030	0.032	0.033	0.037	0.040	0.044	0.047	0.051	0.055	0.059	0.064	0.067	0.071	0.076
浙江	0.021	0.024	0.026	0.030	0.033	0.036	0.041	0.041	0.044	0.046	0.051	0.055	0.059	0.063
福建	0.030	0.031	0.033	0.035	0.037	0.039	0.041	0.042	0.044	0.045	0.047	0.050	0.051	0.055

续表

地区\年份	2008	2009	2010	2011	2012	2013	2014	2015	2016	2017	2018	2019	2020	2021
上海	0.031	0.034	0.039	0.042	0.046	0.049	0.052	0.056	0.059	0.063	0.065	0.067	0.069	0.072
广东	0.033	0.035	0.036	0.040	0.042	0.044	0.047	0.048	0.051	0.054	0.059	0.063	0.067	0.071
海南	0.019	0.022	0.025	0.028	0.032	0.035	0.039	0.041	0.044	0.045	0.049	0.051	0.053	0.056
河南	0.017	0.019	0.022	0.024	0.025	0.026	0.029	0.030	0.031	0.032	0.034	0.037	0.041	0.045
湖南	0.020	0.021	0.024	0.026	0.028	0.030	0.032	0.034	0.037	0.039	0.041	0.043	0.047	0.049
湖北	0.016	0.020	0.022	0.023	0.025	0.027	0.028	0.030	0.032	0.035	0.039	0.041	0.044	0.047
江西	0.017	0.019	0.020	0.021	0.022	0.024	0.025	0.027	0.027	0.029	0.030	0.033	0.036	0.039
山西	0.017	0.017	0.020	0.021	0.022	0.023	0.024	0.025	0.026	0.027	0.028	0.030	0.034	0.037
安徽	0.014	0.017	0.019	0.022	0.024	0.025	0.026	0.027	0.029	0.030	0.032	0.035	0.039	0.042
四川	0.018	0.019	0.020	0.021	0.022	0.023	0.024	0.025	0.027	0.028	0.030	0.034	0.038	0.039
重庆	0.023	0.024	0.027	0.030	0.033	0.036	0.038	0.040	0.042	0.078	0.047	0.049	0.051	0.055
广西	0.017	0.018	0.019	0.022	0.023	0.025	0.027	0.029	0.030	0.031	0.034	0.038	0.041	0.044
云南	0.016	0.017	0.018	0.019	0.020	0.022	0.023	0.024	0.027	0.028	0.030	0.034	0.038	0.041
贵州	0.016	0.018	0.019	0.019	0.020	0.022	0.023	0.024	0.025	0.027	0.029	0.033	0.035	0.039
陕西	0.018	0.019	0.020	0.022	0.023	0.025	0.026	0.027	0.030	0.032	0.033	0.036	0.039	0.041
新疆	0.017	0.017	0.019	0.020	0.021	0.022	0.023	0.024	0.025	0.027	0.028	0.030	0.032	0.035
内蒙古	0.017	0.019	0.020	0.021	0.022	0.024	0.024	0.027	0.028	0.030	0.032	0.034	0.037	0.039
宁夏	0.016	0.018	0.019	0.020	0.021	0.022	0.023	0.025	0.027	0.028	0.030	0.034	0.038	0.039
甘肃	0.016	0.017	0.019	0.019	0.020	0.022	0.023	0.024	0.025	0.027	0.028	0.030	0.031	0.033

二、实证检验

（一）模型构建、变量选取与数据来源

为了考察产业组织创新对对外贸易高质量发展的影响，设立以下计量方程：

$$\ln trade_{ij} = coin + \alpha_1 \ln inn_{ij} + \alpha_2 \ln gdp_{ij} + \alpha_3 \ln FDI_{ij} + \alpha_4 \ln stru_{ij} + \alpha_5 \ln rd_{ij} + \mu_i + \varepsilon_{ij} \tag{5-11}$$

其中，下标 i 代表不同的地区，下标 j 代表不同的年份，$coin$ 表示常数项，其中各控制变量定义如前文所述，μ_i 为年份固定效应，ε_{ij} 为误差项。

对外贸易高质量发展水平和产业组织创新是被解释变量和解释变量，产业组织创新采用上文计算的产业组织创新指数（ inn ）进行衡量，对外贸易高质量发展水平为第三章测度结果。其余控制变量包括：地区生产总值

（*gdp*），一个地区的国内生产总值代表了该地区的经济发展水平，经济发展水平是对外贸易高质量发展的基础，一般认为经济发展水平越高的地区，其对外贸易竞争力更强；外商直接投资（FDI），根据经济发展的一般规律，发展中国家因其在劳动力、资源、环境政策等方面的比较优势往往会吸引大量的外资，外资企业以技术含量低的加工制造业为主，产业则以中间产品为主，所以外商直接投资能显著带动地区对外贸易出口额，从而影响地区对外贸易可持续发展能力，采用实际使用外资额进行衡量；研发投入（*rd*），技术进步和创新是经济持续发展的动力，也是对外贸易发展的动力源泉，采用研发投入资金进行度量；产业结构（*stru*），产业结构水平从一定程度上代表该地区的要素禀赋情况，地区产业结构会对对外贸易高质量发展有一定的影响，采用第二产业产值比重进行测量。

产业组织创新指数是核心自变量，上文通过测算获得2008—2021年30个样本省份的产业组织创新指数。被解释变量和其余控制变量的数据来源于历年《中国统计年鉴》《中国工业统计年鉴》《中国科技统计年鉴》《中国贸易外经统计年鉴》和各地方统计年鉴、公报等。为了消除变量量纲不同对回归分析带来的影响，将全部变量做对数化处理，变量的描述性统计见表5-4。

表5-4　主要变量的描述性统计

变量	观测值	标准差	平均值	最小值	最大值
ln*trade*	420	2.495	0.930	0.455	2.783
ln*inn*	420	1.742	1.883	0.769	2.933
ln*gdp*	420	5.884	3.993	1.375	11.100
ln*FDI*	420	1.942	7.012	1.703	17.33
ln*stru*	420	1.784	0.874	0.193	2.223
ln*rd*	420	7.012	8.123	3.927	21.934

（二）基准回归分析

在对面板模型进行拟合回归前，先对数据进行面板单位根检验，以检验是否存在非平稳数据导致伪回归问题。分别采用LLC（Levin－Lin－Chu Test）、HT（Hypothesis Test）、Breitung和IPS（Im－Pesaran－Shin）四种方法进行检验，发现t统计量、z统计量、λ统计量和γ统计量均显著为负，强烈拒绝面板数据包含单位根的原假设，认为面板数据为平稳过程，具体结果见表5-5。

表 5-5 面板单位根检验

检验方法	统计量	p 值
LLC 检验	T =-5.694	0.000
HT 检验	Z =-10.345	0.000
Breitung 检验	λ=-7.485	0.000
IPS 检验	γ=-2.475	0.000

表 5-6 报告了产业组织创新和对外贸易高质量发展的基准回归结果，其中列(1)为产业组织创新与对外贸易高质量发展水平单独进行回归的结果;列(2)为加入了国内生产总值后的回归结果;列(3)为加入了外商直接投资后的回归结果;列(4)为加入了地区产业结构后的回归结果;列(5)为包括所有变量的回归结果。

表 5-6 产业组织创新与外贸高质量发展的基准回归结果

变量	模型(1)	模型(2)	模型(3)	模型(4)	模型(5)
ln*inn*	0.693*** (4.505)	0.619*** (5.129)	0.589*** (5.018)	0.483** (2.193)	0.483*** (4.134)
ln*gdp*		0.287** (2.092)	0.331* (1.783)	0.219** (2.009)	0.267** (2.187)
ln*FDI*			0.653** (2.328)	0.731* (1.882)	0.655** (2.495)
ln*stru*				0.538** (2.379)	0.668** (2.478)
ln*rd*					0.115*** (3.185)
_cons	4.303*** (3.944)	4.383*** (4.019)	2.344*** (3.094)	4.761*** (4.193)	3.485*** (4.658)
R^2	0.563	0.479	0.560	0.589	0.502
固定效应	是	是	是	是	是
观测值	420	420	420	420	420

注: ***、**、* 分别表示在 1%、5%、10%的水平下显著;括号内为 t 统计量;控制效应为地区固定效应和时间固定效应。

表 5-6 的回归结果显示,产业组织创新与对外贸易高质量发展之间存在显著的正向关系,随着产业组织的创新,对外贸易出口中工业制成品所占比例逐渐增加,说明产业组织创新能显著提升对外贸易高质量发展水平。观察列(1)—列(5),产业组织创新与对外贸易高质量发展之间的回归系数

在0.6左右,说明产业组织创新提升一个单位能大约带动对外贸易高质量发展水平提升0.6单位,产业组织创新对对外贸易高质量发展水平提升的效果较明显,验证了假说5-2。列(2)为加入国内生产总值后的回归结果,产业组织创新仍然显著,国内生产总值对对外贸易高质量发展的影响也是显著的,但是回归系数较产业组织创新较小,说明国内生产总值对对外贸易高质量发展的促进作用小于产业组织创新。列(3)是外商直接投资的回归结果,外商直接投资对对外贸易高质量发展的促进作用显著,且其效果要好于国内生产总值和产业组织创新,说明我国对外贸易出口仍然是以中间产品为主,对外商的依赖程度还较高。列(4)和列(5)分别为加入产业结构和研发投入后的回归结果,产业组织创新水平每增长1%,对外贸易出口质量提升0.48%,结果表明产业结构和研发投入与对外贸易高质量发展呈正相关。

（三）异质性分析

1. 地区异质性

我国经济发展的不均衡和不平衡是我国经济发展面临的主要问题,具体表现为东部地区经济社会较发达,中部地区和西部地区较落后,经济发展具有一定的规律性,不同经济发展水平下,相同两个变量之间往往具有不同的特征关系。面对我国东部地区、中部地区、西部地区较大的区域差异,产业组织创新对外贸高质量发展的影响是否相同?本部分将30个样本按照中国地理和经济区域划分为三大组,分别为东部地区、中部地区和西部地区,分别检验产业组织创新与对外贸易高质量发展之间的关系。回归结果见表5-7。

表5-7　分地区的产业组织创新和对外贸易高质量发展回归结果

变量	东部地区		中部地区		西部地区	
	模型(1)	模型(2)	模型(3)	模型(4)	模型(5)	模型(6)
ln*inn*	0.645*** (4.304)	0.674*** (5.093)	0.593*** (3.798)	0.619*** (4.309)	0.558*** (3.684)	0.533*** (4.091)
ln*gdp*		0.219** (2.103)		0.377** (2.234)		0.319* (1.902)
ln*FDI*		0.679** (2.239)		0.688*** (2.903)		0.662** (2.003)
ln*stru*		0.221** (2.177)		0.338** (2.203)		0.331*** (4.109)
ln*rd*		0.398*** (3.671)		0.299** (2.324)		0.402*** (4.193)

续表

变量	东部地区		中部地区		西部地区	
	模型(1)	模型(2)	模型(3)	模型(4)	模型(5)	模型(6)
_cons	3.481*** (4.304)	4.300*** (4.901)	4.099*** (3.079)	3.872*** (3.001)	4.193*** (3.441)	4.198*** (3.774)
R^2	0.502	0.495	0.661	0.440	0.513	0.543
固定效应	是	是	是	是	是	是
观测值	196	196	84	84	140	140

表5-7为分地区的产业组织创新和对外贸易高质量发展之间的关系。从回归结果来看,分地区的各变量的回归系数与全部样本的回归系数基本相同,各变量回归系数无论是在数值还是符号方面都保持很大程度的相似,说明回归结果是准确的。对比东部地区、中部地区和西部地区的回归结果,东部地区产业组织创新对对外贸易处理质量的促进作用更加明显,回归系数显著高于中部地区和西部地区。理论分析部分表明,产业组织创新对对外贸易出口具有促进作用,且产业组织越高级,对对外贸易出口的促进效用越显著,实证回归结果准确地印证了理论分析结果,东部地区经济发展水平较高,产业结构和组织创新水平都优于中部地区和西部地区,所以东部地区高级的产业组织创新能带来更显著的对外贸易出口质量提升。

2. 经济发展水平的异质性

地区经济发展的水平往往影响基础设施建设能否最大限度释放其红利,我国经济发展水平除了呈现东部地区发达、中西部地区较为落后的区域性特征外,人均可支配收入的差异也十分明显,因此按照地区人均可支配收入中位数进行了分样本回归。表5-8报告了产业组织创新对对外贸易高质量发展的经济基础异质性回归结果,可以看出在高收入水平地区产业组织创新对对外贸易高质量发展的促进作用更为显著。

表5-8　不同经济发展水平下产业组织创新和对外贸易高质量发展回归结果

变量	高收入水平		低收入水平	
	模型(1)	模型(2)	模型(3)	模型(4)
ln*inn*	0.571*** (5.311)	0.544*** (5.055)	0.593*** (3.798)	0.619*** (4.309)
_cons	3.441*** (4.604)	4.220*** (4.951)	4.151*** (3.019)	3.345*** (3.101)
控制变量		控制		控制

续表

变量	高收入水平		低收入水平	
	模型(1)	模型(2)	模型(3)	模型(4)
R^2	0.512	0.487	0.655	0.450
固定效应	是	是	是	是
观测值	200	200	220	220

3. 数字化发展水平异质性

为了考察产业组织创新程度不同的地区对外贸易高质量发展水平受到产业组织创新的影响，借鉴孙伟增等(2023)①的研究，参照北京国信产业组织技术研究院与中关村信息技术和实体经济融合发展联盟联合编制的企业产业组织指数，按照企业所在地的数字化发展水平将样本分为三组并进行回归。表5-9的列(3)至列(5)报告了数字化发展水平异质性回归结果，结果表明，对数字化发展低水平组，产业组织创新对对外贸易高质量发展水平具有显著的正向影响，而高水平组则不显著。这可能是由于企业数字化发展水平整体较高的地区，对外贸易高质量发展水平也普遍较高，因此产业组织建设对这类地区并未产生显著的边际作用。而对企业产业组织创新水平较低的地区，产业组织建设能够显著带动其对外贸易高质量发展。

表5-9　不同数字化发展水平下产业组织创新对外贸高质量发展的回归结果

变量	数字化发展水平较高		数字化发展水平适中		数字化发展水平较低	
	模型(1)	模型(2)	模型(3)	模型(4)	模型(5)	模型(6)
ln*inn*	-0.518 (0.114)	-0.571 (0.513)	0.603 (0.798)	0.699 (0.309)	0.448*** (3.421)	0.473*** (4.021)
_cons	4.131*** (4.304)	5.300*** (4.901)	4.019*** (3.079)	5.571*** (3.001)	5.223*** (3.441)	5.228*** (3.774)
控制变量		控制		控制		控制
R^2	0.512	0.505	0.641	0.540	0.543	0.562
固定效应	是	是	是	是	是	是
观测值	84	84	140	140	196	196

(四)新贸易保护前后产业组织创新对对外贸易高质量发展的影响变化分析

为了进一步考察新贸易保护实施前后产业组织创新对对外贸易高质量

① 孙伟增、毛宁、兰峰等：《政策赋能、数字生态与企业数字化转型——基于国家大数据综合试验区的准自然实验》，《中国工业经济》2023年第9期。

发展的差异化影响，设置时间虚拟变量 d，以 2017 年为新贸易保护的冲击年，2017 年之前时间虚拟变量为 0，2017 年及以后，时间虚拟变量为 1。回归结果见表 5-10。由表 5-10 可知，2017 年新贸易保护实施后，产业组织创新回归系数的显著性没有发生变化，但回归系数值的大小变化显著。2017 年新贸易保护发生以后，产业组织创新对对外贸易高质量发展的正向影响更加强烈，即对外贸易高质量发展对产业组织创新的依赖更强，验证了假说 5-1。新贸易保护后，中国应更加迫切地实施和建立产业组织创新，以保证和促进对外贸易高质量发展水平持续增长。

表 5-10　2017 年前后产业组织创新对对外贸易高质量发展的影响

变量	全国		东部地区		中部地区		西部地区	
	d=0	d=1	d=0	d=1	d=0	d=1	d=0	d=1
ln*eco*	0.293*** (3.776)	0.583*** (5.384)	0.412*** (3.012)	0.543*** (4.198)	0.310*** (2.998)	0.399*** (4.985)	0.109*** (3.098)	0.239*** (3.984)
控制变量	是	是	是	是	是	是	是	是
固定效应	是	是	是	是	是	是	是	是
_cons	2.374*** (5.031)	1.293*** (3.765)	2.334*** (3.087)	1.877*** (4.393)	1.558*** (5.173)	3.004*** (3.110)	2.765*** (4.228)	2.384*** (5.162)
R^2	0.4873	0.4638	0.4874	0.5222	0.4567	0.5109	0.3387	0.4434
观测值	270	150	126	70	54	30	90	50

本章从理论分析出发，首先对中国产业组织演化与创新的现状及问题进行阐述，其次推导了产业组织创新对对外贸易质量提升两者之间关系的数理模型并对其影响机理进行分析，然后构建产业组织创新指数体系并对 2008—2021 年我国 30 个省份的产业组织创新指数进行测度，最后对产业组织创新与对外贸易高质量发展之间关系进行实证检验，得出以下结论：第一，产业组织创新有利于对外贸易高质量发展水平提升，且随着产业组织创新水平的提升，对对外贸易高质量发展水平的促进作用越强。第二，产业组织在影响对外贸易高质量发展的过程中，具有显著的地区异质性，其中，东部地区的影响作用最大，其次是中部地区，最后是西部地区。高收入水平地区产业组织对对外贸易高质量发展的促进作用更为显著。产业组织对对外贸易高质量发展的影响，在数字化发展低水平

组具有显著的正向影响，而在高水平组则不显著。第三，新贸易保护后，产业组织创新对对外贸易高质量发展的影响发生显著变化，产业组织创新对对外贸易高质量发展的正向影响更加强烈，即对外贸易高质量发展对产业组织创新的依赖更强。

第六章　新贸易保护下产业结构升级与对外贸易高质量发展

如何把握国际贸易环境不确定性所带来的机遇并应对各种挑战，在全球资源配置的浪潮中，进行产业结构的战略性调整，促进产业结构与对外贸易的良性互动，实现对外贸易高质量发展，是开放条件下亟须探究和解决的重要课题。本章首先对新贸易保护、产业结构升级与对外贸易高质量发展之间的关系进行理论分析，其次，基于 2011—2021 年中国遭受的贸易保护数量构建了新贸易保护政策冲击变量，结合制造业上市公司企业面板数据，分析了新贸易保护对中国产业结构升级的影响及其机制，以及产业结构升级与对对外贸易高质量发展的影响，为促进产业结构升级与对外贸易高质量发展提供有益的启示。

第一节　新贸易保护下产业结构升级影响对外贸易高质量发展的机理

产业结构升级是产业发展的首要课题，又是对外贸易高质量发展的关键环节，产业结构升级反映到贸易层面是对外贸易质量的优化，实现产业结构的高级化和合理化对推动对外贸易高质量发展具有驱动作用。新贸易保护不利于中国产业结构升级，且主要通过技术创新约束效应、融资约束效应以及外部环境不确定性效应产生抑制作用。而产业结构升级对中国对外贸易高质量发展具有促进作用，推进企业数字化转型可有效缓解新贸易保护冲击。综上，新贸易保护下对外贸易高质量发展的产业结构及逻辑见图 6-1。

一、理论机制

（一）新贸易保护与产业结构升级

2008 年国际金融危机爆发以来，新贸易保护主义持续升温，对全球自由贸易体系形成重大冲击，加剧了世界经济复苏的曲折性和不确定性。新贸易保护将会对中国依托外向型经济体系融入全球产业链的发展模式形成巨大挑战，阻碍中国的产业结构升级。新贸易保护不会消失，在未来十余年

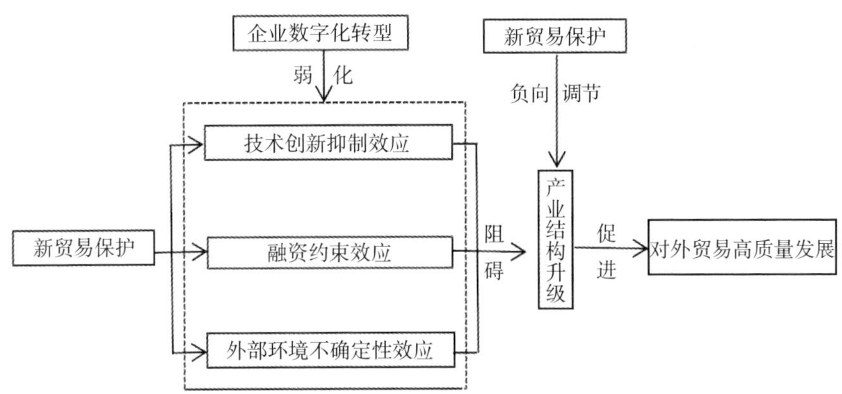

图 6-1　新贸易保护下对外贸易高质量发展的产业结构升级逻辑

中将呈波动上升趋势，甚至在全球产业链重构背景下将波及中国的产业链①，从一个国家的角度来看，产业链掌控力来源于本国重要产业以及这些产业所处产业链关键环节的发展水平，这些重要领域和关键环节的生产企业、上下游供应商和服务商、研发机构、生产性服务企业等构成了一国的产业生态。面对新贸易保护的加强以及全球产业链重构的风险，我国重要产业领域以及产业链关键环节的短板逐渐暴露出来，使产业结构转型升级阻力加大。综上所述，提出以下假设：

假说 6-1a：新贸易保护能够抑制产业结构升级，即新贸易保护对产业结构升级具有阻碍效用。

为进一步明确新贸易保护通过何种途径影响产业结构升级，下面对其影响机制进行讨论。

首先，新贸易保护通过抑制企业创新影响产业结构升级。新贸易保护的盛行抑制了中国企业学习国外先进技术的机会与途径。一方面，国外对中国开展新贸易保护将会抑制中国进出口贸易，导致中国企业通过进出口贸易学习国外先进生产技术、科技创新能力、组织管理手段以及产品设计等机会明显减少。另一方面，随着全球新贸易保护的不断加剧，国外加强了对中国的对外投资限制，导致中国对外直接投资的能力显著下降。例如，2018 年 8 月，美国通过了《外国投资风险评估现代化法案》，《FIRRMA 法案》进一步扩大了美国外国投资委员会（CFIUS）的监管权限，加大中国对美国投资审查力度；2022 年 9 月，美国外国投资委员会的审查范围从特朗普时代

① 唐宜红、张鹏杨：《后疫情时代全球贸易保护主义发展趋势及中国应对策略》，《国际贸易》2020 年第 11 期。

宽泛的技术、基础设施和数据领域,细分到芯片、生物技术、粮食和能源安全等热点领域,限制范围更具体。这些导致中国通过大规模并购来学习、吸收和引进国外先进技术的渠道大幅收紧,对中国企业创新产生不利影响。创新是产业结构转型升级的核心要义,新贸易保护抑制企业创新将不利于中国产业结构转型升级。

其次,新贸易保护通过融资约束影响中国产业结构升级。一方面,新贸易保护导致国外企业对华高科技行业投资减少。另一方面,受新贸易保护的影响,中国企业参与国际市场的成本逐渐增加,为应对贸易保护的冲击,保障企业的顺利运行,中国企业不得不调整进出口结构与渠道,导致更大范围的成本上升,同时,中国低成本竞争优势逐渐丧失,在内外双重影响下,企业的利润空间逐渐压缩,企业内源性资金的获取能力也在逐步下降。在内部资金与外部资金双重压力下,企业融资约束问题逐渐突出,产业结构转型升级的后备金无法保障,对中国产业结构升级造成不利影响。

最后,新贸易保护通过增加外部环境不确定性影响产业结构升级。当前逆全球化加速,大国博弈是长期主题。

假说 6-1b:新贸易保护能够通过技术创新抑制效应、融资约束效应和外部环境不确定性效应阻碍中国产业结构升级。

数字化转型能够弱化新贸易保护的消极影响,推动产业结构转型升级。首先,企业数字化转型能够为企业发展提供更加透明和更高质量的信息、知识等创新要素,这些要素与数字化产业链接,使企业能够在新贸易保护造成的快速变化的国际环境中及时调整与适应,加快要素的自由流通,推动高效率的资源向高效率的行业流动,带动产业结构转型升级。其次,先进的信息技术能够增强企业学习与模仿的能力,加速了知识在企业间的扩散,为企业与外部主体协同创新营造良好的环境,推动企业间协同创新,带动产业转型升级,增强企业抵御外部不确定性风险的能力。再次,互联网的运用使上下游企业乃至行业参与者彼此间信息沟通与交流的能力与意愿显著上升,加之海量数据资源的分析与利用,推动企业生产经营由供给端向需求端转移,提升供应链反应敏锐度与协调度,使企业在新贸易保护的冲击下能够迅速调整适应。然后,数字化转型使企业能够更好地管理供应链,提高供应链的灵活性和效率,降低贸易保护主义带来的供应链中断和成本增加的风险。最后,数字化转型可以让企业更好地利用互联网和数字技术,拓展国际市场,寻找新的贸易伙伴,降低对单一市场的依赖,减轻新贸易保护主义带来的市场减少的压力。基于此,提出以下假设:

假说 6-1c:企业数字化转型能够弱化新贸易保护对产业结构转型升级的不利影响。

二、产业结构升级与对外贸易高质量发展

产业结构升级不仅是产业发展的首要课题,更是对外贸易高质量发展的关键环节,实现产业结构的高级化和合理化对推动对外贸易高质量发展具有驱动作用。首先,产业结构升级是对外贸易高质量发展的"原像"。一个国家的产业结构实际上是其生产要素禀赋及其利用方式的综合反映,对外贸易只不过是产业结构在空间范围上的扩展,两者是同源的,是一种"原像"与"镜像"的耦合关系①,产业结构升级反映到贸易层面是对外贸易质量的优化。其次,产业结构升级是对外贸易高质量发展的决定性因素。产业结构是决定资源在产业之间能否优化配置、高效利用的关键性因素。产业结构的高级化与合理化将会促进资源的充分、高效运用。资源的优化配置,将会扩大贸易中的比较优势,提升对外贸易竞争力。最后,产业结构的升级是对外贸易协调发展和持续发展的必要条件。对外贸易要协调发展,产业结构必须合理,数量比例必须恰当,投入产出关系必须均衡。对外贸易要持续发展,产业结构必须不断优化升级,必须发展环保产业、技术密集型产业等。综上所述,提出以下假设:

假说 6-2a:产业结构升级能够提升对外贸易高质量发展水平,即产业结构升级对对外贸易高质量发展具有驱动效应。

新贸易保护能够弱化产业结构升级对对外贸易高质量发展的促进作用。首先,新贸易保护可能通过关税、配额、出口补贴等手段,减少了本国产品进入外国市场的机会,限制了本国企业扩大国际市场份额,导致原材料和零部件的成本增加,使生产成本上升,降低了企业的国际竞争力,影响了对外贸易的高质量发展。其次,新贸易保护可能导致国际合作和学习机会的减少,如技术、管理经验的交流和学习受到限制,限制了产业结构升级所需要的技术和管理经验的引入和吸收,影响了产业的技术水平和创新能力。再次,新贸易保护可能导致资源配置效率低下,使资源无法在全球范围内进行最优的配置,从而限制了产业结构升级和对外贸易高质量发展所需资源的有效利用。然后,新贸易保护的政策变化和不确定性可能导致企业难以预测市场需求和供应链的稳定性,限制了企业投资和扩张的动力,阻碍了产

① 袁欣:《中国对外贸易结构与产业结构:"镜像"与"原像"的背离》,《经济学家》2010 年第 6 期。

业结构的升级和转型。最后，新贸易保护可能使国际分工和合作受到限制，这会影响全球价值链的整合与优化，影响了生产要素的跨国配置和协同合作，从而阻碍了对外贸易高质量发展。基于此，提出以下假设：

假说 6-2b：新贸易保护在产业结构升级与对外贸易高质量发展之间产生负向调节效应，即在新贸易保护下产业结构升级对对外贸易高质量发展驱动效应弱化。

第二节　新贸易保护影响产业结构升级的实证分析

一、模型构建

本节研究目的在于考察新贸易保护对中国产业结构升级的影响。为有效识别两者的因果关系，将 2017 年“中美贸易摩擦”作为准自然实验，构建广义双重差分模型进行实证分析，模型设定如下：

$$Upgrade_{it} = \alpha + \beta_1 Treat_i \times post_t + X'_{it}\gamma + \lambda_i + \mu_t + \varepsilon_{it} \tag{6-1}$$

其中，i 表示企业变量，t 表示年份变量。α 为常数项，$Upgrade_{it}$ 为产业结构升级指数，$Treat_i$ 为处理变量，当企业 i 属于处理组时，$Treat_i$ 赋值为 1，否则赋值为 0。$post_t$ 为冲击时点变量，当 t 等于 2017 时，$post_t$ 赋值为 1，否则赋值为 0。X'_{it} 为控制变量集合，包含了企业杠杆、托宾 Q、股权集中度等变量，λ_i 为个体效应项，μ_t 为时间效应项，ε_{it} 为随机扰动项。

为检验技术创新抑制效应、融资约束效应与环境不确定性效应的作用机制，以及企业数字化转型的调节效应，同时为规避传统“三步法”中介效应检验中所存在的偏误，借鉴江艇（2022）①提出的“两步法”进行中介效应检验，在模型（6-1）的基础上构建以下中介效应模型和调节效应模型：

$$Innova_{it} = \alpha + \beta_1 Treat_i \times post_t + X'_{it}\gamma + \lambda_i + \mu_t + \varepsilon_{it} \tag{6-2}$$

$$Constr_{it} = \alpha + \beta_1 Treat_i \times post_t + X'_{it}\gamma + \lambda_i + \mu_t + \varepsilon_{it} \tag{6-3}$$

$$Uncert_{it} = \alpha + \beta_1 Treat_i \times post_t + X'_{it}\gamma + \lambda_i + \mu_t + \varepsilon_{it} \tag{6-4}$$

$$Upgrade_{it} = \alpha + \beta_1 Treat_i \times post_t + \beta_2 Treat_i \times post_t \times Digital_{it} + X'_{it}\gamma + \lambda_i + \mu_t + \varepsilon_{it} \tag{6-5}$$

其中，$Innova_{it}$ 表示创新能力，$Constr_{it}$ 表示融资约束，$Uncert_{it}$ 表示环境不确定，$Digital_{it}$ 表示企业数字化转型。

① 江艇：《因果推断经验研究中的中介效应与调节效应》，《中国工业经济》2022 年第 5 期。

二、变量选取与数据来源

（一）变量选取

1. 被解释变量

被解释变量为产业结构升级指数（*Upgrade*）。产业结构升级涉及技术创新、价值链升级和生产率提升等多重内涵，测度方法主要有两种：一种是单一指标，如企业劳动生产率[①][②][③]、全要素生产率[④][⑤]；第二种是多指标法[⑥][⑦]。全要素生产率综合性较强且涵盖信息全面，存在多种测算方法，常见的有 OLS 法、GMM 法、OP 法、LP 法以及 FE 法。通常而言，OLS 法和 FE 法存在内容信息缺失以及内生性等缺陷，而 GMM 法虽能缓解内生性问题，但依赖足够长的时间样本。[⑧] 因此，选择 OP 法测算的制造业上市公司全要素生产率作为产业结构升级的代理变量进行分析。借鉴王桂军和卢潇潇（2019）的方法，在稳健性检验时，将 LP 法全要素生产率和企业劳动生产率量化产业结构升级进行检验。

2. 核心解释变量

核心解释变量为新贸易保护（$Treat_i \times post_t$）。新贸易保护变量的重点在于政策效应的识别。本节在王孝松和常远（2022）[⑨]的研究基础上进行进一步识别。自 2017 年中美贸易摩擦发生以后，中国所遭受来自世界范围内的贸易壁垒数量骤然上升，遭受贸易壁垒的数量来自全球贸易预警数据库，该数据库将贸易壁垒措施分成三类：红色措施（已经实施且歧视外国商业利益的措施）、黄色措施（已经实施且可能歧视外国商业利益及已经宣布或

---

① 张少军、刘志彪：《国际贸易与内资企业的产业升级——来自全球价值链的组织和治理力量》，《财贸经济》2013 年第 2 期。

② 董文宇、孙巍：《需求冲击、投资行为选择与制造业升级——兼论“双循环”新格局下的制造强国建设》，《西安交通大学学报（社会科学版）》2023 年第 2 期。

③ 孙巍、董文宇、宋南：《外生冲击、融资模式选择与制造业升级——兼论经贸摩擦和新冠肺炎疫情下的金融供给侧改革》，《上海财经大学学报》2020 年第 4 期。

④ 王桂军、卢潇潇：《“一带一路”倡议与中国企业升级》，《中国工业经济》2019 年第 3 期。

⑤ 孙早、席建成：《中国式产业政策的实施效果：产业升级还是短期经济增长》，《中国工业经济》2015 年第 7 期。

⑥ 肖曙光、杨洁：《高管股权激励促进企业升级了吗——来自中国上市公司的经验证据》，《南开管理评论》2018 年第 3 期。

⑦ 刘建民、唐红李、杨婷婷：《增值税税负如何影响制造业企业升级？——来自中国上市公司的证据》，《财经论丛》2020 年第 6 期。

⑧ 鲁晓东、连玉君：《中国工业企业全要素生产率估计：1999—2007》，《经济学（季刊）》2012 年第 2 期。

⑨ 王孝松、常远：《双边关系与贸易保护——来自中国遭遇贸易壁垒的经验证据》，《世界经济与政治》2022 年第 2 期。

在酝酿中且如果实施将歧视外国商业利益的措施）以及绿色措施（没有歧视性的措施）。根据贸易壁垒的影响程度，剔除影响程度较小的绿色措施，以红色措施与黄色措施作为研究对象，将 HS6 位码制造业产品所遭受的红色与黄色措施之和作为该产品所遭受的贸易保护数量。根据 HS6 位码与 SITC 国际贸易标准分类的对应关系，通过人工将 HS6 位码产品匹配至 SITC 行业，进一步地，将 SITC 行业分类与国民经济行业分类匹配，获得国民经济行业分类制造业二位码下新贸易保护的数量。为与本章研究的主体相吻合，进一步将其与证监会 2011 年行业分类进行匹配，得到上市公司所属制造业遭受贸易壁垒数量情况。由于 2017 年为政策时点，利用 2017 年行业遭受贸易壁垒数量增长率作为分类依据，通过“二分法”将增长率大于 100%的行业作为处理组，其余行业作为对照组。

3. 机制变量

本节选取了四个机制变量，其中包含三个中介变量和一个调节变量。中介变量：技术创新（*Innova*）。借鉴周冬华等（2023）①的研究，从创新投入和创新产出两方面衡量企业创新能力，创新投入以研发支出与营业收入的比值衡量，创新产出以企业年度专利申请数量加 1 的对数值代表。融资约束（*Constr*）。根据怀特德等（Whited 等，2006）②、鞠晓生等（2013）③的研究，使用 SA 指数和 KZ 指数作为企业融资约束代理变量。外部环境不确定性（*Uncert*）。借鉴戈什和奥森（Ghosh 和 Olsen，2009）④的计算方法，使用过去 5 年销售收入的标准差并经行业调整后的值来衡量企业的环境不确定性。

4. 调节变量

数字化转型（*Digital*）。借鉴吴非等（2021）⑤的做法，在各上市公司年报中，针对人工智能技术、大数据技术、云计算技术、区块链技术、数字技术运用五个维度 76 个数字化关键词进行词频统计，汇总后得到企业的数字化转型指标。

---

① 周冬华、彭剑飞、赵玉洁：《中美贸易摩擦与企业创新》，《国际贸易问题》2023 年第 11 期。

② Whited，Toni M.，Wu G.，“Financial Constraints Risk”，*The Review of Financial Studies*，Vol.19，No.2，2006.

③ 鞠晓生、卢荻、虞义华：《融资约束、营运资本管理与企业创新可持续性》，《经济研究》2013 年第 1 期。

④ Ghosh D.，Olsen L.，“Environmental Uncertainty and Managers’ Use of Discretionary Accruals”，*Accounting，Organizations and Society*，Vol.34，No.2，2009.

⑤ 吴非、胡慧芷、林慧妍等：《企业数字化转型与资本市场表现——来自股票流动性的经验证据》，《管理世界》2021 年第 7 期。

5. 控制变量

为了更加全面地探析新贸易保护对制造业升级的影响，借鉴黄先海等（2023）[①]、孙晓华等（2024）[②]以及周冬华等（2023）等学者的研究，设置了以下控制变量。企业层面控制了企业规模（*Size*）、企业杠杆率（*Lever*）、托宾Q值（*Tobin Q*）、股权集中度（*Ownership*）、人均固定资产（*Capital*）、盈利能力（*Roa*）以及董事会规模（*Bond*），行业层面控制了竞争程度（*HHI*），地区层面控制了经济发展水平（*Pgdp*）与劳动力成本（*Wage*）。

（二）数据说明

使用的数据来源共有以下部分：第一，企业专利数量来源于国家知识产权局。第二，中国遭受贸易保护数量来源于GTA全球贸易预警数据库。第三，经济发展水平与劳动力成本来源于相应年份的《中国城市统计年鉴》。第四，产业结构升级、其他中介变量及企业层面控制变量均来源于国泰安数据库、Wind金融终端以及上市公司企业年报。样本时间跨度为2011—2021年，考虑到数据的完整性、连续性与代表性，通过手工对上市公司数据进行汇总与清洗，将不同数据源的资料按照上市公司股票代码、地区等特征进行逐一匹配，剔除上市状态为ST、*ST以及PT的企业，剔除在变量上缺失数据严重并且统计年份小于8年的企业，剔除企业年龄小于1的企业。并且为了避免极端值的干扰，对所有连续型变量进行了99%水平下双侧缩尾处理。最终保留1213个研究对象，共包含观测值11835个。

表6-1　变量名称及描述性统计

变量名称	变量符号	测度方法	观测值	平均值	标准差	最小值	最大值
产业结构升级	*Upgrade*	OP法全要素生产率	11835	6.662	0.777	4.999	8.690
新贸易保护	*Treat* ×*Post*		11835	0.278	0.448	0	1
技术创新	*Innova*	研发支出/营业收入	11835	4.355	4.461	0	137.4
		Ln（专利申请量+1）	11835	1.360	2.041	0	9.813

① 黄先海、王瀚迪、孙涌铭等：《数字技术与企业出口质量升级——来自专利文本机器学习的证据》，《数量经济技术经济研究》2023年第12期。

② 孙晓华、张竣喃、李佳璇：《市场型环境规制与制造企业转型升级——来自“排污权交易”的微观证据》，《数量经济技术经济研究》2024年第1期。

续表

变量名称	变量符号	测度方法	观测值	平均值	标准差	最小值	最大值
融资约束	*Constr*	SA 指数	11835	-3.824	0.245	-5.318	-2.762
		KZ 指数	11593	0.888	2.239	-11.34	12.05
外部环境	*Uncert*	环境不确定性	10043	1.219	1.130	0.0086	15.55
数字化转型	*Digital*	数字化词频文本分析					
企业规模	*Size*	Ln(总资产)	11835	22.29	1.187	20.10	25.68
企业杠杆率	*Lever*	资产负债率	11835	0.410	0.189	0.0560	0.865
托宾 Q 值	*TobinQ*	市值/期末总资产	11602	2.076	1.258	0.881	8.044
股权集中度	*Ownership*	前 10 位流通股东股权之和	11835	55.33	14.27	23.56	86.79
人均固定资产	*Capital*	固定资产/员工人数	11835	12.72	0.833	10.73	14.76
盈利能力	*Roa*	净利润/总资产	11835	48.56	98.68	-139.2	620.8
董事会规模	*Bond*	Ln(董事会人数)	11835	2.294	0.242	1.609	2.890
竞争程度	*HHI*	赫芬达尔指数	11813	0.164	0.109	0.0412	0.513
经济发展水平	*Pgdp*	Ln(地区人均GDP)	11835	11.38	0.508	10.05	12.22
劳动力成本	*Wage*	Ln(地区人均工资)	11835	11.25	0.368	10.49	12.19

三、实证检验

(一)基准回归分析

表 6-2 报告了新贸易保护对产业结构升级影响的基准估计结果。在列(1)中控制了企业固定效应与年份固定效应,发现核心技术变量系数为正但不显著,考虑到遗漏变量和其他因素的干扰,列(2)引入了企业规模、企业杠杆率、托宾 Q 值、股权集中度、人均固定资产、盈利能力以及董事会规模等企业层面的控制变量,核心解释变量在 5%的水平下显著为负。进一步地,引入地区和行业层面的控制变量,核心解释变量回归系数为-0.030,仍显著为负,即新贸易保护会导致受影响行业产业结构水平下降 3.00%,说明新贸易保护阻碍了中国产业结构升级,验证了假说 6-1a。

表 6-2　基准回归结果

变量	(1)	(2)	(3)
	Upgrade	*Upgrade*	*Upgrade*
Treat × Post	0.0054 (0.0118)	-0.0244** (0.0107)	-0.0300*** (0.0107)
Lever		0.0107 (0.0410)	0.0145 (0.0409)
TobinQ		0.0438*** (0.0038)	0.0437*** (0.0038)
Ownership		0.0001 (0.0005)	0.0002 (0.0005)
Capital		-0.0543*** (0.0116)	-0.0536*** (0.0117)
Size		0.4072*** (0.0111)	0.4056*** (0.0110)
Roa		-0.0002*** (0.0000)	-0.0002*** (0.0000)
Bond		0.0160 (0.0150)	0.0147 (0.0150)
Pgdp			-0.0183 (0.0208)
Wage			-0.0557 (0.0452)
HHI			0.2883*** (0.0662)
Cons	6.6602*** (0.0042)	-1.8430*** (0.2728)	-1.0272* (0.5738)
企业效应	控制	控制	控制
时间效应	控制	控制	控制
N	11835	11602	11580
R^2	0.874	0.903	0.903

注:括号内为稳健标准误差,聚类到企业层面,*、**、*** 分别表示在 10%、5%、1%的显著性水平下显著,下同。

(二) 稳健性检验

1. 平行趋势检验

借鉴贝克等(Beck 等,2010)①的研究,基于模型(6-1),构建以下模型:

① Beck T., Levine R., Levkov A., "Big Bad Banks? The Winners and Losers from Bank Deregulation in the United States", *The Journal of Finance*, Vol.65, No.5, 2010.

$$Upgrade_{it} = \alpha + \beta_1 Treat_i \times \sum_{t=-6}^{t=+2} F^t + X'_{it}\gamma + \lambda_i + \mu_t + \varepsilon_{it} \quad (6-6)$$

其中，F^t 是系列虚拟时间变量，若企业处于新贸易保护前 n 年，则 $t=-n$，若在新贸易保护后 n 年，则 $t=+n$，其余情况取值为 0。图 6-2 显示了双重差分估计的平行趋势与动态效应检验结果，可以发现，在新贸易保护前，核心解释变量的估计系数接近 0 且不显著，说明在 2017 年新贸易保护前，处理组企业全要素生产率的变动趋势与对照组是无差异的，平行趋势得到验证。

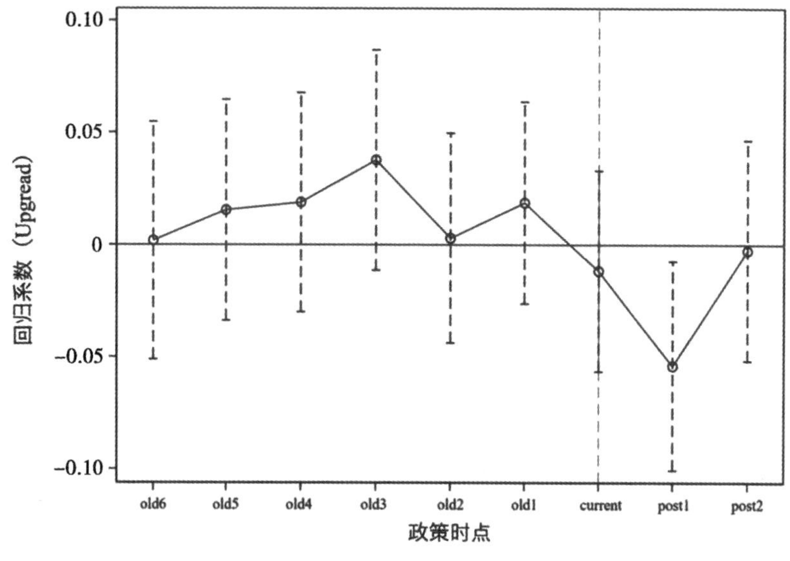

图 6-2 平行趋势检验

2. 安慰剂检验

为进一步保证研究结论的稳健性，剔除新贸易保护之外的不可观测因素对结论的干扰，采用两种“反事实”方法进行检验。第一种是虚构新贸易保护影响。为排除新贸易保护前不可观测因素的影响，重新构建了新贸易保护时点变量，将新贸易保护分别设定为 2013 年、2014 年和 2015 年，与处理变量交乘形成新的核心解释变量 $Treat \times Post_{2013}$、$Treat \times Post_{2014}$ 和 $Treat \times Post_{2015}$，来检验实验结果是否存在事前因素的干扰。第二种方法是通过随机抽样的方式构造“伪处理组”和“伪对照组”。如果处理组和对照组关于制造业升级是由于同期内不可观测的随机因素造成的，则虚构新贸易保护进行稳健性检验的策略是无效的，所以通过反复随机抽样，随机构建处理组和对照组来排除企业本身未能观测到的随机因素影响。因此对处理组和对照组进行了 1000 次随机抽样，并根据随机抽样结果进行了 1000 次随机实验,记录下“伪核心解释变量”的回归系数和标准差的均值进行分析。表6-3 显示了安慰剂检验的结果。表6-3 列(1)—列(3)的结果显示,在虚构冲击时间下的核心解释变量并不显著,说明新贸易保护对制造业企业全要素生产率的负面影响并不是由事前其他某种随机因素所驱动的。表6-3 列(4)结果为 1000 次随机抽样下新贸易保护的回归系数均值,发现其非常接近 0 且在 10%的显著性水平下不显著。结合图 6-3 可以发现,随机抽样的情况下,回归系数服从均值为 0 的正态分布,并且不显著,可以证明不存在企业自身其他非观测因素的影响。

表 6-3　安慰剂检验结果

变量	(1)	(2)	(3)	(4)
	Upgrade	*Upgrade*	*Upgrade*	*Upgrade*
$Treat \times Post_{2013}$	0.0111 (0.0188)			
$Treat \times Post_{2014}$		-0.0021 (0.0138)		
$Treat \times Post_{2015}$			-0.0089 (0.0119)	
$Treat_{radom} \times Post$				-0.0001 (0.0062)
Cons	-1.0375* (0.5740)	-1.0374* (0.5739)	-1.0360* (0.5738)	6.6617 (0.0032)
控制变量	控制	控制	控制	控制
企业效应	控制	控制	控制	控制
时间效应	控制	控制	控制	控制
N	11580	11580	11580	11580
R^2	0.903	0.903	0.903	0.903

3. 排除其他政策干扰

2015 年 3 月 25 日,中国提出了《中国制造 2025》对我国高端制造发展作出了全面的战略部署与发展规划,旨在强化国家工业基础与制造业创新能力,推进信息化与工业化的深度融合,有助于制造业企业全要素生产率提升,促进产业结构升级。根据《中国制造 2025》文件内容,选取了十类产业作为《中国制造 2025》重点支持领域。① 当企业前五项主营业务中包含上

① 分别为新型信息技术、航空航天装备,海洋工程设备及船舶制造、节能设备与新能源、先进轨道交通装备、电力设备、农机设备、新型材料、生物医药及高新医疗器械。

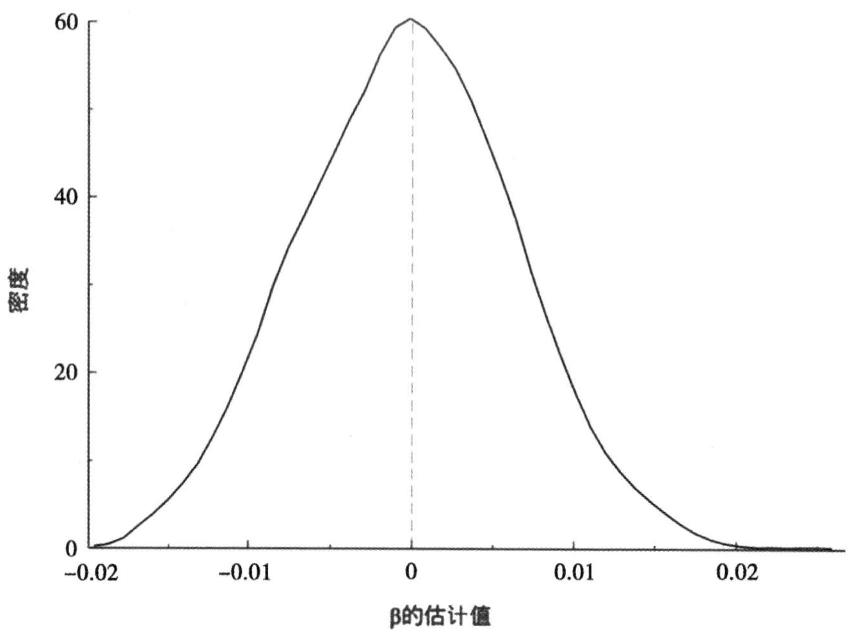

图 6-3　随机抽样下的系数分布

述内容时,"中国制造 2025"(MIC2025)变量赋值为 1,否则为 0。除此之外,国务院于 2015 年和 2017 年修订《外商投资产业指导目录》,在 2019 年修订《鼓励外商投资产业指导目录》,不断放宽外商投资限制,因此企业属于外资企业时,"外资政策"(FDI_Policy)变量赋值为 1,否则为 0。表 6-4 报告了在控制上述两种政策后的回归结果,发现不论是排除单一政策还是多政策的干扰,新贸易保护均能够显著抑制产业结构升级,证明基准回归结果是稳健的。

表 6-4　排除其他政策干扰后回归结果

变量	(1)	(2)	(3)
	Upgrade	*Upgrade*	*Upgrade*
Treat × Post	−0.0302*** (0.0107)	−0.0301*** (0.0107)	−0.0303*** (0.0107)
MIC2025	0.0119 (0.0186)		0.0116 (0.0186)
FDI_Policy		−0.0220 (0.0241)	−0.0215 (0.0241)
Cons	−1.0256* (0.5741)	−1.0221* (0.5738)	−1.0206* (0.5742)
控制变量	控制	控制	控制

续表

变量	(1)	(2)	(3)
	Upgrade	*Upgrade*	*Upgrade*
企业效应	控制	控制	控制
时间效应	控制	控制	控制
N	11580	11580	11580
R^2	0.903	0.903	0.903

4. 高维固定效应

由于产业结构升级对技术进步和发展有较高的依赖度，各个城市和行业的发展和技术水平存在差异性，企业全要素生产率在经济和技术水平较为发达的地区具有“先行者优势”效应，导致在因果关系识别上产生内生性。因此引入高维固定效应，即在控制企业固定效应与时间固定效应的基础上，进一步控制行业固定效应、城市固定效应，并且为控制城市存在的时间趋势，加入城市与时间的交互效应。检验结果如表 6-5 所示。在进一步控制了行业、城市以及城市与时间的交互效应后，核心解释变量的回归系数显著为负，说明在考虑了宏观因素的系统性变化之后，本书之前的发现依然具有稳健性。

表 6-5 控制高维固定效应检验结果

变量	(1)	(2)	(3)
	Upgrade	*Upgrade*	*Upgrade*
Treat × *Post*	-0.0307^{***} (0.0104)	-0.0304^{***} (0.0104)	-0.0333^{***} (0.0120)
Cons	-1.0457^{*} (0.5726)	-1.0703^{*} (0.6023)	-1.5014^{***} (0.2902)
控制变量	控制	控制	控制
城市效应	未控制	控制	控制
城市 x 年份	未控制	未控制	控制
行业效应	控制	控制	控制
企业效应	控制	控制	控制
时间效应	控制	控制	控制
N	11580	11578	10955
R^2	0.906	0.908	0.920

5. 其他稳健性检验

(1)变量替换法。由于 OLS 法、FE 法和 GMM 法测算下的全要素生产率存在缺陷，因此采用 LP 法测算下的全要素生产率作为制造业升级的代理变量。此外，借鉴张少军和刘志彪(2013)的研究，进一步使用企业劳动生产率替代全要素生产率作为制造业升级的代理变量，对基准回归的稳健性进行再检验。表 6-6 的列(1)和列(2)报告了变量替换后的回归结果，发现即使在使用了 LP 法全要素生产率以及劳动生产率替代产业结构升级的情况下，其结果依然稳健。(2)倾向得分匹配。在使用双重差分法进行政策效果评估时，处理组和对照组事前应具备相同的个体特征，由于处理组和控制组涵盖了各制造业的企业，其个体特征可能存在差异，进而引起"选择性偏误"。因此，为缓解这一问题，使用倾向得分匹配(PSM)法，对控制组进行重新匹配。为了匹配后结果的稳健性，选择了 1∶1 临近匹配和核匹配两种匹配方法，匹配完成后根据模型(1)进行再检验，结果见表 6-6 列(3)和列(4)所示。发现在倾向得分匹配后，估计结果与前文一致，再次证明估计结果是稳健的。

表 6-6　其他稳健性检验

变量	(1)	(2)	(3)	(4)
	Upgrade_TFP_LP	*Upgrade_LPF*	PSM_1∶1	PSM_kernel
Treat × *Post*	−0.0308*** (0.0103)	−0.0319*** (0.0118)	−0.0310*** (0.0108)	−0.0299*** (0.0107)
Cons	−1.0149* (0.5705)	8.1466*** (0.6311)	−1.0950* (0.5766)	−1.0272* (0.5738)
控制变量	控制	控制	控制	控制
企业效应	控制	控制	控制	控制
时间效应	控制	控制	控制	控制
N	11580	11580	11556	11580
R^2	0.942	0.851	0.903	0.903

(三) 机制检验

1. 企业创新效应

为验证企业创新的中介效应，借鉴周冬华等(2023)的研究，将创新产出和创新投入作为企业创新效应的代理变量，按照模型(6-2)进行回归以考察企业创新在新贸易保护下对制造业升级影响的中介效应。结果见表 6-7 列(1)和列(2)。可以发现，新贸易保护不论是对创新投入还是创新产出，均具有显著的抑制作用，验证了假说 6-1b。新贸易保护下，迫使中国出口额大幅下降，企业经营受损，同时学习先进生产方法和产品设计的机会急剧降低，一方面导致企业不得已采取稳健经营策略，增加可变资产，进而挤出创新投入;另一方面也削弱了企业的创新基础,进而抑制了创新产出。创新产出和投入的共同下降导致了企业创新能力下降,对制造业升级产生了不利影响。

表 6-7　机制检验结果

变量	(1) 创新产出	(2) 创新投入	(3) 融资约束SA 指数	(4) 融资约束KZ 指数	(5) 环境不确定性	(6) 数字化调节作用
Treat × *Post*	-0.1951*** (0.0620)	-0.3163*** (0.1130)	-0.0050*** (0.0017)	0.2077*** (0.0541)	0.1345*** (0.0401)	-0.3866** (0.0152)
Treat × *Post* × *Digit*						0.0161** (0.0082)
Cons	0.7344 (3.4500)	-8.3079 (9.9779)	-4.2621*** (0.1058)	-1.7917 (2.9691)	-6.5250** (2.9391)	-4.616*** (0.5895)
控制变量	控制	控制	控制	控制	控制	控制
企业效应	控制	控制	控制	控制	控制	控制
时间效应	控制	控制	控制	控制	控制	控制
N	11580	11580	11580	11571	9826	11580
R^2	0.465	0.685	0.976	0.727	0.464	0.962

2. 融资约束效应

进一步检验融资约束的作用机制,按照模型(6-3)进行回归以考察融资约束的中介效应。表 6-7 的列(3)和列(4)报告了新贸易保护对制造业企业融资约束的影响。由于 SA 指数小于 0,其绝对值越大说明融资约束水平越高,因此,不论是在 SA 指数还是 KZ 指数下,新贸易保护使制造业企业融资困难程度显著增加,验证了假说 6-1b。逐渐匮乏的企业现金流和日益下降的盈利能力致使企业难以进一步提高全要素生产率,进而阻碍了产业结构升级和发展之路。

3. 外部环境效应

根据模型(6-4)进一步考察环境不确定性的中介效应。将环境不确定性指数作为被解释变量,结果见表 6-7 列(5)。可以发现,环境不确定性指数的回归系数显著为正,说明新贸易保护使制造业企业发展面临更加不稳定的发展环境,导致企业在投资、扩展和生产等方面采取保守态度,尽可能采取稳健发展策略,并且管理层为谨慎决策而延长决策时间,容易造成企业错失把握新技术、新市场的机会,进而制约企业全要素生产率的提高,验证了假说 6-1b。

（四）调节效应

分析数字化转型的调节作用，按照模型（6-23）进行回归检验。结果见表6-7列（6），发现 $Treat \times Post \times Digit$ 的回归系数为0.0161，显著为正且与核心解释变量符号相反，说明企业数字化转型能够在企业遭受新贸易保护时，对全要素生产率的降低具有"补偿"作用，验证了假说6-1c。原因在于制造业企业通过数字化转型，可以帮助企业建立多样化的供应链网络，建立新型沟通和贸易渠道，开拓新的国际市场，引入先进数字化技术和工具，强化自身竞争力和全要素生产率，因而能够有效抵御新贸易保护的冲击，缓解新贸易保护对产业结构升级的抑制作用。

（五）异质性分析

1. 地理区位

根据地理区位的差异，将企业按照地理位置划分为东部地区和中西部地区。东部地区作为中国对外开放和经济发展的"先头军"和"桥头堡"，新贸易保护强度等方面与中西部内陆地区差异较大。因此新贸易保护对产业结构升级的影响极有可能呈现区域非均衡格局。表6-8列（1）和列（2）报告了地理区位异质性的回归结果。发现 $Treat \times Post \times East$ 回归系数为-0.295，并且在1%的水平下显著，而 $Treat \times Post \times Midwest$ 回归系数不显著，说明新贸易保护对东部地区产业结构升级的阻碍作用更为明显，其原因在于东部地区依靠其港口和航运优势成为开展国际贸易的窗口，东部地区吸收了大部分新贸易保护的影响，导致该区域内产业结构升级受到阻碍，而中西部地区拥有足够的"缓冲区"因而受影响强度较小。

表6-8　异质性分析结果

变量	(1)	(2)	(3)	(4)	(5)	(6)
	Upgrade	*Upgrade*	*Upgrade*	*Upgrade*	*Upgrade*	*Upgrade*
$Treat \times Post \times East$	−0.0295*** (0.0102)					
$Treat \times Post \times Midwest$		0.0057 (0.0126)				
$Treat \times Post \times nonSoe$			−0.0310*** (0.0102)			
$Treat \times Post \times Soe$				0.0174 (0.0217)		
$Treat \times Post \times Highmarket$					−0.0369*** (0.0103)	
$Treat \times Post \times Lowmarket$						0.0172 (0.0124)

续表

变量	(1)	(2)	(3)	(4)	(5)	(6)
	Upgrade	*Upgrade*	*Upgrade*	*Upgrade*	*Upgrade*	*Upgrade*
Cons	-1.0962* (0.5739)	-1.0516* (0.5735)	-1.0193* (0.5734)	-1.0337* (0.5737)	-1.1659** (0.5736)	-1.1039* (0.5729)
控制变量	控制	控制	控制	控制	控制	控制
企业效应	控制	控制	控制	控制	控制	控制
时间效应	控制	控制	控制	控制	控制	控制
N	11580	11580	11580	11580	11580	11580
R^2	0.903	0.903	0.903	0.903	0.903	0.903

2. 产权性质

将企业按照是否为国有控股,将其划分为国有企业和非国有企业,进一步研究不同产权下新贸易保护对制造业升级的影响差异。国有企业在生产规模、政策扶持等方面相对于非国有企业有显著差异,所以贸易环境的变化对企业的影响会根据产权性质不同而表现出异质性①。结果如表 6-8 列(3)和列(4)所示。可以发现, $Treat \times Post \times nonSoe$ 回归系数显著为负,而 $Treat \times Post \times Soe$ 系数为正且不显著,说明新贸易保护对非国有控股的制造业升级的阻碍作用更强,原因可能一方面在于信贷市场中的"所有制偏好",国有企业依靠其行业地位相较于非国有企业更容易获得金融机构的信用贷款,进而缓解融资约束等问题,而非国有企业可能会流动资金不足,从而无法提高全要素生产率。另一方面国有企业的生产规模和政策保护优势,在面对新贸易保护时,能够拥有更强的风险控制能力,而非国有企业风险控制能力较弱,受到新贸易保护的影响更为严重。

3. 市场化程度

借鉴阎虹戎和刘灿雷(2020)②的方法,根据樊纲《中国市场化指数》的方法,计算得到 2017 年中国各省份的市场化指数,按市场化指数大小分为两组,分别为高市场化程度和中低市场化程度,当企业处于高市场化程度的省份时,高市场化(*Highmarket*)赋值为 1,否则为 0,当企业处于中低市场化水平的省份时,低市场化(*Lowmarket*)赋值为 1,否则为 0。表 6-8 列(5)和列(6)报告了市场化程度异质性下新贸易保护对产业结构升级的影

① 黎文靖、郑曼妮:《何去何从:贸易保护还是开放竞争? ——来自微观企业创新的证据》,《财经研究》2018 年第 3 期。

② 阎虹戎、刘灿雷:《外商引资政策、精准导向与中国制造业升级》,《国际贸易问题》2020 年第 6 期。

响。发现 $Treat \times Post \times Highmarket$ 系数为-0.0369,并且在1%的水平下显著,而 $Treat \times Post \times Lowmarket$ 的系数不显著,说明新贸易保护对制造业升级的阻碍作用主要体现在市场化程度高的企业。原因在于高度市场化在激发企业和市场活力的同时,也意味着更为激烈的市场竞争,企业为避免优胜劣汰,需要不断保持竞争力,导致企业在追求市场份额和利润时,对新贸易保护的冲击更为敏感,出现生产成本增加、销售下降、融资困难等问题,阻碍了其进一步升级。

第三节 产业结构升级影响对外贸易高质量发展的实证分析

一、模型构建

为探究产业结构升级对对外贸易高质量发展的作用机制,基于前述理论机制分析构建以下计量模型:

$$HQD_{jt} = \alpha + \beta_1 IND_{it} + X'_{it}\gamma + \lambda_i + \mu_t + \varepsilon_{it} \quad (6-7)$$

式中, HQD_{jt} 表示对外贸易高质量发展, IND_{it} 表示产业结构升级, X'_{it} 为控制变量集合,其中包含省份、行业和企业三个层面的控制变量。I 表示企业变量、j 表示省份变量、t 表示年份变量。α 为常数项, λ_i 为个体效应项, μ_t 为时间效应项, ε_{it} 为随机扰动项。

为验证新贸易保护在产业结构升级与贸易高质量发展中的调节效应,在模型(6-7)的基础上,加入了新贸易保护和与产业结构升级的交乘项($IND \times Prot$),调节效应模型设定如下:

$$HQD_{jt} = \alpha + \beta_1 IND_{it} + \beta_2 IND_{it} \times PROT_{it} + X'_{it}\gamma + \lambda_i + \mu_t + \varepsilon_{it} \quad (6-8)$$

二、变量选取与数据来源

(一) 变量选取

1. 被解释变量

被解释变量为对外贸易高质量发展(HQD)。前文选取贸易综合实力、协调创新水平、畅通循环能力、贸易开放合作和贸易安全体系5个一级指标、14个二级指标以及32项三级指标对中国对外贸易高质量发展水平评价指标体系进行构建和测度,本部分沿用上文测算结果对对外贸易高质量发展水平进行衡量。

2. 核心解释变量

核心解释变量为产业结构升级（*IND*）。与第二节一致，选取上市公司企业全要素生产率作为产业结构升级的代理变量。产业是企业的集合体，企业全要素生产率提高能够促进企业进一步发展与转型升级，进而带动产业结构升级。

3. 调节变量

新贸易保护（*PROT*）。与本章第二节同，此处不再重复。

4. 控制变量

为了能够缓解遗漏变量等原因造成的估计偏误，以及全面探究产业结构升级对中国对外贸易高质量发展的影响，参考已有研究，分三个层面设置了以下控制变量。企业层面控制了企业规模（*SIZE*），以企业总资产的对数值表示；企业盈利水平（*ROA*），以净利润与总资产的比值表示；企业董事会规模（*BON*），用董事会人数加 1 的对数值表示。在行业层面控制了行业竞争水平（*DOC*），以行业赫芬达尔指数表示竞争水平。省份层面控制了经济发展程度（*PGDP*），以省份人均生产总值表示；财政支持力度（*FINAN*），通过财政一般性支出占地区生产总值的比重表示；市场化水平（*MARKET*），借鉴樊纲《中国市场化指数》的测算方法，测算出样本期内各省份的市场化指数。

（二）数据说明

被解释变量与企业层面的控制变量数据来源于 CMSR 上市公司数据库、Wind 数据库以及上市公司企业年报等。核心解释变量和其他控制变量原始数据来源于《中国统计年鉴》、各省份统计年鉴、各省份国民经济和社会发展统计公报、WTO-RTA 数据库、《中国海关统计年鉴》和中国贸易救济信息网等。

表 6-9　变量名称和测度方法

变量类型	变量符号	变量含义	测算方法
被解释变量	*HQD*	对外贸易高质量发展	前文指标体系
核心解释变量	*IND*	产业结构升级	企业全要素生产率
调节变量	*PROT*	新贸易保护	根据壁垒保护分类
控制变量	*SIZE*	企业规模	总资产的对数
	ROA	企业盈利水平	净利润与总资产的比值
	BON	企业董事会规模	董事会人数加 1 的对数
	DOC	行业竞争水平	赫芬达尔指数
	PGDP	经济发展程度	人均 GDP
	FINAN	财政支持力度	财政支出比重
	MARKET	市场化水平	市场化指数

表 6-10　描述性统计结果

变量	观测值	均值	标准差	最小值	最大值
HQD	11828	0.304	0.202	0.0655	3.003
IND	11828	6.662	0.777	4.999	8.690
PROT	11828	0.278	0.448	0	1
SIZE	11828	22.29	1.187	20.10	25.68
ROA	11828	48.53	98.61	-139.2	620.8
BON	11828	2.294	0.242	1.609	2.890
DOC	11806	0.164	0.108	0.0412	0.513
PGDP	11828	11.12	0.434	9.849	12.14
FINAN	11828	0.191	0.0680	0.105	0.758
MARKET	11828	9.502	1.580	3.360	12.92

三、实 证 检 验

（一）基准回归分析

为了验证产业结构升级与对外贸易高质量发展的关系，表 6-11 报告了模型(9-25)的回归结果。表 6-11 列(1)为控制了企业效应与时间效应后的结果，发现产业结构升级对对外贸易高质量发展的回归系数为负，但不显著。考虑到可能存在遗漏变量问题，列(2)和列(3)分别为控制企业层面相关变量和控制企业、行业与省份相关变量的回归结果。在控制了相关变量后，发现产业结构升级的回归系数显著为正，产业结构升级指数每增加 1 单位，对外贸易高质量发展水平提升 0.04 单位，说明产业结构升级对中国外贸高质量发展具有促进作用，验证了假说 6-2a。

表 6-11　基准回归结果

变量	(1)	(2)	(4)
	HQD	***HQD***	***HQD***
IND	-0.046 (-1.31)	0.042** (2.01)	0.044** (1.99)
SIZE		-0.0087** (-2.13)	-0.0077* (-1.89)
ROA		0.0000 (0.51)	0.0000 (0.42)
BON		-0.0066 (-0.91)	-0.0073 (-1.02)

续表

变量	(1)	(2)	(4)
	HQD	*HQD*	*HQD*
DOC			0.0284 (1.2)
PGDP			0.0850** (2.54)
FINAN			-0.8110*** (-7.92)
MARKET			-0.0071* (-1.73)
_Cons	0.3349*** (11.87)	0.5122*** (6.18)	-0.2365 (-0.64)
个体效应	是	是	是
时间效应	是	是	是
观测值	11828	11828	11806
R^2	0.631	0.632	0.635

注：***、**、*分别表示在1%、5%、10%的水平下显著，括号内为t值，下同。

（二）稳健性检验

1. 替换产业结构核心解释变量

使用GMM法测算下的企业全要素生产率作为产业结构升级的代理变量对模型(6-7)进行重新估计。表6-12列(1)结果显示，在更换了企业全要素生产率的测算方法后，产业结构升级的回归系数仍显著为正，与基准回归一致，说明结果具有稳健性。

表6-12 稳健性检验结果

变量	(1)	(2)	(3)
	HQD_GMM	*HQD*	*HQD*
IND	0.039** (2.11)	0.044* (1.88)	0.055* (1.70)
_Cons	-0.2341 (-0.63)	-0.2152 (-0.34)	0.2513 (0.57)
Kleibergen - Paap rk LM			686.786***
Kleibergen - Paap rk Wald F			932.183
控制变量	是	是	是
个体效应	是	是	是
时间效应	是	是	是

续表

变量	(1)	(2)	(3)
	HQD_GMM	***HQD***	***HQD***
观测值	11806	11806	10482
R^2	0.635		0.608

2. 更换回归方法

由于面板数据同时包含截面数据与时间序列数据,因此可能存在异方差、序列相关与截面相关等问题,从而造成估计偏误。因此表 6-12 列(2)的结果为使用 D—K 估计法对基准回归结果的再检验,发现在排除了异方差、序列相关与截面相关等问题后,产业结构升级对对外贸易高质量发展的影响仍然显著,基准回归是稳健的。

3. 缓解内生性问题

考虑到产业结构升级与对外贸易高质量发展可能存在逆向因果关系,即对外贸易高质量水平的提高会倒逼产业结构升级。为此,运用产业结构升级的滞后一期作为工具变量,采用两阶段最小二乘法(2SLS),对假设 6-2a 予以再次检验。表 6-12 列(3)汇报了内生性检验的估计结果,发现结论依旧稳健,产业结构升级能够促进中国对外贸易高质量发展。此外,Kleibergen-Paap rk LM 统计量与 Kleibergen-Paap rk Wald F 统计量检验结果显示,不存在识别不足与弱工具变量问题,工具变量的选取是合理的。

(三) 新贸易保护的调节效应检验

新贸易保护对企业经营、创新研发、融资约束等方面都有负面影响,进而影响产业结构升级和对外贸易高质量发展,因此,按照模型(6-8)检验了新贸易保护冲击在产业结构升级与对外贸易高质量发展中的作用。表 6-13 汇报了该检验结果,发现在引入 *IND* × *PROT* 后,产业结构升级对对外贸易高质量发展影响仍然显著为正,并且新贸易保护的回归系数为负,说明新贸易保护抑制了产业结构升级对对外贸易高质量发展的促进作用,验证了假说 6-2b。

表 6-13 调节效应检验结果

变量	(1)
	HQD
IND	0.0045** (2.22)
IND × *PROT*	-0.0019** (-2.30)

续表

变量	(1)
	HQD
SIZE	-0.0070* (-1.70)
ROA	0.0000 (0.50)
BON	-0.0071 (-0.99)
DOC	0.0335 (1.39)
PGDP	0.0831** (2.49)
FINAN	-0.8020*** (-7.81)
MARKET	-0.0069* (-1.70)
_Cons	-0.2343 (-0.63)
个体效应	是
时间效应	是
N	11806
R^2	0.636

（四）异质性分析

1. 行业要素禀赋

不同类型行业的升级会对对外贸易高质量发展产生差异化影响。按照行业要素的密集程度，将企业划分为劳动密集型、资本密集型和技术密集型，进一步探讨不同要素禀赋下产业结构升级对对外贸易高质量发展的影响。结果见表6-14列(1)—列(3)。发现资本密集型和技术密集型企业全要素生产率提高能够促进对外贸易高质量发展，并且资本密集型企业的全要素生产率回归系数为0.053，大于技术密集型的0.0012，说明资本密集型企业发展对对外贸易高质量发展的驱动作用更强；而劳动密集型企业发展对对外贸易高质量发展的影响系数虽为正，但不显著。原因可能是资本密集型行业升级通常伴随着引进先进的生产设备和技术，以提高生产效率和产品质量，这将使中国的出口产品更具竞争力，满足国际市场对高质量产品的需求。

2. 地理区位

根据地理位置的不同，将企业划分为东部地区（*est*）与中西部地区（*mw*），以反映不同区域的地理差异。探究地理区位差异下产业结构升级与对外贸易高质量发展的关系。结果见表 6-14 列（4）和列（5）。发现产业结构升级对对外贸易高质量发展存在区域非均衡影响，中西部地区产业结构升级对对外贸易高质量发展的影响更大，原因可能在于中西部地区的产业升级可以促使生产要素向这些地区转移，与此同时，东部地区的劳动力和土地成本上升可能会使原有企业的竞争力下降。这种产业转移和优势互补有利于中西部地区的企业获得更多对外贸易机会，推动对外贸易高质量发展。

表 6-14 异质性分析结果

变量	（1）	（2）	（3）	（4）	（5）
	HQD	*HQD*	*HQD*	*HQD*	*HQD*
IND × *lab*	0.0082 （1.41）				
IND × *cap*		0.053 *** （3.25）			
IND × *tec*			0.0012 * （1.66）		
IND × *est*				0.0130 ** （2.30）	
IND × *mw*					0.0341 *** （3.54）
_*Cons*	-0.2392 （-0.65）	-0.2367 （-0.64）	-0.2406 （-0.65）	-1.1497 *** （-2.95）	-1.1497 *** （-2.95）
控制变量	是	是	是	是	是
个体效应	是	是	是	是	是
时间效应	是	是	是	是	是
观测值	11806	11806	11806	11806	11806
R^2	0.636	0.635	0.635	0.638	0.638

当前，在新贸易保护程度日益加深的国际背景下，中国正处于经济转型升级、产业结构调整的攻关期，如何通过产业结构调整升级促进对外贸易高质量发展是理论界和实务界普遍关心的一个问题。本章考察了新贸易保护对产业结构升级和产业结构升级对对外贸易高质量发展的影响，将 2011—

2021年中国遭受的新贸易保护数量匹配到制造业两位数行业，构建了新贸易保护政策冲击变量，结合2011—2021年制造业上市公司面板数据，运用双重差分法，分析了新贸易保护对中国制造业升级的影响及其机制。进一步分析了产业结构升级对对外贸易高质量发展的影响以及新贸易保护在其中的调节作用。主要得出以下结论：第一，新贸易保护对中国产业结构升级具有阻碍作用，并通过了一系列稳健性检验。第二，机制检验结果表明，技术创新约束效应、融资约束效应以及外部环境不确定性效应是新贸易保护阻碍中国产业结构升级的主要作用渠道，但企业数字化转型能够有效缓解该阻碍作用。第三，进一步研究了新贸易保护对中国制造业升级的异质性影响，发现新贸易保护对东部企业、非国有企业以及市场化程度高的企业产业升级冲击力度更强。第四，产业结构升级对中国对外贸易高质量发展具有促进作用，新贸易保护在其中发挥负向调节作用。第五，行业要素禀赋和地理区位异质性分析发现，资本密集型企业和中西部地区产业升级对对外贸易高质量发展的驱动作用更强。

第七章　新贸易保护下产业链与对外贸易高质量发展

在新贸易保护下，强“基”固“链”是现阶段中国宏观经济高质量发展和中观产业发展理论与政策关注的焦点。本章首先从理论上分析了新贸易保护在产业链层面如何影响中国对外贸易高质量发展，其次运用2012—2021年上市公司的数据实证分析了新贸易保护对上市公司产业链的影响，并运用省级面板数据分析了产业链变动对中国对外贸易高质量发展的影响，旨在厘清新贸易保护施行下，产业链变化与对外贸易高质量发展的经济关系。

第一节　新贸易保护下产业链影响对外贸易高质量发展的机理

新贸易保护会显著加大供应商/客户生产经营成本、增加供应商/客户风险承担水平，对产业链产生明显抑制作用。从长期来看，由于存在技术倒逼、进出口替代和转移效应，将倒逼中国企业科技创新，形成独立的科技生产体系，有助于中国自身科技产品的出口，加快供应商资金周转效率、客户存货周转效率，提升中国在全球产业链中的地位，助力中国对外贸易高质量发展水平的提升。综上，新贸易保护下对外贸易高质量发展的产业链关联逻辑如图7-1所示。

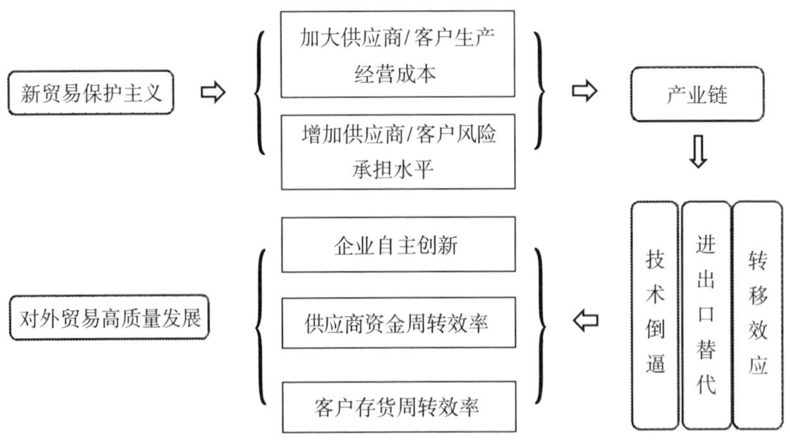

图7-1　新贸易保护下对外贸易高质量发展的产业链关联逻辑

一、基于全球产业链视角的新贸易保护兴起动因

全球产业链的本质是世界各国参与国际分工与生产协作,不同国家通过在他国建立跨国公司的形式实现贸易和投资便利化。由于每个国家在全球产业链中处于不同的位置,一国在全球供应链中的优势地位和弱势地位可能随着全球产业链的深化而发生改变,因此部分国家可能会不断受益,而部分国家会因其在全球供应链中的经济活动受到制约,为此需要采取一定的贸易手段进行干预以维护本国利益。

一是全球产业链的不均衡分配格局影响深远,特别是发达国家的传统制造业。在这一产业链中,发达国家跨国公司在 20 世纪 90 年代采用了“温特式”分工模式,制定了标准和规则,而发展中国家则进行标准化的模块化生产①,对发达国家的传统制造业造成了不利影响。一方面,它导致了就业机会减少、劳动力过剩、劳动边际收益下降和居民收入减少②;另一方面,还存在强制技术转让和知识产权侵犯的问题。由于受到劳动力和生产技术的限制,一些发达国家内部的利益受损群体开始倾向于支持右翼民粹主义政治,同时外部保护主义的趋势也逐渐抬头。

二是发达国家和发展中国家之间存在竞争关系,涉及“再工业化”和产业升级。2008 年国际金融危机后,发达国家开始认识到产业外移带来的虚拟化和空心化问题,于是又启动了“再工业化”战略。然而,这一时机与发展中国家在工业生产制造方面已经建立的优势发生了明显的冲突。③ 一方面,发展中国家的产业升级使其在生产制造方面具备了强大的竞争力;另一方面,他们制造的低成本商品已经占据了国际市场的大部分份额。因此,为了改变这种局面,发达国家倾向于采取贸易保护主义政策,以促进制造业的回流④。

三是发达国家在全球产业链上的技术领导地位正受到挑战。发达国家凭借卓越的科技实力主导产业链的高端领域,导致了发展中国家的生产活动依赖于发达国家的技术研发。⑤ 虽然全球产业链可以看作将普通劳动力的价值输送到技术研发领域的价值链,但由于产业链的协同性质,高端技

① 赵红岩:《产业链整合的阶段差异与外延拓展》,《改革》2008 年第 6 期。

② 戴翔、徐柳、张为付:《集聚优势与价值链攀升:阻力还是助力》,《财贸研究》2018 年第 11 期。

③ 罗长远:《美国供应链“排华”:制约因素和应对策略》,《开放导报》2023 年第 2 期。

④ 郭晓蓓:《改革开放 40 年我国产业结构演进历程与新时代重大战略机遇》,《当代经济管理》2019 年第 4 期。

⑤ 钟晓宏:《晚期资本主义生产逻辑的思考》,《经济研究导刊》2016 年第 19 期。

术的优势往往会传导到低端领域，推动技术升级。此外，发展中国家也致力于科技创新，并积极迎头赶超，逐渐缩小了高低端技术差距。[①] 为了维护技术领先地位，发达国家采取了一系列措施。他们在国内加大了基础研究的资金支持力度，并在国际上采取了技术封锁和保护措施，例如限制高科技产品的出口、对发展中国家的知识产权使用进行制裁等。

二、理论机制

（一）新贸易保护影响产业链的机理分析

中国在全球产业链中是生产国的代表。新贸易保护采取的措施往往包括对进口国产品加征关税、抑制本国高技术商品出口、对本国制造产业予以经济补贴。而此类经济措施都将对中国产业链产生极大的影响。企业是产业链的载体，产业链的生成基础是供应链，即从上游的原材料厂商到中游的中间产品厂商最后到消费者，因此，新贸易保护对产业链的影响最终需要落实到企业供应链。基于供应链的上下游关系，可以将供应链划分为供应链上游供应商和供应链下游客户。

一是新贸易保护对供应链上游供应商的影响。供应商是企业上游的合作者，新贸易保护主义所带来的负面影响将通过供应链传导至企业生产合作的上下游。从成本角度来看，新贸易保护加征关税无疑会动摇企业所合作的上游供应商，上游供应商的供货价格会升高，这会对下游中间商的生产活动产生极大影响。具体表现在：一方面，上游供应商供货价格的提高会增加中间厂商的生产成本；另一方面，上游供应商可能因新贸易保护行为限制高科技产品出口而使中间商面临断供的情况，这将额外增加企业生产风险。随之将导致以下经济后果：在短期内，企业合作的供应商数量减少，从而导致企业的供应商集中度提高，供应商多元化降低[②][③]，这显然不利于企业的长期发展。原因在于：第一，供应商集中度过高会使企业对上游产生资源依赖现象，这将使企业在合作时受制于上游供应商强势议价能力，不利于企业与供应商合作的稳定性。第二，供应商过于集中会使企业合作之间承担的风险更大，一旦上游供应出现问题，将导致企业面临更大的未知风险。

---

① 王会艳、陈优、谢家平：《数字赋能中国制造业供应链韧性机理研究》，《软科学》2023 年第 8 期。

② 蒋瑛、汪琼、魏梦雯：《“双循环”视角下国内消费需求扩量提质对全球价值链升级的影响研究》，《财贸研究》2023 年第 4 期。

③ 段文奇、景光正、綦建红：《贸易便利化与企业供应链安全——基于多元化和本土化视角》，《国际贸易问题》2023 年第 3 期。

二是新贸易保护对供应链下游客户的影响。新贸易保护加征关税等行为将会对中国的出口企业直接造成冲击，影响企业正常的生产经营活动。如中国制造企业在“供应商—客户”这样的关系链中，西方客户的减少将直接导致企业生产供给数量受到影响，短期内客户损失，客户集中度增加，动摇了“供应商—客户”的合作稳定性，进一步会影响企业生产决策和未来发展。但是，从长期来看，生产制造企业也会采取措施以应对西方客户的损失。一方面中国生产制造企业将发挥出口替代效应，寻求国内或者除西方国家以外的第三方国家作为新客户；另一方面，新贸易保护会倒逼生产厂商技术创新，从生产制造低端的中间产品转向高端制造的中间品，以此突破中国制造产业中低端的格局，带动整个产业链的升级。①

依据上述分析，提出以下研究假设：

假说 7-1：在控制其他影响因素的条件下，新贸易保护会加强中国供应链集中度，影响上下游供应商和客户。

假说 7-1a：在控制其他因素的条件下，新贸易保护会提高中国企业上游供应商集中度。

假说 7-1b：在控制其他因素的条件下，新贸易保护会提高中国企业下游客户集中度。

（二）新贸易保护下中国产业链与对外贸易高质量发展的机理分析

新贸易保护在全球供应链形成的国际背景下提出，西方国家的进口税负增加将导致中国贸易产生出口替代效应，转向其他周边国家出口，开拓其他的市场，最终阻碍中国对外贸易发展质量的提升。从长期来看，西方国家对高科技产品出口的限制将产生技术倒逼效应，促使中国企业加速自主创新。同时，进出口替代和转移效应也将发挥作用，推动中国逐步建立独立的科技生产体系。这一体系的形成不仅有助于提升中国科技产品的出口能力，还能增强其在全球供应链中的地位，从而促进对外贸易的高质量发展。

供应链发挥负面的规模经济效应。上述分析说明了在长期中新贸易保护对中国对外贸易高质量发展水平的正面激励效果。然而在供应链层面，短期内会对这一正面效果产生一定的阻碍。全球供应链具有的一个极大优势是各国企业通过专业分工协同合作，从而因资源配置优化促使企业生产规模不断扩大。但是当新贸易保护对供应链的某一个环节采取干预措施

① 吴晓晖、秦利宾、薄文：《客户战略联盟如何激发企业创新？——基于文本分析的经验证据》，《南开管理评论》2024 年第 27 期。

时，将可能通过供应链的链条关系而迅速传导至每一个节点，这在短期内无疑会有碍于各中间商已经成形的规模化生产，导致资源利用效率下行、产品生产成本上升，使中国商品在对外贸易竞争中的优势减弱。

供应链发挥负面的技术溢出效应，但是存在正面的技术研发效应。产业链中的技术溢出效应指在不同产业链的交流与合作环节中，技术创新能够从上游环节传播至中间制造环节，从而有助于技术的不断突破以促使新的科技成果迅速被各个环节所应用，提升整体产业链的国际竞争力。然而西方国家对中国限制高科技产品的出口，将会抑制产业链中存在的技术溢出效应，从而导致各生产环节的生产力下降、生产流程中断、产品附加值和产品质量均受到负面影响，不利于对外贸易高质量发展。但是，这种技术溢出效应的减弱或停滞能够在长期中倒逼中国企业自主创新。具体来说，从供应链上游供应商来看，较多研究表明上游供应商集中度提高会影响企业资金运作，经营风险提升，创新将会受到阻碍。但是从供应链下游客户集中度来看，有研究认为客户集中度越高，企业销售和管理费用越小，存货周转率随之升高，企业有更多的利润开展创新活动。① 不仅如此，客户集中度提升有助于企业收入的稳定性提高，降低经营风险，有利于绿色创新。② 依据上述分析，提出以下假说：

假说 7-2：新贸易保护对对外贸易高质量发展的促进效应会受到供应链集中度的影响。

假说 7-3：新贸易保护对对外贸易高质量发展的促进效应依赖于下游客户集中度的提升，而受碍于上游供应商集中度的提升。

第二节　新贸易保护影响产业链的实证分析

一、模 型 构 建

本节的研究目标是探究新贸易保护对中国产业链是否存在影响？基于新贸易保护的特征，采用双重差分模型以识别新贸易保护与中国产业链之间的关系。

构建以下双重差分模型对新贸易保护与中国产业链的关系进行检验。

---

① Patatoukas P.N.,"Customer-Base Concentration: Implications for Firm Performance and Capital Markets", *The Accounting Review*, Vol.87, No.2, 2010.

② Peters J.,"Buyer Market Power and Innovative Activities", *Review of Industrial Organization*, Vol.16, No.1, 2000.

具体而言,以上市公司是否属于制造业作为分组依据,处理组是制造业的上市公司,对照组是非制造业的其他上市公司。通过处理组与实验组上游和下游供应链的变化对比以判断新贸易保护对中国产业链的冲击。构造的计量模型如下:

$$Y_{i,t} = \alpha_0 + \alpha_1 Protecpolicy_i \times Year_t + \alpha_2 Protecpolicy_i + \alpha_3 Year_i + \sum_{j=2}^{n} \beta_j \times Control_{i,t} + \varepsilon_{i,t} \quad (7-1)$$

其中,被解释变量 $Y_{i,t}$ 表示上市公司 i 第 t 期的供应链变化;$Protecpolicy_i$ 是二元分组虚拟变量,$Year_t$ 是二元时间虚拟变量,$Protecpolicy_i \times Year_t$ 衡量新贸易保护净效应的交互项;$Control_{i,t}$ 为一系列控制变量,j 代表控制变量个数(共 7 个控制变量);$\varepsilon_{i,t}$ 是随机扰动项。

二、变量选取与数据来源

(一) 变量选取

1. 被解释变量

供应链集中度。所谓供应链集中度指企业与供应链上游供应商和下游客户整体交易集中程度。企业供应链是形成产业链生成的基础,更能客观反映分工协作关系。考虑到企业供应链又可分为上游供应商和下游客户两个层面,因此,选择供应链集中度、上游供应商集中度和下游客户集中度三个指标作为衡量供应链关系的变量。其中,供应链集中度指企业向前五大供应商采购金额与企业向前五大客户销售额占比,上游供应商集中度是企业向前五大供应商采购金额占比,下游客户集中度是企业向前五大客户的销售金额占比。以上三个指标越大,表明供应链整体、上游供应商、下游客户集中度越高。

2. 解释变量

新贸易保护影响($Protecpolicy_i \times Year_t$)。$Protecpolicy_i$ 代表供应链受到影响的虚拟变量,$Protecpolicy_i = 1$ 代表受到贸易摩擦影响的处理组样本,即属于制造行业的上市公司,$Protecpolicy_i = 0$ 则代表不受贸易摩擦影响的对照组样本。$Year_t$ 是时点变量,贸易摩擦实际正式开始于 2017 年,因此以 2017 年作为临界点,在此之后即 2018—2021 年,$Year_t = 1$;在此之前即 2012—2017 年,$Year_t = 0$。

3. 控制变量

参考已有研究①②选取以下控制变量：企业规模（*Size*）、资产负债率（*Lev*）、销售毛利率（*GP*）、流动比率（*Liquid*）等变量。

表 7-1　变量定义

变量名称	变量符号	变量定义与说明
供应链集中度	*SC*	与前五大供应商、客户采购和销售比例之和的均值
上游供应商集中度	*SL*	前五大供应商采购额占年度总采购额比例
下游客户集中度	*CL*	前五大客户销售额占年度总销售额比率
行业虚拟变量	$Protecpolicy_i$	分为制造业和非制造业，制造业取值 1，否则取值为 0
年份虚拟变量	$Year_t$	按照外生冲击发生的时间，2018 年之后取值为 1，2018 年之前取值为 0
企业规模	*Size*	总资产的自然对数
资产负债率	*Lev*	总负债/总资产
账面市值比	*BM*	
销售毛利率	*GP*	
流动比率	*Liquid*	经营活动现金净流量/现金净流量总额
是否持有银行股份	*Bank*	是则取值为 1，否则为 0
是否持有其他金融机构股份	*FinInst*	是则取值为 1，否则为 0

（二）数据来源与描述统计

1. 数据来源与处理

首先，运用事件研究法探究贸易保护对不同行业供应链的影响，以 2018 年美国加征关税为研究时间。处理组和对照组的上市公司数据等均来源于国泰安数据库、东方财富金融终端。选择时间跨度为 2012—2021 年的年度数据，并对初始样本进行以下处理：（1）剔除在样本期间内私有化的上市公司样本；（2）剔除 ST、PT 以及财务数据极端异常的公司；（3）剔除数据缺失严重的上市公司样本；（4）剔除金融行业数据。在数据处理完成后，共筛选出 63909 个上市公司的有效观测值样本。样本涵盖 30 个省份，70 个二位码行业。

① 方红星、严苏艳：《客户集中度与企业创新》，《科研管理》2020 年第 5 期。

② 李宛、陈良华、迟颖颖：《供应商/客户集中度与企业绿色创新》，《软科学》2023 年第 3 期。

2. 描述性统计

表 7-2 报告了 2012—2021 年样本期内变量的描述性统计结果，可以看到处理组和实验组各变量的样本量、均值、标准差、最大值与最小值，研究期间处理组各变量均值高于对照组。对比新贸易保护冲击前后供应链集中度变化，两组的供应链集中度均有不同程度的升高。处理组供应链集中度明显高于对照组，说明制造行业的供应链集中程度高于其他行业。此处的比较仅仅是初步表现，并不能说明新贸易保护是导致制造行业供应链集中度提升比例高于对照组的原因，因而将通过接下来的实证分析以进一步探究供应链集中度的组间差异。最后，从控制变量的均值来看，处理组与对照组的整体差别相对较小，符合双重差分模型的分析条件。

表 7-2　主要变量的描述性统计结果

变量名	处理组样本					对照组样本				
	样本量	均值	标准差	最小值	最大值	样本量	均值	标准差	最小值	最大值
SC	39320	33.293	16.631	0.640	108.09	24518	32.427	20.663	0.130	100
SL	39320	35.693	19.454	0.320	100.00	22549	33.152	23.371	0	100
CL	39320	33.259	21.412	0.130	157.89	23991	32.606	27.828	0.01	125.55
Size	39338	21.955	1.179	17.641	27.62	24571	22.522	1.476	15.577	28.636
Lev	39338	3.857	4.250	0.511	141.25	24571	3.301	4.297	0.628	97.384
BM	39338	9.606	0.244	0.008	1.468	24571	0.683	0.274	0.004	1.601
GP	39338	0.284	0.180	-0.862	0.999	24571	0.291	0.192	-2.978	3.764
Liquid	39338	2.859	4.224	0.069	204.74	24571	2.293	3.235	0.028	116.40
Bank	39338	0.044	0.204	0	1	24571	0.049	0.217	0	1
FinInst	39338	0.031	0.175	0	1	24571	0.052	0.222	0	1

三、实证检验

（一）基准回归分析

为了有效识别新贸易保护对中国上市公司供应链的影响，采用个体（企业）和时间（年份）双向固定效应模型，标准误差聚类到个体层面。表 7-3 是模型 7-1 的估计结果。列（1）、列（3）、列（5）是未加入控制变量的结果，列（2）、列（4）、列（6）是加入控制变量的结果。结果发现，无论是否加入控制变量，核心解释变量（$Protecpolicy_i \times Year_t$）的估计系数均在 1% 的水平下显著为正，说明新贸易保护显著提高了中国上市公司供应链集中度，上游供应商集中度和下游客户集中度均提高，即新贸易保护导致制造业企业整体供应链集中度提高 2.12%、上游供应商集中度提高 2.52%、下游客户集中度提高 3.68%。研究假说 7-1、假说 7-1a、假说 7-1b 得到验证。西方新贸易保护的主要目的，一方面是维护其本国贸易利益，另一方面则是通过限制向发展中国家出口高科技产品以阻碍其科技进步。因此在全球供应链分工和自由贸易的条件下，这对中国国内与对外进出口联系紧密的行业产生深刻影响。西方贸易保护措施实施后，在短期内，第一，对进口的中国制造商品征收关税，会使处于供应链下游的西方企业因成本上升而放弃与中国企业的贸易合作，这将使技术含量相对较低的中国制造企业不得不寻找其他的下游客户，供应链的稳定性受到影响。第二，西方国家限制其高技术含量的商品出口到中国也将会通过技术溢出效应的降低而导致中国企业可能面临技术停滞。中国的传统制造厂商往往专注于加工制造环节，自主研发能力相对薄弱，因此上游技术含量高的商品供给"暂停"将会使国内企业供应链的专业分工和技术溢出效应受到负面影响。第三，根据资源依赖理论，政府采取监管措施干预企业生产制造权利，会降低企业对外依赖。① 但是在全球供应链的运作模式下，这显然不利于提高上下游供应链企业之间的资源配置效率，提高了行业的交易壁垒，降低了国际市场的市场效率。加入控制变量后提高了回归结果的稳健性，再次说明新贸易保护会影响中国制造企业的上下游供应链，降低资源配置效率，不利于企业发展。其中，企业规模（*Size*）与供应链集中度呈现负相关关系，意味着生产企业的经营规模越大，其供应链集中度越低，对上下游供应链的依赖相对较低，有利于企业分散风险；资产负债率（*Lev*）与供应链集中度呈现正相关关系，供应链集中度会随着资产负债率的提高而上升。

表 7-3 新贸易保护影响中国供应链的回归结果

变量	(1)	(2)	(3)	(4)	(5)	(6)
	供应链集中度	供应链集中度	上游供应商集中度	上游供应商集中度	下游客户集中度	下游客户集中度
YP	1.925*** (6.177)	2.127*** (6.863)	2.371*** (6.328)	2.526*** (6.778)	3.371*** (8.048)	3.681*** (8.760)
Year	2.674*** (10.143)	3.133*** (11.539)	-2.003*** (-6.365)	-1.547*** (-4.820)	0.810** (2.253)	1.249*** (3.366)

① 续慧泓、宋陆涛、牛岚甲：《企业并购、供应链集中度与能源统一大市场——来自能源企业的经验证据》，《山西财经大学学报》2023 年第 7 期。

续表

变量	(1) 供应链集中度	(2) 供应链集中度	(3) 上游供应商集中度	(4) 上游供应商集中度	(5) 下游客户集中度	(6) 下游客户集中度
Protecpolicy	-3.072*** (-13.633)	-4.913*** (-21.667)	-4.758*** (-16.853)	-6.836*** (-23.880)	-4.025*** (-13.629)	-5.729*** (-19.203)
Size		-1.994*** (-26.402)		-3.092*** (-37.052)		-1.934*** (-19.079)
Lev		0.282*** (6.292)		0.333*** (4.964)		0.188*** (3.242)
BM		-3.085*** (-8.561)		1.594*** (3.672)		-1.234** (-2.560)
GrossProfit		-14.519*** (-28.843)		-11.049*** (-18.869)		-17.319*** (-26.777)
Liquid		0.185*** (3.087)		0.298*** (4.645)		0.338*** (5.091)
Bank		-6.028*** (-15.805)		-2.725*** (-5.246)		-5.867*** (-12.582)
FinInst		0.668 (1.427)		1.900*** (3.304)		4.030*** (6.644)
_cons	34.065*** (176.353)	83.935*** (51.657)	40.255*** (167.413)	110.068*** (60.515)	35.192*** (136.439)	83.044*** (38.129)
N	63838	62615	59301	58164	63264	62057
R^2	0.015	0.071	0.007	0.059	0.007	0.039
F	360.488	431.370	126.328	321.421	178.128	223.047

注:括号内为稳健标准误差,聚类到企业层面,*、**、*** 分别表示在 10%、5%、1%的显著性水平下显著,下同。

(二) 稳健性检验

1. 平行趋势检验

基准回归模型证明了新贸易保护对上市公司供应链集中度存在影响,结果表明新贸易保护提高了中国上市公司供应链集中度,对制造行业的上市公司的效果尤为明显。使用双重差分模型的重要前提是处理组和对照组满足平行趋势假设,即两组上市公司在新贸易保护之前应有相同的变化趋势。为了检验平行趋势假设,采用时间趋势图以说明该问题。

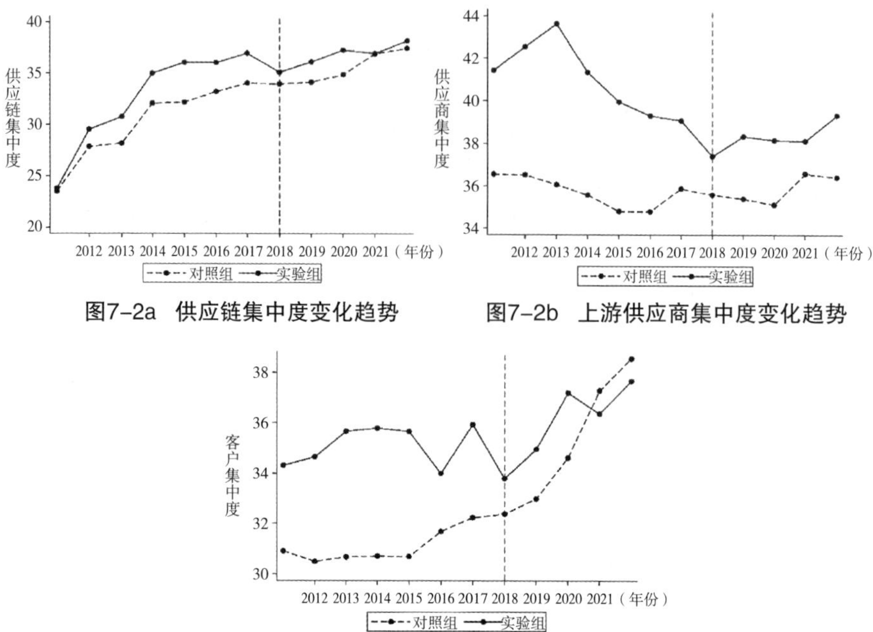

图7-2a　供应链集中度变化趋势

图7-2b　上游供应商集中度变化趋势

图7-2c　下游客户集中度变化趋势

2. 替换被解释变量

在此选择替换供应链集中度的衡量方式。具体地，选择供应商集中度赫芬达尔指数（前五大供应商采购额占总采购额比率平方之和）和客户集中度赫芬达尔指数（前五大客户销售额占总销售额比率平方之和）分别作为被解释变量的替代指标，按照模型 7-1 进行回归，结果见表 7-4。结果显示，被解释变量的估计系数均在 1%的显著性水平下显著为正，该估计结果与主回归表 7-3 一致，证明估计结果稳健。

表 7-4　替换被解释变量的回归结果

变量	（1）供应链集中度赫芬达尔指数	（2）客户集中度赫芬达尔指数
YP	1.751*** （6.698）	1.225*** （4.093）
year	−1.593*** （−7.037）	0.236 （0.867）
Protecpolicy	−3.817*** （−18.551）	−3.326*** （−15.930）
控制变量	控制	控制
N	32478	35625
R^2	0.036	0.030
F	84.222	71.713

3. 剔除 2020 年和 2021 年数据

考虑到新冠疫情于 2019 年年底暴发，2020 年和 2021 年全球经济受到了这一疫情的不确定性影响，为了避免这一自然灾害对回归结果的异常影响，选择剔除 2020 年和 2021 年数据再进行回归分析。继续采用模型 7-1，得到的回归结果见表 7-5。在剔除了 2020 年和 2021 年的数据之后，核心解释变量（YP）的估计系数仍然在 1%的显著性水平下显著为正，说明新贸易保护确实对中国供应链集中度、上游供应商集中度和下游客户集中度产生了影响，这种影响并非来源于新冠疫情。

表 7-5　剔除 2020 年和 2021 年数据后的回归结果

变量	(1)	(2)	(3)
	供应链集中度	上游供应商集中度	下游客户集中度
YP	1.014** (2.096)	2.209*** (3.723)	1.849*** (2.906)
Year	2.313*** (5.461)	-2.264*** (-4.446)	-0.470 (-0.849)
Protecpolicy	-3.395*** (-12.543)	-7.046*** (-19.899)	-2.788*** (-8.050)
Size	-2.034*** (-18.526)	-3.828*** (-29.535)	-2.126*** (-14.498)
Lev	0.235*** (4.309)	0.251*** (3.477)	0.223*** (2.821)
BM	-2.579*** (-4.752)	5.296*** (7.370)	1.958*** (2.851)
GrossProfit	-15.467*** (-19.630)	-10.442*** (-10.795)	-18.260*** (-19.780)
Liquid	0.115 (1.540)	0.304*** (4.441)	0.218*** (2.582)
Bank	-5.770*** (-10.928)	-3.445*** (-4.779)	-4.927*** (-7.585)
FinInst	-0.039 (-0.065)	2.518*** (3.295)	2.760*** (3.550)
_cons	83.643*** (35.260)	124.106*** (44.280)	83.144*** (26.296)
N	28231	25221	28066
R^2	0.062	0.068	0.035
F	148.008	169.464	74.887

4. 安慰剂检验

鉴于可能存在未考虑的变量引发的内生性问题，对实证结果的稳健性构成一种潜在威胁，因此，本节采用随机分配制造业企业的安慰剂检验来解决这个问题。具体而言，从总计约3500家上市公司中，随机选择了2300家作为处理组，而剩下的1200家作为对照组。在这种情况下，如果政策估计系数仍然具有高度显著性，那么可以说明实证结果不是其他未观察因素导致的。反之，如果政策估计系数不显著，那么可以得出新贸易保护主义确实对中国企业供应链集中度产生了影响。进行了500次随机抽样，并对式(7-1)进行了回归分析。图7-3展示了政策对不同Y的系数t值的核密度分布情况。结果显示，在固定效应的检验下，绝大部分估计系数的t值都落在[-2,2]的范围内，对应的P值都超过了0.1，这表明政策在500次随机抽样中基本没有影响。

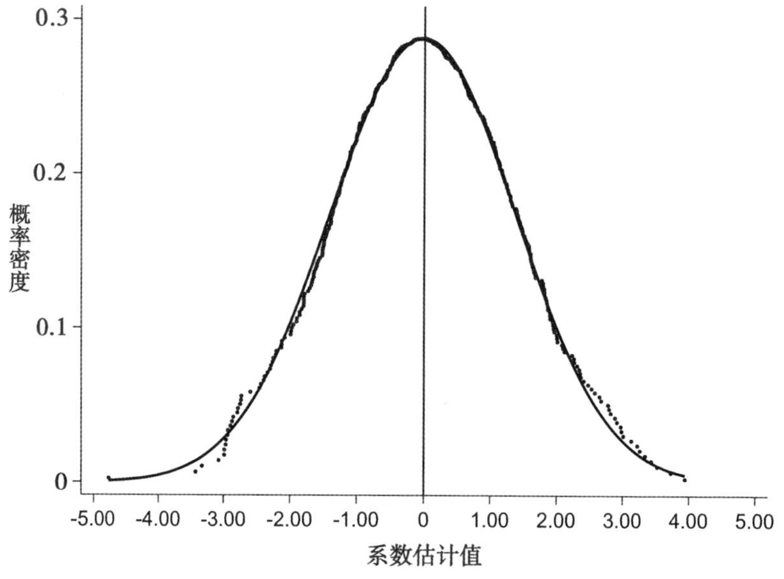

图7-3 安慰剂检验结果

（三）异质性检验

上述回归结果表明，受到新贸易保护主义影响的公司供应链集中度发生了明显变化。那么，这种供应链集中度提升在不同类型企业中的表现是否存在差异。接下来，依据企业是否属于东部沿海地区、企业是否属于高科技行业①、企业是否以国内供应链为主把研究样本进行分组，再分别基于模

① 参考彭红星(2017)，按照证监会2012年的上市公司分类指引，上市公司分类代码为C25—C29、C31、C32、C34—C41、I63—I65、M73的上市公司定义为高科技行业公司。

型 7-1 进行回归估计，结果见表 7-6。

表 7-6　新贸易保护对不同地区上市公司供应链的影响

变量	东部地区	中西部地区	东部地区	中西部地区	东部地区	中西部地区
	供应链集中度		上游供应商集中度		下游客户集中度	
YP	1.425*** (3.856)	3.728*** (6.668)	2.452*** (5.394)	2.973*** (4.598)	2.676*** (5.459)	6.005*** (7.633)
Year	3.402*** (10.628)	2.781*** (5.623)	-1.919*** (-4.913)	-0.626 (-1.124)	1.791*** (4.216)	0.255 (0.358)
Protecpolicy	-3.457*** (-12.767)	-8.166*** (-19.863)	-6.853*** (-19.493)	-7.027*** (-14.283)	-2.853*** (-8.200)	-12.241*** (-21.775)
Size	-2.221*** (-24.349)	-1.318*** (-9.717)	-3.345*** (-33.591)	-2.461*** (-16.122)	-2.135*** (-17.446)	-1.227*** (-6.677)
Lev	0.189*** (3.958)	0.700*** (6.511)	0.166** (2.354)	1.169*** (8.376)	0.177*** (2.692)	0.171 (1.334)
BM	-1.704*** (-3.876)	-7.896*** (-12.277)	4.027*** (7.441)	-4.451*** (-6.055)	-0.136 (-0.238)	-6.497*** (-7.283)
GrossProfit	-13.393*** (-20.568)	-16.606*** (-21.064)	-8.793*** (-12.030)	-15.654*** (-16.253)	-16.704*** (-20.227)	-17.880*** (-17.076)
Liquid	0.291*** (4.200)	-0.270** (-2.376)	0.490*** (7.035)	-0.726*** (-4.935)	0.388*** (5.042)	0.315** (2.192)
Bank	-5.997*** (-11.549)	-5.408*** (-9.394)	-3.746*** (-5.315)	-1.191 (-1.535)	-5.039*** (-7.854)	-5.791*** (-8.541)
FinInst	0.583 (0.990)	1.068 (1.330)	2.495*** (3.425)	1.170 (1.212)	3.484*** (4.542)	5.079*** (5.040)
_cons	86.316*** (43.574)	75.321*** (26.247)	113.399*** (51.952)	101.160*** (30.674)	83.759*** (31.653)	76.982*** (19.669)
N	42061	20554	39027	19137	41864	20193
R^2	0.071	0.085	0.064	0.063	0.040	0.058
F	260.934	199.172	235.318	105.950	121.427	136.904

1. 上市公司所属地区存在差异

从估计系数显著性来看，不论是东部地区还是中西部地区，供应链集中度、上游供应商集中度和下游客户集中度的估计系数均在 1%的显著性水平下显著为正，说明东部地区和中西部地区的供应链均受到新贸易保护的影响。进一步地，从估计系数的大小来看，中西部地区的供应链集中度估计系数变化相对较大，尤其表现在下游客户集中度的估计系数。这一结果说明，相较于东部沿海地区的企业，中西部地区企业的下游客户集中度受到新贸易保护的影响更大。可能的原因在于以下两个方面：第一，近年来在国家产业政策的大力引导下，沿海地区制造产能正在加速向内陆地区转移①，这意味着中西部地区的制造企业数量不断上升且制造能力显著提升，在国际贸易中是重要的上游供应商，因此西方国家的新贸易保护行为也对中西部地区制造行业的影响较大。第二，东部沿海地区的国内供应链发挥了一定的进口替代效应。中国企业的供应链变化一方面受到海外贸易的影响；另一方面也受到国内供应商的影响，国外的技术封锁将促使沿海地区的高科技制造商转向成为国内下游企业的供应商，以构建国内的供应链体系取代曾经的进口依赖。上述两点解释了虽然东西部地区的企业供应链均受到西方贸易保护主义的影响，但是东部沿海地区受到的冲击小于中西部地区。

2. 上市公司属于不同性质行业

表 7-7 的估计结果显示，在高科技行业中，新贸易保护（YP）对供应链集中度的估计系数在 5%的显著性水平下显著为负，并且，对上游供应商集中度和下游客户集中度均不显著；在非高科技行业中，新贸易保护对供应链集中度的估计系数在 1%的显著性水平下显著为正。上述估计结果表明，美国等西方国家虽然为了抑制中国的科技进步限制高科技产品的出口，但是对于所属行业是高科技行业的企业而言，其供应链集中度反而降低。可能的原因在于：一方面高科技行业内的企业自身具有较强的技术研发能力，对那些对外科技依赖程度相对较低的科技类企业，当西方国家采取新贸易保护时，技术密集型的企业反而更能够开拓国内市场，对国内的其他制造企业提供技术支持，从而降低了其供应链集中度，有利于开拓国内供应链业务。另一方面，对那些对外技术依赖度较高的科技企业，西方国家贸易保护有利于倒逼其自主研发。对其他传统制造企业而言，往往表现出较强的对外技术依赖性，因为其供应链集中度受到西方新贸易保护主义的影响较大。这也从侧面反映出，西方国家的新贸易保护能够展现中国自主研发能力强的企业优势，同时能够倒逼中国技术依赖度强的企业开展自主研发，对依赖国外技术的企业起到一定的警醒作用。

表 7-7　新贸易保护对不同行业上市公司供应链的影响

变量	供应链集中度		上游供应商集中度		下游客户集中度	
	高科技	非高科技	高科技	非高科技	高科技	非高科技
YP	-1.220** (-2.439)	1.336*** (2.867)	-0.031 (-0.048)	2.340*** (4.324)	-0.530 (-0.863)	2.729*** (4.310)

① 黎峰：《国内供应链构建水平与企业进口议价能力——基于上市公司的经验证据》，《财经研究》2023 年第 8 期。

续表

变量	供应链集中度		上游供应商集中度		下游客户集中度	
	高科技	非高科技	高科技	非高科技	高科技	非高科技
Year	7.311*** (15.608)	1.889*** (5.755)	1.785*** (2.905)	-2.342*** (-6.182)	6.040*** (10.610)	0.057 (0.125)
Protecpolicy	2.428*** (6.368)	-9.344*** (-28.342)	-0.528 (-1.016)	-10.803*** (-26.793)	3.185*** (7.207)	-11.188*** (-25.762)
Size	-2.553*** (-28.180)	-2.021*** (-16.534)	-2.772*** (-25.845)	-3.871*** (-29.491)	-3.318*** (-28.541)	-1.241*** (-7.318)
Lev	0.141* (1.859)	0.502*** (7.828)	0.901*** (9.617)	0.214** (2.488)	-0.542*** (-6.739)	0.786*** (9.031)
BM	-7.338*** (-16.925)	0.470 (0.751)	-3.329*** (-6.125)	5.553*** (7.634)	-4.615*** (-8.113)	1.125 (1.313)
GrossProfit	-19.001*** (-28.730)	-8.017*** (-10.280)	-18.499*** (-24.972)	-1.147 (-1.303)	-20.054*** (-24.486)	-12.842*** (-11.740)
Liquid	0.416*** (4.026)	-0.257*** (-2.675)	0.039 (0.451)	0.095 (0.864)	1.046*** (9.064)	-0.603*** (-4.906)
Bank	-2.323*** (-4.924)	-9.262*** (-15.726)	-0.292 (-0.455)	-4.773*** (-5.802)	-2.372*** (-4.313)	-9.076*** (-12.314)
FinInst	-2.675*** (-4.665)	2.788*** (3.937)	1.207 (1.619)	2.417*** (2.767)	-3.374*** (-5.077)	8.970*** (9.636)
_Cons	93.157*** (47.512)	82.144*** (31.723)	100.624*** (42.491)	124.557*** (44.796)	109.324*** (44.050)	66.032*** (18.266)
N	36096	26519	33723	24441	36050	26007
R^2	0.120	0.068	0.077	0.069	0.086	0.045
F	407.650	231.325	226.052	196.089	283.434	147.594

3. 上市公司主要供应链模式不同

从制造企业供应链是国内循环还是国外循环模式，可以将制造企业大致划分为以下两类：以国内供应链为主和以国外供应链为主两种供应链模式。以国内供应链为主的企业表现为中间品由国内供应商或客户吸收，而国外供应链为主的企业则意味着中间品主要由国外供应商或客户采购。相关文献研究认为，国际垄断供应商或客户极大地影响着中国制造企业的价值链分工①②，因此可以认为以国际供应链为主要模式的生产制造企业更

① 李光泗、韩冬：《竞争结构、市场势力与国际粮食市场定价权——基于国际大豆市场的分析》，《国际贸易问题》2020 年第 9 期。

② 于左、闫自信、彭树宏：《中国进口铁矿石定价权缺失与反垄断政策》，《财经问题研究》2015 年第 12 期。

容易对国际供应链产生依赖,从而导致贸易摩擦等外部冲击极易影响其供应链的稳定性和安全。考虑到这一点,按企业在供应链中扮演的角色,将企业分为供应商和客户,当企业作为供应商或客户,其排名前三的客户或供应商如果均为国内企业,则认为其是以国内供应链为主的企业,否则认为其是以国际供应链为主的制造商或客户。基于以上分析,将上市公司与其供应商或客户数据进行匹配,首先剔除供应商或客户公司编号为空的企业样本,剩余样本依据其客户或供应商排名进行匹配再分组,从而获得上市公司前五大供应商或客户信息,依据排名进行分组,共划分为 4 组,分别是企业作为供应商且其国内客户占据前三、企业作为供应商且其客户占据非前三、企业作为客户且其国内供应商占据前三、企业作为客户且其供应商占据非前三。

依据上述的分组分别进行回归,结果见表 7-8。不论企业作为供应商还是客户,当企业是以国内供应链为主的样本时,新贸易保护对上市公司的估计系数分别是 2. 807 和 3. 225,均小于跨国供应链企业的样本估计系数。上述回归结果表明,相较于以全球供应链为主的制造企业,以国内供应链为主的制造企业受到新贸易保护的影响相对较小。这意味着国内供应链循环能够在一定程度上缓解新贸易保护对企业带来的供应链冲击。这是一种有效的供应链替代手段,能够降低企业在新贸易保护中所受到的消极影响。

表 7-8　不同供应链模式下新贸易保护对企业供应链的回归结果

变量	(1)	(2)	(3)	(4)
	企业作为供应商且其客户占前三	企业作为供应商且其客户排名占非前三	企业作为客户且其供应商占前三	企业作为客户且其供应商占非前三
YP	2.807*** (3.641)	3.526*** (3.634)	3.225*** (3.525)	3.401*** (4.623)
year	5.493*** (8.542)	3.927*** (4.821)	0.559 (0.720)	1.044* (1.692)
Protecpolicy	-7.263*** (-14.439)	-6.975*** (-10.706)	-5.044*** (-7.826)	-5.241*** (-10.229)
Size	-0.736*** (-3.703)	-0.718*** (-2.781)	-1.813*** (-6.427)	-1.911*** (-9.035)
Lev	0.106 (1.491)	0.197** (2.074)	0.350*** (2.580)	0.259** (2.555)
BM	-4.928*** (-5.273)	-3.675*** (-3.079)	0.148 (0.122)	-0.090 (-0.097)

续表

变量	(1) 企业作为供应商且其客户占前三	(2) 企业作为供应商且其客户排名占非前三	(3) 企业作为客户且其供应商占前三	(4) 企业作为客户且其供应商占非前三
GrossProfit	-15.626*** (-12.332)	-14.965*** (-9.289)	-13.830*** (-8.753)	-15.190*** (-12.538)
Liquid	0.232*** (2.637)	0.167 (1.424)	0.131 (0.700)	0.225** (2.125)
Bank	-4.414*** (-5.279)	-5.787*** (-5.241)	-8.336*** (-6.698)	-4.823*** (-4.875)
FinInst	1.196 (1.247)	1.342 (1.021)	1.893 (1.183)	2.747** (2.302)
_cons	60.185*** (14.244)	59.218*** (10.756)	80.813*** (13.611)	83.566*** (18.703)
N	10512	6395	6694	10816
R^2	0.077	0.068	0.049	0.050
F	96.675	49.761	33.044	53.296

第三节　产业链影响对外贸易高质量发展的实证分析

一、模型构建

新贸易保护不仅对中国企业的供应链产生影响，更重要的是通过供应链变化最终影响对外贸易高质量发展。要想说明新贸易保护是否通过产业链对中国对外贸易高质量发展产生影响，需要按照以下步骤进行实证分析。借鉴已有研究的检验步骤，第一步，需要检验新贸易保护对中国对外贸易高质量水平是否产生影响，为此构建模型(7-2)，核心解释变量是新贸易保护冲击($YP_{i,t}$)；第二步，需要证明供应链变化是否为新贸易保护影响中国对外贸易高质量发展水平的机制变量，因此，在模型(7-2)的基础上，以供应链集中度、上游供应商集中度、下游客户集中度分别与新贸易保护冲击的交乘项($YP_{i,t} \times SC_{i,t}$ 、$YP_{i,t} \times SL_{i,t}$ 、$YP_{i,t} \times CL_{i,t}$)作为核心解释变量，由此构建模型(7-3)。

$$Y_{k,t} = \alpha_0 + \alpha_1 YP_{i,t} + \alpha_2 Protecpolicy + \alpha_3 Year + \sum_{j=2}^{n} \beta_j \times \mathrm{Control}_{i,t} + \varepsilon_{i,t} \tag{7-2}$$

$$Y_{k,t} = \alpha_0 + \alpha_1 YP_{i,t} \times SC_i + \alpha_2 YP + \alpha_3 SC_{ii} + \sum_{j=2}^{n} \beta_j \times \mathrm{Control}_{i,t} + \varepsilon_{i,t} \tag{7-3a}$$

$$Y_{k,t} = \alpha_0 + \alpha_1 YP_{i,t} \times SL_i + \alpha_2 YP + \alpha_3 SL_{ii} + \sum_{j=2}^{n} \beta_j \times \mathrm{Control}_{i,t} + \varepsilon_{i,t} \tag{7-3b}$$

$$Y_{k,t} = \alpha_0 + \alpha_1 YP_{i,t} \times CL_i + \alpha_2 YP + \alpha_3 CL_{ii} + \sum_{j=2}^{n} \beta_j \times \mathrm{Control}_{i,t} + \varepsilon_{i,t} \tag{7-3c}$$

其中,被解释变量 $Y_{k,t}$是中国对外贸易高质量发展,表示中国各省份 k 第 t 年的对外贸易发展质量;$YP_{i,t}$、$Protecpolicy_i$、$Year_t$ 含义与基准回归模型(7-1)一致;$Control_{i,t}$为一系列控制变量,j 代表控制变量个数(共 5 个控制变量);$\varepsilon_{i,t}$ 是随机扰动项。

二、变量选取与数据来源

(一) 变量选取

1. 被解释变量

对外贸易高质量发展(*Tradehiq*)。采用前文测算的对外贸易高质量发展水平数据。

2. 核心解释变量

模型(7-2)中核心解释变量为 $YP_{i,t}$,代表新贸易保护;模型(7-3)中核心解释变量是 $YP_{i,t} \times SC_{i,t}$、$YP_{i,t} \times SL_{i,t}$、$YP_{i,t} \times CL_{i,t}$,代表新贸易保护与供应链集中度的交互项。新贸易保护与供应链集中度仍然采用上一节所用数据。在此不再赘述。其中供应链集中度还包括上游供应商集中度和下游客户集中度。

3. 控制变量

参考已有研究①,选取以下控制变量:公司规模(*ROA*)、资产负债率(*ATO*)、销售毛利率(*Indep*)、流动比率等变量。

---

① 刘金科、肖翊阳:《中国环境保护税与绿色创新:杠杆效应还是挤出效应?》,《经济研究》2022 年第 1 期。

表 7-9　变量定义

变量名称	变量符号	变量定义与说明
贸易保护主义×供应链集中度	YP×SC	贸易保护主义与供应链集中度的交乘项
贸易保护主义×上游供应商集中度	YP×SL	贸易保护主义与上游供应商集中度的交乘项
贸易保护主义×下游客户集中度	YP×CL	贸易保护主义与下游客户集中度的交乘项
总资产净利润率	ROA	企业净利润总额/总资产总额
总资产周转率	ATO	销售总额/总资产
独立董事占比	Indep	独立董事占所有董事人数比重
两职合一	Dual	企业董事长是否同时是总经理,是则取值为 1
标准审计意见	Opinion	标准审计意见取值为 1,否则为 0

（二）数据来源与样本处理

首先,本部分在上述研究的基础上,依据上市公司所属省份和所在年份与对外贸易高质量发展数据进行匹配,最终获得匹配后的面板数据,时间跨度为 2012—2021 年。经过数据处理,最终获得上市公司共 54919 个有效观测值样本。样本涵盖 30 个省份,70 个二位码行业。表 7-10 报告了 2012—2021 年样本期内变量的描述性统计结果。

表 7-10　主要变量的描述性统计结果

变量	观测值	均值	标准差	最小值	最大值
Tradehiq	54919	0.299	0.207	0.065	3.003
$YP_{i,t}$	54919	0.282	0.450	0	1
$SC_{i,t}$	54851	34.164	18.190	0.200	108.090
$SL_{i,t}$	51789	36.937	21.168	0	100
$CL_{i,t}$	54340	33.862	23.980	0.010	157.890
ROA	51653	0.033	0.081	-1.859	0.969
ATO	51653	0.640	0.634	-0.048	12.373
Indep	54919	37.315	5.372	14.290	80
Dual	54919	0.267	0.442	0	1
Opinion	54919	0.962	0.192	0	1

三、实证检验

（一）基准回归分析

表7-11列(1)和列(2)是模型(7-2)的估计结果，可以发现，不论是否加入控制变量，核心解释变量($YP_{i,t}$)的估计系数在1%的水平下显著为正，说明新贸易保护对中国对外贸易高质量发展产生了正向促进作用。在列(2)的基础上加入供应链集中度这一特征变量，不难发现，列(3)供应链集中度与新贸易保护的交互项($YP_{i,t}\times SC_{i,t}$、)在1%的水平下显著为负，说明供应链集中度这一机制变量($SC_{i,t}$)对处理组对外贸易高质量发展水平产生了负向调节效应。这一结果验证了假说7-2。进一步地，从供应链上下游来看，列(4)上游供应商集中度与新贸易保护的交互项($YP_{i,t}\times SL_{i,t}$)在1%的显著性水平下显著为负，而列(5)中下游客户集中度与新贸易保护的交互项($YP_{i,t}\times CL_{i,t}$)在1%的显著性水平下显著为正。这一估计结果初步说明上游供应商集中度这一机制变量($SL_{i,t}$)对处理组对外贸易高质量发展水平产生了负向调节效应，而下游客户集中度这一机制变量($CL_{i,t}$)对处理组对外贸易高质量发展产生了正向调节效应，即上游供应商集中度高的企业在新贸易保护后具有较低的贸易质量提升动力，下游客户集中度高的企业在新贸易保护后具有较高的贸易质量提升动力，假说7-3得以验证。造成这一结果的可能原因在于尽管新贸易保护引发了下游客户集中度提升并因此倒逼企业进行自主技术创新，但是同时引发的上游供应商集中度提升会造成短期内供应链技术溢出效应的中断，技术溢出效应的中断产生的负面影响大于企业自主创新带来的正面效应，因此在短期内有碍地区对外贸易高质量发展水平。

表7-11 新贸易保护下产业链与对外贸易高质量发展的回归结果

变量	(1)	(2)	(3)	(4)	(5)
	对外贸易高质量发展(*Tradehiq*)	对外贸易高质量发展(*Tradehiq*)	对外贸易高质量发展(*Tradehiq*)	对外贸易高质量发展(*Tradehiq*)	对外贸易高质量发展(*Tradehiq*)
YP	0.022*** (5.916)	0.020*** (5.187)	0.019*** (3.813)	0.027*** (5.809)	0.012*** (2.697)
$YP_{i,t}\times SC_{i,t}$			-0.000*** (-2.341)		
$YP_{i,t}\times SL_{i,t}$				-0.000*** (-4.195)	

续表

变量	(1) 对外贸易高质量发展（*Tradehiq*）	(2) 对外贸易高质量发展（*Tradehiq*）	(3) 对外贸易高质量发展（*Tradehiq*）	(4) 对外贸易高质量发展（*Tradehiq*）	(5) 对外贸易高质量发展（*Tradehiq*）
$YP_{i,t} \times CL_{i,t}$					0.000*** (2.888)
ROA		0.082*** (7.744)	0.084*** (7.940)	0.082*** (7.581)	0.084*** (7.866)
ATO		0.004*** (3.616)	0.004*** (3.679)	0.006*** (4.750)	0.005*** (4.406)
Indep		0.001*** (6.795)	0.001*** (6.668)	0.001*** (6.799)	0.001*** (6.396)
Dual		0.040*** (19.139)	0.041*** (19.460)	0.040*** (18.499)	0.041*** (19.285)
Opinion		−0.018*** (−3.808)	−0.019*** (−3.985)	−0.021*** (−4.367)	−0.018*** (−3.815)
常数项	0.326*** (134.297)	0.285*** (35.206)	0.284*** (35.153)	0.283*** (33.663)	0.287*** (35.410)
个体固定效应	是	是	是	是	是
时间固定效应	是	是	是	是	是
N	54899	51631	51564	48627	51062
R^2	0.005	0.014	0.014	0.014	0.015
F	65.648	101.150	88.748	82.654	92.356

（二）稳健性检验

1. 替换被解释变量

国际化是企业对外开放的重要战略选择①，国际化有助于企业提升创新发展能力，开拓国际市场，降低企业差异导致的协调成本，有利于企业对外贸易。因此本节选择企业国际化水平作为对外贸易高质量发展的替代指标。参考成程等（2022）②对企业国际化水平的构建方式，选择企业海外收入、海外并购和海外子公司数量三个维度，采取主成分分析法合成企业国际化水平，将企业国际化水平作为被解释变量，继续以模型（7−3）进行实证检验。由表 7−12 可知新贸易保护与供应链集中度的交互项均在 1% 的显著

① 郑玮：《国际化对开放式创新的影响——来自中国制造业上市公司的经验证据》，《国际贸易问题》2020 年第 10 期。

② 成程、陈彦名、黄勃：《战略联盟对中国企业国际化的影响研究——来自上市公司公告大数据文本分析的证据》，《国际贸易问题》2022 年第 6 期。

性水平下显著，并且系数符号与主回归表 7-11 中一致，说明了回归结果的稳健性。

表 7-12 替换被解释变量的回归结果

变量	(1) 企业国际化水平(INTL)	(2) 企业国际化水平(INTL)	(3) 企业国际化水平(INTL)	(4) 企业国际化水平(INTL)
$YP_{i,t}$	0.002 (0.220)	0.209*** (14.561)	0.190*** (14.724)	0.081*** (6.517)
$YP_{i,t} \times SC_{i,t}$		-0.006*** (-20.412)		
$YP_{i,t} \times SL_{i,t}$			-0.005*** (-25.544)	
$YP_{i,t} \times CL_{i,t}$				0.002*** (9.986)
Control	是	是	是	是
个体固定效应	是	是	是	是
时间固定效应	是	是	是	是
N	51631	51564	48627	51062
R^2	0.013	0.023	0.025	0.016
F	80.644	105.825	118.024	77.069

2. 替换核心解释变量

将上游供应商集中度和下游客户集中度的计算方式替换为供应商集中度赫芬达尔指数($SLH_{i,t}$)和客户集中度赫芬达尔指数($CLH_{i,t}$)，并分别与新贸易保护($YP_{i,t}$)相乘，实证检验结果中交互项系数与显著性均与表 7-11 中列(4)和列(5)一致，这说明替换核心解释变量的计算方法后，实证检验结果仍然稳健。

表 7-13 替换核心解释变量的回归结果

变量	(1) 对外贸易高质量发展(*Tradehiq*)	(2) 对外贸易高质量发展(*Tradehiq*)
YP	0.023*** (5.176)	0.023*** (5.372)
$YP_{i,t} \times SLH_{i,t}$	-0.001*** (-6.626)	
$YP_{i,t} \times CLH_{i,t}$		0.000** (2.134)

续表

变量	(1)	(2)
	对外贸易高质量发展(*Tradehiq*)	对外贸易高质量发展(*Tradehiq*)
Control	是	是
个体固定效应	是	是
时间固定效应	是	是
N	41156	44044
R^2	0.015	0.014
F	77.420	80.499

3. 进一步筛选研究样本

2020 年和 2021 年是新冠疫情全球暴发以及各个经济体恢复缓慢的时期。这一阶段,中国国内生产复工缓慢、订单延迟交付,国外其他国家需求紧缩,在这样的双重阻碍之下,全球供应链中断。为了剥离新冠疫情这一外生冲击对全球供应链的影响,避免其对实证检验结果的干扰,在此选择 2012—2019 年研究样本进行实证检验。检验结果见表 7-14。新贸易保护与供应链的交互项的显著性与系数同表 7-11,因此可以认为实证检验结果是稳健的。

表 7-14　剔除 2020 年和 2021 年的回归结果

变量	(1)	(2)	(3)	(4)
	对外贸易高质量发展(*Tradehiq*)	对外贸易高质量发展(*Tradehiq*)	对外贸易高质量发展(*Tradehiq*)	对外贸易高质量发展(*Tradehiq*)
YP	0.022*** (5.082)	0.020*** (3.373)	0.029*** (5.177)	0.014** (2.546)
$YP_{i,t} \times SC_{i,t}$		-0.000 (-0.021)		
$YP_{i,t} \times SL_{i,t}$			-0.000*** (-2.936)	
$YP_{i,t} \times CL_{i,t}$				0.000** (2.349)
Control	是	是	是	是
个体固定效应	是	是	是	是
时间固定效应	是	是	是	是
N	39466	39399	36482	38974

续表

变量	(1)	(2)	(3)	(4)
	对外贸易高质量发展(*Tradehiq*)	对外贸易高质量发展(*Tradehiq*)	对外贸易高质量发展(*Tradehiq*)	对外贸易高质量发展(*Tradehiq*)
R^2	0.019	0.019	0.019	0.020
F	112.040	98.210	91.007	101.104

(三)异质性分析

1.企业是否以国内供应链为主

对国内制造企业而言,上游中间产品源于全球供应链和国内供应链两种渠道,而全球供应链的优势在于进口中间品技术含量相对较高,高品质的中间商品能够有效促进企业生产效率和产品质量提升。但是,当遇到贸易摩擦这类外生冲击时,全球供应链的过度依赖会导致国内企业失去创新动力,不利于产品质量的提升。因此,本节将研究样本划分为以国内供应链为主和以全球供应链为主两种情况分别进行探究。当制造企业以全球供应链为主且在全球供应链中作为下游客户时,可以发现,供应链集中度在新贸易保护与对外贸易高质量发展中产生了负向调节效应,即供应链集中度高时,新贸易保护对对外贸易高质量发展的提升动力不足,这说明对以全球供应链为主的中间制造商而言,新贸易保护的干预措施确实通过供应链阻碍了中国对外贸易质量提升。而当制造企业以国内供应链为主且作为供应商时,供应链集中度在新贸易保护与对外贸易高质量发展中产生了正向调节效应(交互项系数为0.001,在5%的显著性水平下显著),即对以国内供应链为主的制造企业而言,供应链集中度越高,新贸易保护对对外贸易发展质量的提升效应越明显。对上述结果可能的原因如下:当国内企业以全球供应链为主并进口中间商品时,新贸易保护更容易通过出口限制而降低供应链中的技术溢出效应从而阻碍企业的正常生产活动,不利于对外贸易高质量发展水平。而当国内制造企业以国内供应链为主且作为中间商为下游客户提供商品时,新贸易保护的出口限制手段或进口关税行为反而会通过供应链传导激励国内制造企业生产活动,可能的原因是国外供应商的断供将迫使国内部分企业不得不转向国内供应商产品,搜寻成本下降,使供应链稳定性增强。

表 7-15　不同性质供应链的回归结果

变量	全球供应链为主		国内供应链为主	
	企业作为供应商	企业作为客户	企业作为供应商	企业作为客户
$YP_{i,t} \times SC_{i,t}$	0.000 (0.304)	-0.000** (-2.327)	0.001** (2.095)	0.000 (0.863)
$YP_{i,t}$	0.023 (1.436)	0.023 (1.592)	0.006 (0.448)	0.016 (1.411)
$SC_{i,t}$	-0.000 (-1.106)	-0.000 (-0.524)	-0.000*** (-3.205)	-0.000 (-0.161)
常数项	0.349*** (13.249)	0.329*** (14.131)	0.374*** (18.710)	0.292*** (15.446)
Control	是	是	是	是
个体固定效应	是	是	是	是
时间固定效应	是	是	是	是
N	5429	5992	8854	9539
R^2	0.030	0.019	0.025	0.017
F	18.270	13.750	26.155	20.126

2. 是否为高科技行业

高科技行业往往拥有自主核心技术和研发能力，对外依赖度低，在海外市场中具有较强的竞争力和议价能力，而非高科技行业则对外依赖度较强，自主研发能力弱，缺乏逆向整合动力，因此当面对西方国家供应商垄断或打压时难以进行反制。因此，在此推测当制造企业属于高科技行业时，其更能通过自身的技术溢出效应带动供应链上下游的技术进步，从而提升生产制造部门的技术进步，提高产品技术含量，最终有利于对外贸易高质量发展。而非高科技行业则由于自身的技术依赖从而在新贸易保护制约时受到打压，因此短期内受困于西方贸易保护打压，不利于对外贸易高质量发展。依据上述分析将研究样本划分为高科技行业和非高科技行业分别进行实证检验。检验结果见表 7-16。列(1)、列(3)、列(5)是高科技行业，列(2)、列(4)、列(6)是非高科技行业。对比发现，当制造企业属于高科技行业时，交互项系数($YP_{i,t} \times SC_{i,t}$)显著为负；而当制造企业不属于高科技行业时，交互项系数显著为正。这一结果验证了上述推测，即当制造企业属于高科技行业时，较高的供应链集中度下新贸易保护更容易促进对外贸易高质量发展；而当制造企业不属于高科技行业时，较高的供应链集中度下新贸易保护不利于中国对外贸易高质量发展。

表 7-16　不同技术密集型行业的回归结果

变量	(1) 对外贸易高质量发展(*Tradehiq*)	(2) 对外贸易高质量发展(*Tradehiq*)	(3) 对外贸易高质量发展(*Tradehiq*)	(4) 对外贸易高质量发展(*Tradehiq*)	(5) 对外贸易高质量发展(*Tradehiq*)	(6) 对外贸易高质量发展(*Tradehiq*)
YP	0.057*** (7.126)	-0.007 (-0.762)	0.053*** (6.894)	0.014 (1.595)	0.047*** (6.311)	-0.013* (-1.683)
$YP_{i,t} \times SC_{i,t}$	-0.000*** (-3.420)	0.000* (1.898)				
$SC_{i,t}$	0.000*** (4.741)	-0.000*** (-6.011)				
$YP_{i,t} \times SL_{i,t}$			-0.000*** (-3.977)	-0.000 (-1.565)		
$SL_{i,t}$			0.000* (1.728)	-0.000 (-0.690)		
$YP_{i,t} \times CL_{i,t}$					-0.000* (-1.855)	0.001*** (4.473)
$CL_{i,t}$					0.000*** (5.482)	-0.001*** (-9.953)
常数项	0.320*** (27.775)	0.291*** (23.355)	0.330*** (27.761)	0.268*** (20.822)	0.319*** (27.783)	0.299*** (24.153)
Control	是	是	是	是	是	是
个体固定效应	是	是	是	是	是	是
时间固定效应	是	是	是	是	是	是
N	28894	22670	27405	21222	28851	22211
R^2	0.033	0.007	0.031	0.006	0.033	0.010
F	99.254	18.948	90.649	15.586	98.942	25.477

本章从产业链视角考察了新贸易保护如何影响中国对外贸易高质量发展,基于 2012—2021 年中国 A 股上市公司数据和省级对外贸易高质量发展数据,利用双向固定效应双重差分模型考察了新贸易保护与中国产业链之间的关系,利用双向固定与调节效应模型检验新贸易保护下中国产业链与对外贸易高质量发展的关系,得出的结论如下:第一,新贸易保护会促使中国企业供应链集中度提升,即供应链上游供应商集中度和下游客户集中度都在不同程度提升。第二,相较于东部沿海地区,中部地区和西部地区供应链集中度受到新贸易保护的影响更大;相较于高科技行业,非高科技行业内的企业供应链集中度受到新贸易保护的影响更大;相较于以全球供应链为

主要模式的企业,以国内供应链为主的企业受到新贸易保护影响更小。第三,供应链变化在新贸易保护与对外贸易高质量发展之间发挥着作用,供应链集中度高的企业在新贸易保护后具有较低的贸易质量提升动力。这一检验结果经过替换核心解释变量等稳健性检验后仍然稳健。第四,当制造企业以全球供应链为主且在供应链中作为下游客户时,供应链集中度越高,新贸易保护越不利于激发对外贸易高质量发展的提升,而当制造企业以国内供应链为主且作为供应商时,供应链集中度越高,新贸易保护对对外贸易高质量发展的提升效应越明显;相较于非高科技行业,当制造企业属于高科技行业时,较高供应链集中度下新贸易保护更容易促进对外贸易高质量发展。

第八章　新贸易保护下产业安全与对外贸易高质量发展

产业安全是国家经济安全的核心部分，也是受新贸易保护影响最大的部分。新贸易保护如何影响我国的产业安全？产业安全如何促进我国对外贸易高质量发展？为了厘清上述关系，本章构建了适合当前形势的产业安全评价指标体系，并在此基础上评价我国产业安全的现状。进而通过中国省级面板数据，实证检验新贸易保护对我国产业安全总体影响以及四个细分维度的异质性影响，同时对产业安全促进我国对外贸易高质量发展进行检验。

第一节　中国产业安全的测度与评价

一、产业安全评价指标体系设计原则

在产业安全水平（IS）的衡量上，综合指标体系已经逐步取代了单一指标。本章在产业安全评价指标体系的构建过程中遵循以下几大原则：

一是整体性与层次性原则。在选取评价指标的过程中，不但要从整体的角度切入，兼顾评价主体的所有方面，而且要突出重点，兼顾各个维度之间的平衡，协调指标间的内在逻辑。

二是目的性与导向性原则。在每一个评价方面，选择最能够代表测评对象的指标变量，使之能够体现出所评对象的重点，也可以作为引导相关职能部门制订决策计划的参考。

三是客观性与可比较性原则。科学的态度和从实际出发的理论是指标客观性的前提。我国产业安全政策评价指标体系以中国特色的新发展理念为指导，以经济学方法论、产业经济理论为基础，选取代表性高、科学性强且拥有较高社会集中认可度的指标变量，方便进行不同区域之间的横向对比。

根据上述指标体系构建原则，结合我国产业的特点，以三次产业整体作为研究对象，借鉴杨姗媛和朱建明（2013）①以及贾晓俊和李孟刚（2015）②

---

① 杨姗媛、朱建明：《基于内部威胁的信息安全风险管理模型及防范措施》，《管理现代化》2013 年第 2 期。

② 贾晓俊、李孟刚：《中国金融安全指数合成实证分析》，《当代财经》2015 年第 1 期。

的研究思路，本章从产业国际竞争力、产业对外依存度、产业竞争环境和产业控制能力四个维度，构建了我国产业安全的综合评价指标体系，见表 8-1。

表 8-1　产业安全综合评价指标体系

<table>
<tr><th>一级指标</th><th>二级指标</th><th>三级指标</th><th>指标说明</th></tr>
<tr><td rowspan="3">产业国际竞争力</td><td rowspan="3">产业国际贸易竞争力</td><td>显示性比较优势指数</td><td>显示性比较优势指数</td></tr>
<tr><td>高新技术产业竞争力指数</td><td>高技术产业贸易竞争力指数</td></tr>
<tr><td>产业贸易竞争力指数</td><td>贸易竞争力指数</td></tr>
<tr><td rowspan="3">产业对外依存度</td><td rowspan="2">产业进出口依存度</td><td>产业出口对外依存度</td><td>产业出口贸易总额与国内生产总值之比</td></tr>
<tr><td>产业进口对外依存度</td><td>产业进口贸易总额与国内生产总值之比</td></tr>
<tr><td>资本依存度</td><td>产业资本对外依存度</td><td>产业的国外资本存量与当年的总产值之比</td></tr>
<tr><td rowspan="4">产业竞争环境</td><td rowspan="2">产业制度环境</td><td>知识产权保护力度</td><td>专利申请量</td></tr>
<tr><td>社会中介组织</td><td>行业协会数量</td></tr>
<tr><td rowspan="2">产业劳动力环境</td><td>劳动力素质</td><td>平均受教育年限</td></tr>
<tr><td>劳动力资本水平</td><td>单位劳动力投入与产出比值</td></tr>
<tr><td rowspan="3">产业控制能力</td><td>品牌控制力</td><td>外资品牌占有率</td><td>国内总品牌数与国内外资品牌数之比</td></tr>
<tr><td rowspan="2">市场控制力</td><td>外资市场占有率</td><td>国内产品销额与国内外资控股企业销额比值</td></tr>
<tr><td>外资技术控制率</td><td>无风险收益率指数</td></tr>
</table>

二、中国产业安全水平测算方法

本章选择 topsis 熵权法对其进行测度，topsis 熵权法融合了科学性和客观性两大特性，是一种客观赋权的方法，可以有效消除主观性，使测度结果趋于稳定。以发展成果为例，topsis 熵权法测算模型有以下几个步骤：

设 X_{ij}（$i=1,2,\cdots,n;j=1,2,\cdots,m;n=30,m=13$）为 i 省市第 j 个指标的具体数值，建立初始矩阵 X：

$$X=\begin{bmatrix} X_{11} & \cdots & X_{1m} \\ \vdots & \vdots & \vdots \\ X_{n1} & \cdots & X_{nm} \end{bmatrix} \tag{8-1}$$

第一步,对初始矩阵 X 中的各变量 X_{ij} 进行标准化处理,得到 Y_{ij} :

$$Y_{ij}=\frac{X_{ij}-\min(X_{ij})}{\max(X_{ij})-\min(X_{ij})} \quad X_{ij}\text{ 为正向指标} \tag{8-2}$$

$$Y_{ij}=\frac{\max(X_{ij})-X_{ij}}{\max(X_{ij})-\min(X_{ij})} \quad X_{ij}\text{ 为负向指标} \tag{8-3}$$

第二步,确定各指标权重,计算指标比值 P_{ij} 与熵值 $e_{ij}(0\leqslant e_{ij}\leqslant 1)$:

$$P_{ij}=Y_{ij}/\sum_{i=1}^{30}Y_{ij} \tag{8-4}$$

$$e_{ij}=\frac{1}{\ln 30}\sum_{i=1}^{30}P_{ij}\ln(P_{ij}) \tag{8-5}$$

第三步,确定权重系数,式中 W_j 为第 j 个指标的权重:

$$W_j=(1-e_j)/\sum_{i=1}^{13}(1-e_j) \tag{8-6}$$

第四步,采用 topsis 法进行最优化选择,建立产业安全发展水平测度指标的加权矩阵 W_j:

$$W_j=(r_{ij})_{nm} \tag{8-7}$$

其中,$r_{ij}=W_j\times Y_{ij}$。令 30 个省份中第 j 个指标的极大值和极小值分别为 Q_j^+ 以及 Q_j^-,欧式距离为 D_i^+、D_i^-:

$$D_i^+=\sqrt{\sum_{j=1}^{m}(Q_j^+-r_{ij})^2} \tag{8-8}$$

$$D_i^-=\sqrt{\sum_{j=1}^{m}(Q_j^--r_{ij})^2} \tag{8-9}$$

之后,利用式(8-10)计算相对接近度 C_i:

$$C_i=\frac{D_i^-}{D_i^++D_i^-} \tag{8-10}$$

C_i 越接近 1,说明省份 i 产业安全发展水平越高。

三、中国产业安全水平测算结果分析

本章使用 topsis 熵权法综合评价我国对外贸易高质量发展背景下的产业安全水平值,使用 SPSSAU 软件计算出表 8-1 产业安全综合评价指标体系的一级指标以及二级指标的信息熵值、信息效用值以及权重系数。归纳见表 8-2。

表 8-2　产业安全综合评价指标体系指标权重

一级指标	信息熵值	信息效用值	权重系数	二级指标	信息熵值	信息效用值	权重系数
产业国际竞争力	0.9121	0.1025	0.3032	产业国际贸易竞争力	0.9322	0.0965	0.2322
产业对外依存度	0.9790	0.1074	0.2785	产业进出口依存度	0.9099	0.0822	0.1344
				资本依存度	0.9542	0.0812	0.1290
产业竞争环境	0.9654	0.0765	0.2322	产业制度环境	0.9760	0.1024	0.1788
				产业劳动力环境	0.9433	0.0975	0.1156
产业控制能力	0.9808	0.0866	0.1861	品牌控制力	0.9664	0.1002	0.1058
				市场控制力	0.9423	0.0654	0.1042

并且将计算所得的产业安全综合评价值进行量化分级，分别为安全、相对安全、临界点、不安全、极度不安全五种状态类型，映射的安全等级设为 A、B、C、D、E 五个等级，相应分数范围为：(80,100)；(60,80)；(40,60)；(20,40)；(0,20)。30 个省份 2012—2021 年产业安全综合评价结果见表 8-3。

表 8-3　2012—2021 年我国产业安全综合评价均值

年份	2012	2013	2014	2015	2016	2017	2018	2019	2020	2021
产业安全得分	47.1	51.3	52.4	55.2	61.7	67.7	71.4	74.3	76.4	76.7
产业安全状态	C	C	C	C	C	B	B	B	B	B

计算结果以及趋势见图 8-1。尽管近年来我国产业安全状况不断好转，呈现稳步上升的趋势，但多数年份我国产业处于相对安全和临界状态。并且安全状况的增长率在 2017 年后出现了下降，变动趋于平缓。这表明我国产业安全风险依然较大。

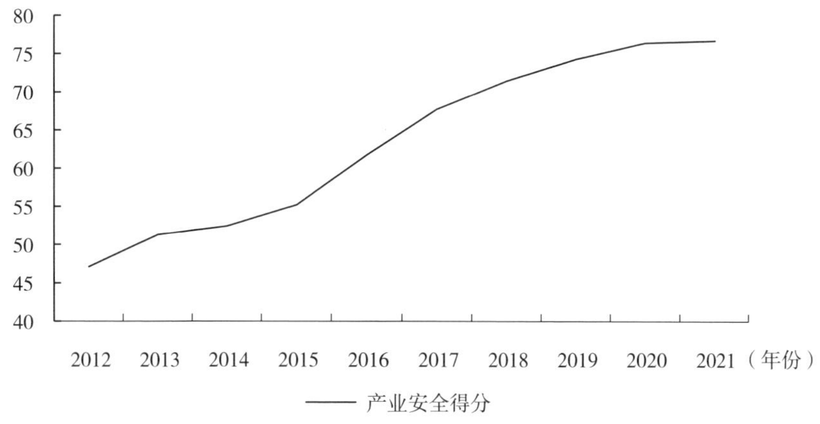

图 8-1　2012—2021 年我国产业安全综合评价变动趋势

第二节　新贸易保护下产业安全影响对外贸易高质量发展的机理

在开放的经济环境中，产业政策要发展和安全并举，以产业安全为发展前提、以产业政策为基本工具，强化产业控制能力，提高产业国际竞争力，是我国在国际经贸中保持相对独立的产业地位和竞争优势的重要保障。新贸易保护将影响我国产业国际竞争力、产业对外依存度、产业竞争环境和产业控制能力，进而威胁中国产业安全。产业安全水平的提升能够通过保护效应、质量控制效应、产业结构升级效应以及降低风险效应来推动中国对外贸易高质量发展。综上，新贸易保护下对外贸易高质量发展的产业安全逻辑见图 8-2。

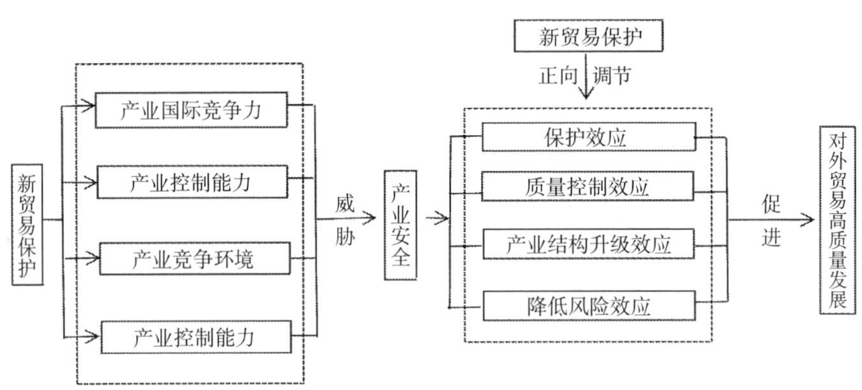

图 8-2　新贸易保护下对外贸易高质量发展的产业安全逻辑

一、新贸易保护影响产业安全的理论分析

（一）产业国际竞争力

首先，新贸易保护对中国企业进入国际市场造成了商品准入壁垒。这种限制进口的做法削弱了中国企业与其他国家进行贸易和合作的能力。第一，当其他国家对我国采取新贸易保护措施时，我国企业面临更高的关税或配额限制，使其产品更难进入这些国家的市场。高关税和配额限制会增加我国生产产品的成本，在价格上与当地产品竞争时处于不利地位，这使我国企业在国外市场上更难取得竞争优势，限制了其市场份额和销售增长。第二，非关税壁垒也会成为限制我国产品进入外国市场的阻碍。如果我国企业无法满足其他国家的技术标准或认证要求，它们将很难进入这些市场。

第三,知识产权保护的不足也使中国企业面临盗版和知识产权侵权等问题,进一步限制了其在国际市场上的发展空间。第四,减少了进口市场机会对中国产业竞争力造成负面影响。通过进口,中国企业可以获取国外的先进技术、高品质原材料和零部件,从而提高其产品质量和竞争力。然而,限制进口市场机会削弱了中国企业的创新能力和技术水平,使他们在国际竞争中处于不利地位。

其次,单边贸易保护主义措施会导致我国产业供应链成本的上升。在全球化商业环境下,许多中国企业依赖进口原材料、零部件和技术。如果这些进口物品受到新贸易保护措施的限制,中国企业将面临供应链中断的风险。为了应对这种情况,它们需要寻找替代来源或进行本地生产,这会导致额外的成本增加。此外,供应链的延迟和不稳定性也使生产计划受到影响,进一步增加了企业的成本。增加成本对中国产业竞争力造成了不利影响,使中国企业难以与其他国家的竞争对手相抗衡,限制了其在国际市场上的份额和盈利能力。据此,提出以下假说:

假说 8-1a:新贸易保护造成国内产业产品成本以及供应链成本上升,抑制了中国产业国际竞争力的提升。

（二）产业对外依存度

西方国家单边挑起的新贸易保护主要目的是限制进口,进而保护本国产业,这导致中国产业减少对出口产品和国际市场的依赖,并试图提高本国产业的自给能力和竞争力,降低产业对外依存度。首先,加强技术创新和自主研发能力是新贸易保护政策下降低中国产业对外依存度的一种途径。通过提高技术水平和自主创新能力,中国产业可以减少对外国技术和专利的依赖,并增强本土产业的竞争力。其次,新贸易保护政策会倒逼中国政府采取措施支持和鼓励本土产业的发展。例如,政府可以采取财政补贴、税收优惠或其他激励措施,以提高本土产业的竞争力和生产能力。这样可以增强本土产业的自给能力,减少对外部供应的依赖。最后,新贸易保护政策可以反推中国产业在国内建立更完整和更可靠的供应链。通过减少对出口产品的依赖,中国产业可以加大本土生产和供应链的投资,从而提高供应链的可靠性和稳定性。据此,提出以下假说:

假说 8-1b:新贸易保护倒逼中国企业加强技术创新和自主研发能力,从而降低中国产业的对外依存度。

（三）产业竞争环境

一些西方国家单边挑起的新贸易保护政策对我国的产业制度环境和产业劳动力环境产生一些负面影响。首先是产业制度环境。新贸易保护政策往往构筑关税和非关税壁垒,限制了外国产品的进入。这种限制导致市场扭曲,使国内市场供求关系失衡。导致本土产业过度保护和市场垄断,减少了竞争压力。这降低产业的效率和创新能力,阻碍资源的优化配置,导致低效率和低质量的产业发展,限制了创新和技术进步的机会。此外,新贸易保护政策引发国际关系紧张。这将对我国的国际声誉和贸易关系造成负面影响,导致市场准入的限制。其次是产业劳动力环境。新贸易保护政策对产业劳动力的总体环境产生一些消极的影响。一是新贸易保护政策通常会限制国际贸易和外国投资,导致市场不断收缩。这减少了企业的需求和招聘机会,导致就业机会的减少。特别是那些依赖出口市场和国际贸易的行业受到更大的影响,劳动力市场面临失业率上升的压力。二是新贸易保护对我国在国际上的劳动力流动性产生不利影响。限制国际贸易和跨国投资降低劳动力在不同行业和地区之间的流动性。由于市场缩小、工作机会减少,劳动力往往难以在不同行业和地区之间寻找新的就业机会。这会导致劳动力的流动性减弱,阻碍劳动力在不同产业之间的转移和优化配置。据此,提出以下假说:

假说 8-1c:新贸易保护对中国产业制度环境和劳动力环境产生不利影响。

(四) 产业控制能力

新贸易保护政策对我国的品牌控制力和市场控制力产生一些负面影响。在品牌控制力方面,新贸易保护导致国际市场的限制和贸易壁垒的提高,阻碍中国企业品牌在全球市场的扩张和巩固。当贸易争端升级时,企业往往成为舆论焦点,其品牌形象受到损害。新贸易保护引发的市场不确定性和负面情绪使消费者对中国品牌产生怀疑,降低品牌的知名度和信任度。在市场控制力方面,新贸易保护政策往往限制了进口产品的市场准入,使中国企业在国际市场上的市场份额受到影响。限制进口会导致中国企业在国际市场上面临更少的竞争对手,减少了市场竞争的激烈程度。这削弱了中国企业在国内市场的竞争力和市场控制力。此外,新贸易保护导致市场规模的缩小。特别是在全球化背景下,当贸易限制增加,国际市场的规模变小,企业在市场上的机会也相应减少。较小的市场规模影响到企业的扩张和发展战略,限制了其市场控制力的提升。据此,提出以下假说:

假说 8-1d:通过影响品牌控制力和市场控制力,新贸易保护可以降低我国的产业控制能力。

假说 8-2:新贸易保护通过影响产业国际竞争力、产业对外依存度、产业竞争环境和产业控制能力威胁中国产业安全。

二、产业安全影响对外贸易高质量发展的理论分析

在全球化背景下,对外贸易已成为我国经济增长的重要引擎。在这一过程中,产业安全成为保障我国经济稳定和对外贸易高质量发展的关键因素。首先,产业安全能够稳定对外贸易供应链。产业安全可以保障生产和供应的稳定性,避免因为安全事件导致生产中断或供应不稳定,从而确保对外贸易供应链的畅通,提高对外贸易交易的可靠性和效率。其次,产业安全能够保障产品质量。产业安全包括对生产过程、原材料、产品质量等方面的管理,可以有效提高产品质量和安全性,符合国际标准和贸易要求,有利于企业在国际市场上赢得信任和口碑,提升产品竞争力。再次,产业安全能够防范贸易摩擦。产业安全措施的完善可以减少产品质量问题和安全风险,降低因此引发的贸易纠纷和贸易摩擦的可能性,维护企业在国际贸易中的权益和声誉。最后,产业安全能够提升企业竞争力。通过加强产业安全管理,企业可以降低生产成本、提高效率,优化供应链管理,增强在国际市场上的竞争力,实现对外贸易高质量发展的目标。由此,本书提出:

假说8-2:产业安全对对外贸易高质量发展具有正向促进作用。

此外,产业安全能够通过保护效应、质量控制效应、产业结构升级效应以及降低风险效应来推动中国对外贸易高质量发展。

第一,保护效应。提高产业安全水平可以有效保护我国的关键产业、核心技术和重要资源,防止技术泄露和侵权行为。通过保护核心产业竞争力,维护企业市场地位和利益以及提升在国际市场上的竞争力等一系列措施,进而促进对外贸易的高质量发展。由此,本书提出:

假说8-2a:产业安全能够通过保护核心产品竞争力进而推动对外贸易高质量发展。

第二,质量控制效应。通过加强质量管理体系、提升生产工艺和技术水平,我国企业能够生产出更可靠、安全、符合标准的产品。高质量产品能够满足国际市场需求,提升消费者对产品的信任和满意度,进而增加产品的竞争力和市场份额。此外,通过保护核心技术和知识产权,防止侵权和仿冒行为,我国企业能够树立起诚信和可靠的品牌形象。良好的品牌形象是市场竞争的重要资产,可提升产品的认可度和消费者对品牌的好感度,为企业赢得更多的市场份额和品牌忠诚度。由此,本书提出:

假说8-2b:产业安全能够通过控制和提升产品质量进而推动对外贸易高质量发展。

第三,产业结构升级效应。通过引进、吸收和产业自主创新,我国企业

可以提高高技术产品的研发和制造能力,生产出更具附加值和竞争力的产品。这将使我国能够在国际市场上提供更多高技术含量的产品,改善贸易结构,提高贸易的质量和附加值。此外,产业安全的提升还推动了我国从传统的商品贸易向服务贸易的转变。服务贸易具有较高的附加值和创新性。通过加强知识产权保护和技术创新,我国企业能够提供更多高质量、高附加值的服务产品,满足国际市场需求。优化贸易结构将使我国对外贸易更加多元化和综合化,提高贸易的质量和可持续发展。由此,本书提出:

假说 8-2c:产业安全能够促进产业结构转型升级进而推动我国对外贸易高质量发展。

第四,降低风险效应。提升产业安全能够有效应对供应链面临的多种风险,如物流中断、原材料供应不足、技术不稳定等问题,帮助保障供应链的稳定性和韧性。通过建立稳定的供应网络和合作伙伴关系,我国企业能够更好地应对各种突发情况和风险,确保供应链的稳定性。这将使企业能够及时、可靠地提供产品,满足客户需求,增强在国际市场中的竞争力。由此,本书提出:

假说 8-2d:产业安全能够通过降低供应链风险进而推动对外贸易高质量发展。

新贸易保护在产业安全促进贸易高质量发展中存在倒逼效应。新贸易保护政策旨在限制外国商品的流入,目的是保护本国产业免受国外激烈竞争的负向冲击。这导致中国产业减少对出口产品和国际市场的依赖,并试图提高本国产业的自给能力和竞争力,降低产业对外依存度。具体来说,新贸易保护政策会促使中国企业增加技术研发支出。这将有助于提高企业的创新能力,推动新技术和产品的开发,从而减少对外部技术的依赖。由此,本书提出:

假说 8-3:新贸易保护在产业安全影响对外贸易高质量发展中存在正向调节效应。

第三节　新贸易保护影响产业安全的实证分析

一、模型构建

通过以上影响机理分析,构建以下计量模型。

$$Y_{c,t} = \beta_0 + \beta_1 AC_{c,t} \times policy + \beta_2 X_{c,t} + \gamma_c + V_t + \varepsilon_{c,t} \qquad (8-11)$$

式中,被解释变量 $Y_{c,t}$ 为省份 c 在 t 年度的产业安全自然对数,解释变

量 $AC_{c,t} \times policy$ 为我国产品所遭遇的 *TBT* 和 SPS 通报数的对数与贸易摩擦全面升级二者交乘项，其中，*policy* 为虚拟变量（2017 年及以后取值为 1，2017 年及以前取值为 0），$X_{c,t}$ 为一系列控制变量，γ_c 及 V_t 分别为年份及行业的固定效应，$\varepsilon_{c,t}$ 为模型的随机扰动项。

总体效应：

$$IS_{c,t} = \beta_0 + \beta_1 AC_c \times policy_t + \beta_2 MI_{c,t} + \beta_2 LP_{c,t} + \beta_2 FIN_{c,t} + \gamma_c + V_t + \varepsilon_{c,t} \tag{8-12}$$

式中，被解释变量 $IS_{c,t}$ 为省份 *c* 在 *t* 年度的产业安全自然对数，解释变量 $AC_{c,t} \times policy$ 为我国产品所遭遇的 TBT 和 SPS 通报数的对数与贸易摩擦全面升级二者交乘项，*MI* 表示进口商品渗透率，*LP* 表示劳动生产率的对数，*FIN* 表示金融环境。此外，本书借鉴吕云龙和吕越（2017）①、谢锐等（2017）②的分析框架，构建以下所示的细分维度计量回归模型。

细分维度效应：

$$IC_{c,t} = \beta_0 + \beta_1 AC_c \times policy_t + \beta_2 PPI_{c,t} + \beta_3 FIN_{c,t} + \beta_4 MI_{c,t} + \gamma_c + V_t + \varepsilon_{c,t} \tag{8-13}$$

$$FD_{c,t} = \beta_0 + \beta_1 AC_c \times policy_t + \beta_2 CD_{c,t} + \beta_3 FIN_{c,t} + \beta_4 FAC_{c,t} + \gamma_c + V_t + \varepsilon_{c,t} \tag{8-14}$$

$$IE_{c,t} = \beta_0 + \beta_1 AC_c \times policy_t + \beta_2 LP_{c,t} + \beta_3 FAC_{c,t} + \beta_4 PPI_{c,t} + \gamma_c + V_t + \varepsilon_{c,t} \tag{8-15}$$

$$SF_{c,t} = \beta_0 + \beta_1 AC_c \times policy_t + \beta_2 MI_{c,t} + \beta_3 FIN_{c,t} + \beta_4 GGDP_{c,t} + \gamma_c + V_t + \varepsilon_{c,t} \tag{8-16}$$

其中，*IC*、*FD*、*IE*、*SF* 表示我国产业国际竞争力、产业对外依存度、产业竞争环境和产业控制能力四个维度，*AC* 与 *policy* 变量的设置与总体效应模型一致，*MI* 表示进口商品渗透率，*LP* 表示劳动生产率的对数，*FIN* 表示金融环境，*FAC* 表示基础设施水平，*GGDP* 表示国内生产总值增长率，*LP* 表示产业劳动生产率的对数。

二、变量选取与数据来源

被解释变量：产业安全指数（*IS*）。由前文测度而得，该指标数据主要来源于 Wind、国泰安数据库以及各省份统计年鉴，另外，少量缺失数据由线

① 吕云龙、吕越：《上游垄断与制造业出口的比较优势——基于全球价值链视角的经验证据》，《财贸经济》2017 年第 8 期。

② 谢锐、王菊花、王振国：《全球价值链背景下中国产业国际竞争力动态变迁及国际比较》，《世界经济研究》2017 年第 11 期。

性插值法补充。

解释变量：贸易保护主义强度（$AD \times policy$）。参考潘安和戴岭（2020）①的研究，通过按年度加总美国对华发起的反倾销、反补贴调查以及特别保障措施调查案件数体现贸易保护水平。本书在此基础上增加“377”调查数和“TBT”通报数，较为全面地反映我国所遭遇的新贸易保护水平。其中，反倾销、反补贴调查，特别保障措施调查案件数和“377”调查数来源于中国贸易救济信息网，TBT 通报数来源于中国 WTO/TBT-SPS 通报咨询网。*Policy* 为虚拟变量，以 2017 年 12 月 18 日特朗普政府的首份《国家安全战略报告》为界，如样本处于 2017 年前，则 *policy* 变量为 0，反之为 1。

控制变量：为增强估计结果的稳健性，结合相关研究，在模型中引入一系列控制变量 $X_{c,t}$。主要包括：（1）进口商品的渗透程度（MI）。选取各行业进口总值与总产值的比值表示进口商品的渗透程度。（2）金融发展环境（FIN）。良好的金融环境是国家各产业稳定发展的基础，有助于提高企业的生产效益。金融环境越好，企业获取资本的效率越高，越有利于产业的安全发展。基于此，采用货币增长率进行衡量金融环境的优劣。（3）国内生产总值增长率（$GGDP$）。反映了一个国家的经济发展状况，经济发展程度越高，说明国内经济大环境越好，越有利于产业安全的发展。GDP 增长率能够直接地反映国内市场的发展潜力。（4）基础设施建设水平（FAC）。选取道路密度作控制变量，用以衡量地区基础设施发展水平。（5）劳动生产率（LP）。生产率越高的企业越有可能克服固定投入成本实现出口，进而使一国产业在国际贸易中具有相对较强的产业国际竞争力。因此，本书采用工业增加值与从业人数比值的增长率来衡量劳动生产率。（6）生产价格指数（PPI）。工业生产价格指数越大，则生产成本越高，越不利于提升国际竞争力与产业安全水平。本书采用细分行业生产者价格指数的 *PPI* 指数衡量，能够反映工业企业产品出厂价格变动趋势和变动程度。

三、实证检验

（一）新贸易保护对我国产业安全影响的总体效应

本书各变量的相关系数见表 8-4。从表 8-4 可知，利用相关分析研究产业安全（IS）和新贸易保护强度（$AC \times policy$）、进口商品的渗透程度

① 潘安、戴岭：《相对技术水平、全球价值链分工与中美经贸摩擦》，《经济社会体制比较》2020 年第 4 期。

(*MI*)、劳动生产率(*LP*)、金融发展环境(*FIN*)之间的相关关系，Spearman 相关系数检验的结果表明，产业安全(*IS*)和其余变量显著相关。

表 8-4　变量相关性分析表

变量	*IS*	*AC*×policy	*MI*	*LP*	*FIN*
IS	1.000***				
AC×policy	0.523**	1.000***			
MI	0.447**	0.357**	1.000***		
LP	0.09	0.334**	0.439**	1.000***	
FIN	0.814**	0.138	0.296**	0.115	1.000***

方差膨胀因子的检验结果见表 8-5，可以看到，最大方差膨胀因子值为 1.7923，低于 10，表明各模型中各变量间不存在多重共线性。

表 8-5　方差膨胀因子

变量	*IS*	*AC*×policy	*MI*	*LP*	*FIN*
VIF	1.0089	1.7923	1.0423	1.3522	1.5001

实证结果显示，核心解释变量回归结果为−0.403，通过 5%的显著性水平检验，即新贸易保护会使我国产业安全水平平均下降 40.30%。控制变量中进口商品的渗透程度(*MI*)和金融发展环境(*FIN*)通过了显著性水平检验，劳动生产率(*LP*)未通过显著性水平检验。实证结果表明，新贸易保护对我国产业安全产生了一定的负面影响，且在贸易摩擦全面升级后，这一负面影响进一步加剧，验证了假说 8-1。

表 8-6　新贸易保护强度对我国产业安全影响的回归结果

变量	*AC*×policy	*MI*	*LP*	*FIN*	常数
IS	−0.403** (−2.36)	−0.112** (−2.36)	0.252 (1.08)	0.511** (2.56)	4.513*** (4.49)
Observations	231				
R^2	0.2654				
时间固定效应	是				
行业固定效应	是				

注：***、**、* 分别表示 1%、5%和 10%的显著性水平，括号中为 t 统计量。下同。

（二）新贸易保护对我国产业安全细分维度的效应

首先对模型中各变量间的相关性进行检验，因四个回归模型涉及不同的控制变量组，故分别进行相关性检验，结果见表 8-7、表 8-8、表 8-9、表 8-10。可以看出，产业国际竞争力（*IC*）、产业对外依存度（*FD*）、产业竞争环境（*IE*）、产业控制能力（*SF*）和其余变量间相关系数均大于 0，意味着各变量间之间有着相关关系。

表 8-7　产业国际竞争力维度变量相关性分析表

变量	*IC*	*AC*×policy	*PPI*	*FIN*	*MI*
IC	1.000***				
AC × *policy*	0.563**	1.000***			
PPI	0.231***	0.679***	1.000***		
FIN	0.453***	0.774**	0.673***	1.000***	
MI	0.532***	0.631***	0.709***	0.567**	1.000***

表 8-8　产业对外依存度维度变量相关性分析表

变量	*FD*	*AC*×policy	*CD*	*FIN*	*FAC*
FD	1.000***				
AC × *policy*	0.579**	1.000**			
CD	0.509**	0.476***	1.000***		
FIN	0.267**	0.774*	0.444**	1.000***	
FAC	0.507***	0.598***	0.726**	0.408***	1.000***

表 8-9　产业竞争环境维度变量相关性分析表

变量	*IE*	*AC*×policy	*LP*	*FAC*	*PPI*
IE	1.000***				
AC × *policy*	0.456**	1.000**			
LP	0.507**	0.563**	1.000***		
FAC	0.345**	0.598*	0.502**	1.000**	
PPI	0.511**	0.679***	0.446***	0.305**	1.000***

表 8-10　产业控制能力维度变量相关性分析表

变量	*SF*	*AC*×policy	*MI*	*FIN*	*GGDP*
SF	1.000***				
AC × *policy*	0.389***	1.000***			
MI	0.421**	0.631*	1.000***		
FIN	0.571***	0.774***	0.567***	1.000***	
GGDP	0.433**	0.456**	0.456***	0.545*	1.000***

新贸易保护对我国产业安全细分维度影响的回归结果见表 8-11。结果表明，*AC* × *policy* 在四个模型中均通过了不同程度上的显著性检验。其中，表中列(1)为新贸易保护对产业国际竞争力影响的回归结果。结果表明，所有变量均通过了显著性检验。新贸易保护 *AC* × *policy* 与产业国际竞争力 *IC* 呈显著负相关，这表明新贸易保护对中国产业国际竞争力具有显著的负向影响，验证了假说 8-1a。控制变量中，金融发展环境（*FIN*）的系数为 0. 213，通过了 5%的显著性检验，进口商品的渗透程度（*MI*）的系数为-0. 213，通过了 10%的显著性检验，生产价格指数（*PPI*）的系数为-0. 237，通过了 5%的显著性检验。控制变量回归结果表明，宽松的金融环境会提高我国产业的国际竞争力。而进口货物的渗透程度以及较高的生产价格则会抑制我国产业国际竞争力。

表中列(2)为新贸易保护对产业对外依存度影响的回归结果。结果表明，核心解释变量新贸易保护 *AC* × *policy* 与对外依存度（*FD*）呈显著负相关，系数为-0. 031，这表明新贸易保护对中国产业对外依存度具有显著的负向影响，通过遏制中国的出口，在一定程度上会降低我国产业的对外依赖，验证了假说 8-1b。控制变量中，金融发展环境（*FIN*）和基础设施建设水平（*FAC*）未通过显著性检验，资本深化程度（*CD*）的系数为-0. 222，通过了 5%的显著性水平检验，表明资本深化程度的提升会减少我国的对外依存程度。

表中列(3)为新贸易保护对产业竞争环境影响的回归结果。结果表明，核心解释变量新贸易保护 *AC* × *policy* 与产业竞争环境（*IE*）呈现显著负相关，系数为-0. 563，这表明贸易保护对我国产业竞争环境具有显著的负向影响，验证了假说 8-1c。控制变量中，基础设施建设水平（*FAC*）和劳动生产率（*LP*）均通过了显著性检验，回归系数分别为 0. 020 和 0. 072。

表中列(4)为新贸易保护对产业控制能力影响的回归结果。结果表明，核心解释变量新贸易保护 *AC* × *policy* 与产业控制能力（*SF*）呈现显著负相关,系数为-0.216,这表明新贸易保护对我国产业控制能力具有显著的负向影响,验证了假说 8-1d。控制变量中,进口商品的渗透程度(*MI*)和国内生产总值增长率(*GGDP*)均通过了显著性检验,回归系数分别为-0.143 和 0.329,即国内良好的经济大环境对制造业产业控制力的提高有显著的正向作用。综上,验证了假说 8-1d。

表 8-11　新贸易保护对我国产业安全细分维度影响的实证检验

变量	(1)	(2)	(3)	(4)
	IC	***FD***	***IE***	***SF***
AC × policy	-0.412*** (-5.23)	-0.031** (-2.34)	-0.563** (-2.61)	-0.216** (-2.46)
FIN	0.213** (2.34)	0.032 (0.33)		0.129 (1.50)
MI	-0.213* (-1.62)			-0.143*** (-2.97)
PPI	-0.237** (-2.17)		0.161 (0.78)	
FAC		0.309 (0.75)	0.020* (1.89)	
LP			0.072*** (5.33)	
CD		-0.222** (-2.06)		
GGDP				0.329*** (4.41)
cons	-5.223*** (-7.52)	-6.014*** (-8.21)	-4.310*** (-5.24)	-6.725*** (-6.61)
R^2	0.341	0.366	0.314	0.361
省份固定效应	是	是	是	是
年份固定效应	是	是	是	是

第四节　产业安全影响对外贸易高质量发展的实证分析

一、模型构建

为考察新贸易保护对我国产业安全综合水平的影响,本书建立以下基准回归模型：

$$FT_{c,t} = \beta_0 + \beta_1 IS_{c,t} + \beta_2 X_{c,t} + \gamma_c + v_t + \varepsilon_{c,t} \tag{8-17}$$

其中,式(8-17)中,被解释变量 $FT_{c,t}$ 为省份 c 在 t 年度的对外贸易高质量发展水平自然对数。解释变量 $IS_{c,t}$ 为产业安全水平，$X_{c,t}$ 为一系列控制变量，γ_c 以及 v_t 分别为个体固定效应和时间固定效应，$\varepsilon_{c,t}$ 为随机扰动项。与前文类似,此部分重点关注 β_1 的符号方向以及显著性,若 β_1 显著为正,则表明产业安全程度能够正向促进我国对外贸易高质量发展水平的提升。

为了检验产业安全影响对外贸易高质量发展的渠道效应,本书构造以下中介效应模型,在检验了产业安全与对外贸易高质量发展的影响效应之后,进一步检验产业安全与各中介变量,最后将产业安全、各中介变量和对外贸易高质量发展一并纳入模型中进行检验,具体模型构建为：

$$M_{it} = \alpha_0 + \alpha_1 IS_{ct} + \delta\, control_{ct} + \gamma_c + v_t + \varepsilon_{c,t} \tag{8-18}$$

$$FT_{c,t} = \gamma_0 + \gamma_1 IS_{ct} + \gamma_2 M_{ct} + \delta\, control_{ct} + \gamma_c + v_t + \varepsilon_{c,t} \tag{8-19}$$

其中,若系数 α_1 和系数 γ_2 显著,则说明中介效应成立。若系数 γ_1 显著,则说明中介变量 M_{it} 发挥了部分中介效应。

二、变量选取与数据来源

（一）变量选取

1. 被解释变量

对外贸易高质量发展水平指数(FT)。由前文章节测度而得。

2. 解释变量

产业安全水平(IS)。由第一节测度而得。

3. 中介变量

本节共有四个中介变量。第一是核心竞争力。本书参考郭斌(2001)①提出的企业核心能力生命周期论,认为企业的创新过程能够显著影响企业间的竞争优势。因此,本书采用科技创新水平作为衡量核心竞争力的代理变量。借鉴林伯强和谭睿鹏(2019)②的测量方法,采用科技支出比例来度量。第二是产品质量。本书借鉴了施炳展和邵文波(2014)③对中国出口产

① 郭斌:《企业核心能力生命周期论》,《科研管理》2001 年第 1 期。

② 林伯强、谭睿鹏:《中国经济集聚与绿色经济效率》,《经济研究》2019 年第 2 期。

③ 施炳展、邵文波:《中国企业出口产品质量测算及其决定因素——培育出口竞争新优势的微观视角》,《管理世界》2014 年第 9 期。

品质量的测度方法，采用 2485 个产品层面整合的方法，测算了中国企业出口产业的质量数值。第三是产业结构升级。本书借鉴了陈惠中和赵景峰(2022)[①]对产业结构升级效果的测度方法，通过引入产业合理化、产业高级化、产业高新化以及产业生态化四个维度，采用几何平均法计算得出产业结构综合升级的效果。第四是供应链风险。本书借鉴马志强等(2012)[②]提出的系统动力学和 ARIMA 干预分析法对供应链突变风险的测度方法，根据对其反馈结构的分析结果，构建供应链系统的动态仿真模型并测度了出口企业的供应链风险系数。

4. 调节变量

新贸易保护强度($AD \times policy$)，与前文第三节指标一致。

5. 控制变量

为增强估计结果的稳健性，结合相关研究，本书在检验创新基金对企业创新质量的影响时，控制了经济发展水平、固定资产投资等指标变量。具体变量含义见表 8-12。

表 8-12　主要变量定义

变量名称	变量符号	定义
对外贸易高质量发展	*FT*	第三章节指标体系测算得出
产业安全水平	*IS*	本章综合指标体系测算得出
创新水平	*inv*	科技支出占一般财政支出比例
产品质量	*pq*	产品层面回归反推法
产业结构升级水平	*pi*	产业合理化、产业高级化、产业高新化、产业生态化四维几何平均法
供应链风险系数	*sc*	供应链系统的动态仿真模型测算
经济发展水平	*gdpr*	人均 GDP
固定投资水平	*invest*	固定资产投资总额/GDP 总额
政府干预程度	*mkt*	地区市场化水平
人力资本水平	ln*hum*	平均受高等教育年限
财政支出水平	*gov*	一般财政支出总额/GDP 总额
基础设施建设水平	*fac*	地区公路里程数的对数

① 陈惠中、赵景峰:《数字金融、产业结构优化与经济高质量发展》,《西南民族大学学报(人文社会科学版)》2022 年第 5 期。

② 马志强、陈敬贤、施国洪:《基于 ARIMA 模型的供应链突变风险测度》,《预测》2012 年第 2 期。

（二）数据来源与描述统计

1. 数据来源

本章以中国 30 个省份的面板数据为样本，综合考虑数据的可得性原则，时间跨度为 2010—2020 年。样本中数据来源于《中国统计年鉴》等国家统计年鉴以及各省统计局发布的地方统计年鉴。面板数据中有部分缺失的数据通过线性插值法进行补充。

2. 变量描述性统计

被解释变量对外贸易高质量发展水平均值为 0.214，最小值为 0.0655，最大值为 3.003。解释变量中产业安全水平均值为 31，最小值为 7.892，最大值为 95.13，标准差为 16.66，各省份之间差距明显，部分省份的产业安全水平较低，从侧面反映出部分省份产业安全意识淡薄，存在巨大的提升空间。在中介变量中，创新水平、产品质量、产业结构升级和供应链风险系数，各省份均存在不协调不平衡的问题，但基本符合经验数值。

表 8-13　变量描述性统计

变量	观测值数量	平均值	标准差	最小值	最大值
对外贸易高质量发展	300	0.214	0.212	0.0655	3.003
产业安全水平	300	31	16.66	7.892	95.13
创新水平	300	13.5	1.041	10.53	16.28
产品质量	300	42.77	8.795	15.8	59
产业结构升级水平	300	0.92	0.503	0.167	3.565
供应链风险系数	300	0.599	0.906	0.00121	7.097
经济发展水平	300	7.896	2.928	3.22	16.4
固定投资水平	300	1.84	1.34	0.144	5.925
政府干预程度	300	11.85	1.68	7.564	16.29
人力资本水平	300	4.181	0.809	1.477	5.366
财政支出水平	300	2.301	1.002	1.074	6.745
基础设施建设水平	300	14.43	7.599	1.17	33.16

三、实证检验

（一）基准回归分析

本节运用回归模型（8-17）对产业安全与对外贸易高质量发展的影响

效应进行实证检验。结果显示,与理论预期一致,产业安全与对外贸易高质量发展之间存在显著的正相关关系,产业安全的影响系数在1%的显著性水平下显著为正。为确保该促进作用是可信的,本书按顺序逐步加入各控制变量进行回归。列(2)—列(4)展示了依次加入控制变量后,产业安全的影响系数仍然显著为正,产业安全水平每增加1单位,对外贸易高质量发展水平提升0.02单位,表明产业安全能够显著正向影响外贸高质量发展,即提升产业安全水平的确能够促进我国对外贸易高质量发展,验证了假说8-2。

表8-14　基准回归结果

变量	(1)	(2)	(3)	(4)
	FT	*FT*	*FT*	*FT*
IS	0.0075*** (0.34)	0.012*** (0.17)	0.015** (0.30)	0.019*** (-0.27)
gdpr		0.003* (-0.88)	0.005** (-1.32)	0.002* (-0.38)
invest		0.013** (0.61)	0.006** (0.32)	0.0091** (0.041)
mkt			0.122* (-1.98)	0.065** (-1.15)
ln*hum*			0.020** (0.16)	0.051*** (-0.37)
gov				0.089*** (-0.87)
fac				0.035*** (-1.76)
Constant	0.162* (1.87)	0.196** (1.58)		0.384*** (-0.47)
地区固定效应	是	是	是	是
年份固定效应	是	是	是	是
观测值	270	270	270	269
R^2	0.0443	0.0365	0.0416	0.0582

(二)稳健性检验

1. 内生性问题

研究产业安全对对外贸易高质量发展的影响需要处理内生性问题。反向因果关系导致的内生性问题,即对外贸易高质量发展水平的提高也可能会促进产业安全水平的提高，而不仅是产业安全单方面促进对外贸易高质量发展。为了避免内生性问题，本节对解释变量进行了一阶滞后处理，采用工具变量法对回归结果进行重新估计。参考已有文献的思想，本书选择政府审计效能（*audit*）作为产业安全（*IS*）的代理工具变量，估计结果如下。

为了验证所选取的工具变量是合适的，本书还对工具变量做了一系列检验，具体见表 8-15。第一步，进行了豪斯曼检验，其中 P 值为 0.0001，强烈拒绝原假设，初步判定该模型存在一定的内生性问题；第二步，使用 DWH 检验，由检验结果可以得知，Wu-Hausman F 检验的 P 值和 Durbin（score）检验的 P 值为 0.0001，因此模型存在内生性问题；第三步，进行不可识别检验，结果显示 Anderson canon.corr.LM 检验和 Kleibergen-Paap rk LM 检验的 P 值为 0.0008 和 0.0014，并且均在 1%的显著性水平下拒绝不可识别的原假设；第四步，进行弱工具变量的检验，结果显示，Shea's partial R-squared 的值为 0.077 大于 0.04，F 统计量为 25.3767 超过 10，并且 P 值为 0.0000，同时 Minimum eigenvalue statistic 所得出的最小特征值所对应的统计量为 18.6755，再次证明不存在弱工具变量。综上所述，政府审计效能不存在弱工具变量问题。

将政府审计效能作为产业安全的工具变量后再次进行回归分析，结论与前文完全一致。产业安全的影响系数在 1%的置信水平下通过了显著性检验，表明产业安全与对外贸易高质量发展之间均存在正相关关系。产业安全水平的提升能够显著促进对外贸易高质量发展，证明本书结论是有效且稳健的。

表 8-15　内生性及工具变量统计检验

检验类别	检验方法	统计量	统计结果
内生性检验	Hausman	卡方统计量	-3.61
		P 值	0.0001
异方差稳健 DWH 检验	Durbin（score）	F 统计量	14.2578
		P 值	0.0000
	Wu-Hausman F	卡方统计量	8.1563
		P 值	0.0001
不可识别检验	Anderson canon.corr.LM	LM 统计量	17.3886
		P 值	0.0008
	Kleibergen-Paap rk LM	LM 统计量	14.2899
		P 值	0.0014

续表

检验类别	检验方法	统计量	统计结果
弱工具变量检验	Shea's partial R-squared=0.077	F 统计量	25.3767
		P 值	0.0000
	Minimum eigenvalue statistic Wald test(15%):8.96	最小特征值统计量	18.6755
	Cragg-Donald Wald F 15% maximal IVsize:8.96	F 统计量	16.2431
	Kleibergen - Paap rk Wald F15% maximal IVsize:8.96	F 统计量	20.0981

2. 更改解释变量的测度方法

在基准回归中,上文采用了 topsis 熵权法对经济高质量发展综合评价指标体系进行测度。在稳健性检验中,本节将 topsis 熵权法替换为主成分分析法对指标体系重新进行测度。随后将重新测度的指标作为被解释变量,再次导入回归模型中,回归结果见表 8-16,产业安全对对外贸易高质量发展的影响系数均通过了显著性检验,表明产业安全与对外贸易高质量发展之间的正相关关系仍然存在,初步判断相关回归分析的结果是稳定的。

表 8-16　稳健性检验——更改解释变量测度方法

变量	(1)	(2)	(3)	(4)
	FT	*FT*	*FT*	*FT*
IS	0.0034*** (0.91)	0.0081*** (0.55)	0.0093** (0.67)	0.0073*** (0.99)
gdpr		0.006** (−0.17)	0.0031* (−2.19)	0.0017* (−0.66)
invest		0.021* (0.81)	0.003** (0.58)	0.0044** (0.071)
mkt			0.238*** (2.34)	0.025*** (−0.98)
ln*hum*			0.037* (0.54)	0.063** (−0.68)
gov				0.093** (−1.44)
fac				0.056** (−2.05)
Constant	0.281** (2.66)	0.145** (1.64)		0.212** (−1.23)

续表

变量	(1)	(2)	(3)	(4)
	FT	***FT***	***FT***	***FT***
地区固定效应	是	是	是	是
年份固定效应	是	是	是	是
观测值	270	270	270	269
R^2	0.0510	0.0457	0.0472	0.0632

3. 替换主要衡量指标

对本章被解释变量对外贸易高质量发展水平,前文采用了构建综合评价指标体系进行测度的方法。综合指标体系测度固然有着广泛性强、适用性强、涵盖面广的优点,但在指标选取和测度方法上存在较强的主观性,同时在数据准确性和测量误差方面会对本书结论造成一定影响。因此,参考戴翔和金碚(2014)①对出口技术复杂度的研究思路,本章在稳健性检验部分采用出口技术复杂度作为对外贸易高质量发展水平的代理变量,再次对产业安全与对外贸易高质量发展的影响关系进行考察,具体估计结果见表8-17,产业安全对对外贸易高质量发展的影响系数均显著为正,再次印证了前文的结论。

表 8-17　稳健性检验——替换被解释变量的衡量指标

变量	(1)	(2)	(3)	(4)
	exphg	***exphg***	***exphg***	***exphg***
IS	0.0041*** (-0.11)	0.0086*** (-0.23)	0.0031** (-0.70)	0.0029*** (-0.69)
gdpr		0.0024** (0.22)	0.0012* (-0.19)	0.0018* (-0.12)
invest		0.0151* (0.48)	0.0029** (0.87)	0.0024** (-0.76)
mkt			0.125*** (1.12)	0.025*** (-0.98)
ln*hum*			-0.097* (-1.25)	-0.029** (-1.35)
gov				0.0045 (0.07)
fac				0.0017* (0.11)

① 戴翔、金碚:《产品内分工、制度质量与出口技术复杂度》,《经济研究》2014 年第 7 期。

续表

变量	(1)	(2)	(3)	(4)
	exphg	***exphg***	***exphg***	***exphg***
Constant	0.105*** (5.72)	0.172** (4.41)	0.165** (3.88)	0.131* (5.38)
地区固定效应	是	是	是	是
年份固定效应	是	是	是	是
观测值	251	251	251	269
R^2	0.0381	0.0374	0.0412	0.0631

4. 考虑遗漏变量

生产成本会在很大程度上影响企业的出口行为和国际竞争力。为了排除生产成本价格不同对对外贸易高质量发展的影响，借鉴杨子晖等(2020)①的思路，将生产价格指数加入模型中以此来控制生产价格对出口贸易的影响。具体结果见表8-18，表8-18列(1)给出了控制企业生产价格指数后的回归结果，可以看出，产业安全系数依然在1%的显著水平下显著为正，意味着产业安全通过影响生产价格指数进而影响对外贸易高质量发展的可能性不大，再次印证了前文的结论。此外，生产价格指数在1%的显著性水平下显著为负，说明生产价格会对对外贸易高质量发展产生负向影响。

表8-18　稳健性检验

变量	(1)	(2)	(3)	(4)
	FT	***FT***	***FT***	***FT***
IS	0.0033*** (0.81)	0.0054** (0.69)	-0.003 (-0.66)	-0.003 (-0.66)
ppi	-0.019*** (-0.23)			
gdpr	0.0011* (0.25)	0.0014 (0.16)	0.0011 (0.08)	0.0026 (0.22)
invest	0.0041 (0.34)	0.0028* (0.24)	0.0018* (0.88)	0.0031* (0.36)
mkt	0.028 (0.91)	0.081* (1.66)	0.065* (2.73)	0.013** (1.82)
ln*hum*	0.056* (2.08)	-0.022* (-2.73)	-0.060** (-1.61)	-0.073* (-1.93)

① 杨子晖、陈雨恬、张平淼：《重大突发公共事件下的宏观经济冲击、金融风险传导与治理应对》，《管理世界》2020年第5期。

续表

变量	(1)	(2)	(3)	(4)
	FT	FT	FT	FT
gov	0.0041 (0.03)	0.0015 (0.06)	0.0021 (0.03)	0.0012 (0.02)
fac	0.0013 (0.07)	0.0023 (0.04)	0.0017 (0.06)	0.0014 (0.033)
CFT_share		0.0182*** (0.87)		0.0351*** (2.23)
DID			0.0171*** (0.91)	0.0243*** (1.17)
Constant	0.136 (0.49)	0.108 (0.31)	0.097 (0.66)	0.071 (1.31)
地区固定效应	是	是	是	是
年份固定效应	是	是	是	是
观测值	251	269	269	269
R^2	0.0682	0.0451	0.0517	0.0622

5. 控制同时期的其他冲击

2012—2020年,我国国际关系和全球贸易形势发生了巨大变化,与此同时我国也出台了多项重大举措。为了降低本章基本估计结果受此类政策影响的可能,此处对其进行了控制。其中最重大同时也是对我国对外贸易影响最深的政策有两个:一是综合保税区的设立。综合保税区是出口加工区的整合与优化,是我国对外开放程度最强、运行机制最便捷、政策最密集的经济区域之一。这一政策显然会对进出口贸易造成影响,此处构建企业通过综合保税区进行出口的比重(CFT_share)来衡量这一政策冲击。二是共建"一带一路"倡议的提出。"一带一路"在财税、金融、投资贸易合作、海关、交通运输以及跨地区基础设施建设方面都对我国对外贸易发展影响深远。一方面,共建"一带一路"极大地提升了我国同中亚、西亚乃至欧洲地区的全方位合作,使贸易更加便捷,同时降低了部分中间产品的关税,促进了中国对外贸易的出口;另一方面,最终产品进口关税的降低加剧了国内市场的竞争,市场化竞争倒逼国内企业通过加大创新力度、提升自身核心竞争力、转变出口贸易方式等来实现价值链向两端攀升。为控制这一政策冲击,本章借鉴王桂军和卢潇潇(2019)①在研究共建"一带一路"与中国产业升级方面的做法,以我国共建"一带一路"形成的准自然实验,利用双重差

① 王桂军、卢潇潇:《"一带一路"倡议与中国企业升级》,《中国工业经济》2019年第3期。

分法来考察这一政策对对外贸易高质量发展的冲击。

表 8-18 列(2)—列(3)报告了在分别控制综合保税区和共建"一带一路"倡议两个政策后的估计结果,列(4)报告了同时控制上述两种政策冲击后的结果。结果显示,解释变量中产业安全的影响系数均显著为正,表明产业安全与对外贸易高质量发展之间的正相关关系在排除了政策影响后仍然成立,再次证明了前文的结论是稳健的。

6. 改变估计方法

OLS 模型虽然能够控制更细层面的个体固定效应,但无法避免更高维度固定效应所产生的遗漏变量误差问题,同时考虑产业安全水平变量的计数特点,本章此处利用泊松伪最大似然回归(PPML)模型和负二项回归模型再次回归,估计结果依然保持稳健,具体结果见表 8-19。

表 8-19 稳健性检验——泊松伪最大似然模型和负二项模型

变量	(1) 泊松回归	(2) 负二项回归
IS	0.0023*** (0.57)	0.0038*** (0.85)
控制变量	是	是
地区固定效应	否	否
年份固定效应	否	否
样本量	269	269
$R^2/Pseudo\ R^2$	0.0672	0.0376

(三) 机制检验

1. 中介效应检验

根据前文的理论机制分析,产业安全会通过保护产品核心竞争力、控制产品质量、产业结构升级以及降低供应链风险四个渠道来促进对外贸易高质量发展,接下来对此进行验证。此外,本书通过前文提出的回归模型(8-18)和回归模型(8-19)做了进一步的中介效应检验。表中列(2)估计了产业安全对核心竞争力的影响,产业安全的系数在 1%的显著性水平下通过了显著性检验并且显著为正,说明提升产业安全水平有助于保护产品核心竞争力。列(3)则在控制了产业安全的情况下估计了产品核心竞争力对对外贸易高质量发展的影响。产品核心竞争力的影响系数在 1%的显著性水平下显著为正,意味着提升产品的核心竞争力的确能够促进对外贸易高质量发展。同时此估计结果也说明了产品核心竞争力的渠道效应检验通过，产业安全能够通过提升产品核心竞争力进而推动对外贸易高质量发展，验证了假说 8-2a。值得注意的是，当加入中介变量产品核心竞争力后，产业安全对对外贸易高质量发展的系数从 0.0075 变为 0.0038，且依旧在 1%的水平下显著，表明产品核心竞争力存在部分中介效应。表中列(4)估计了产业安全对产品质量的影响，产业安全的系数在 1%的显著性水平下通过了显著性检验并且显著为正，说明提升产业安全水平有助于控制产品质量。列(5)则在控制了产业安全的情况下估计了产品质量对对外贸易高质量发展的影响，产品质量的影响系数在 1%的显著性水平下显著为正，意味着提升控制产品质量能够促进对外贸易高质量发展。此估计结果也证明了控制产品质量的渠道效应检验通过，产业安全能够通过控制产品质量进而推动对外贸易高质量发展，验证了假说 8-2b。值得注意的是，当加入中介变量产品质量后，产业安全对对外贸易高质量发展的系数从 0.0075 变为 0.0053，且依旧在 1%的水平下显著，表明产品质量在基准回归之中存在部分的中介效应。

表 8-20　中介效应检验 1

变量	(1)	(2)	(3)	(4)	(5)
	FT	***inv***	***FT***	***pq***	***FT***
L.IS	0.0075*** (0.34)	0.0042*** (-0.43)	0.0038*** (-0.36)	0.0093** (0.63)	0.0053*** (0.24)
inv			0.015** (-0.46)		
pq					0.0081** (1.14)
Constant	0.162** (1.87)	0.988*** (-1.42)	0.145 (-0.15)	0.714 (-0.67)	0.554 (-0.65)
控制变量	是	是	是	是	是
地区固定效应	是	是	是	是	是
年份固定效应	是	是	是	是	是
观测值	270	266	266	269	269
R^2	0.044	0.791	0.058	0.785	0.067

表 8-21 报告了产业结构升级和降低供应链风险的渠道效应检验。表中列(1)报告了基准回归结果。表中列(2)估计了产业安全对产业结构升级的影响，产业安全的系数在 1%的显著性水平下通过了显著性检验并且显著为正，说明提升产业安全水平能够驱动产业结构升级。列(3)则在控

制了产业安全的情况下估计了产业结构升级对对外贸易高质量发展的影响，产业结构升级的影响系数在1%的显著性水平下显著为正，意味着产业结构升级能够显著推动对外贸易高质量发展。同时此估计结果也说明了产业结构升级的渠道效应检验通过，产业安全能够通过驱动产业结构升级进而促进对外贸易高质量发展，验证了假说8-2c。值得注意的是，当加入中介变量产业结构升级后，产业安全对对外贸易高质量发展的系数从0.0075变为0.0031，且依旧在1%的水平下显著，表明产业结构升级存在部分中介效应。表中列(4)估计了产业安全对降低供应链风险的影响，产业安全的系数在1%的显著性水平下通过了显著性检验并且显著为正，说明提升产业安全水平有助于降低供应链风险。列(5)则在控制了产业安全的情况下估计了降低供应链风险对对外贸易高质量发展的影响，降低供应链风险的影响系数在1%的显著性水平下显著为正，意味着降低供应链风险的确能够促进对外贸易高质量发展。此估计结果也证明了降低供应链风险的渠道效应检验通过，产业安全能够通过降低供应链风险进而推动对外贸易高质量发展。值得注意的是，当加入中介变量降低供应链风险后，产业安全对对外贸易高质量发展的系数从0.0075变为0.0022，且依旧在1%的水平下显著，表明降低供应链风险存在部分中介效应，验证了假说8-2d。

表8-21　中介效应检验2

变量	(1)	(2)	(3)	(4)	(5)
	FT	*pi*	*FT*	*sc*	*FT*
L.IS	0.0075*** (0.34)	0.0036*** (1.43)	0.0031** (0.25)	0.021*** (1.48)	0.0022*** (−0.87)
pi			0.026** (0.59)		
sc					0.055*** (−2.80)
Constant	0.162* (1.87)	−0.683 (−0.60)	0.366 (−0.44)	4.51 (−1.38)	0.68 (−0.80)
控制变量	是	是	是	是	是
地区固定效应	是	是	是	是	是
年份固定效应	是	是	是	是	是
观测值数效应	270	269	269	269	260
R^2	0.044	0.490	0.058	0.495	0.068

2. 调节效应检验

表8-22报告了将新贸易保护强度（*AD_ policy*）作为调节变量引入模

型后的估计结果，列（1）显示产业安全影响系数显著为正，产业安全与新贸易保护强度的交叉项显著为正，并且与产业安全的系数相同。由此可知，新贸易保护会加剧产业安全对对外贸易高质量发展的正向驱动效应，即新贸易保护越盛行，产业安全水平的提升对对外贸易高质量发展的促进效果越强，验证了假说8-3。列（2）显示，新贸易保护对对外贸易高质量发展的影响系数在5%的显著性水平下显著为负，表明新贸易保护能够显著抑制对外贸易高质量发展。此外，将三项变量同时引入模型进行估计发现，在控制了新贸易保护后，产业安全和交叉项的系数分别在5%和1%的显著性水平下显著为正，但数值明显下降。因此可以看出，在新贸易保护的冲击下，想要实现对外贸易高质量发展，产业安全就显得尤为重要。

表8-22　调节效应检验

变量	（1）	（2）	（3）
	FT	***FT***	***FT***
IS	0.0083*** （0.74）		0.0017** （0.41）
AD_ policy		−0.265** （−3.61）	−0.183 （−2.77）
IS × *AD_ policy*	0.0121*** （2.85）		0.0091*** （1.35）
Constant	0.052* （1.81）	−0.097* （−1.07）	0.146 （2.28）
控制变量	是	是	是
地区固定效应	是	是	是
年份固定效应	是	是	是
观测值	270	270	270
R^2	0.056	0.044	0.036

（四）异质性分析

中国幅员辽阔，地域差异明显，加之各地区发展政策、人文环境以及资源要素禀赋等的不同，各地区的经济发展在多个领域表现出极大的区域差异。为了更加全面和客观地考察产业安全水平对不同地区对外贸易高质量发展的异质性影响，本章将全国30个省份划分为三个区域，即东部地区、中部地区和西部地区三大区域，对其进行分组回归估计。估计结果见表8-23，东部地区、中部地区和西部地区回归系数均显著为正。这一回归结果表明将全国样本区分为东部地区、中部地区和西部地区三个区域后，各个区域产业安全均能够显著促进该区域对外贸易高质量发展。对比系数来看，东部地区产业安全的影响系数最大为0.0137，中部地区次之为0.0089，而西部地区最低为0.0025。原因可能在于东部地区得天独厚的地理区位优势，东部地区多在沿海港口地区，交通运输也较为便捷，具备先天贸易优势，因而该地区的促进作用最为明显。

表8-23　异质性检验1

变量	(1)	(2)	(3)
	东部地区	中部地区	西部地区
L.IS	0.0137** (1.89)	0.0089*** (-1.27)	0.0025** (0.75)
Constant	0.465* (-2.09)	0.362* (-1.35)	-0.430* (-1.89)
控制变量	是	是	是
地区固定效应	是	是	是
年份固定效应	是	是	是
观测值	107	81	81
R^2	0.037	0.464	0.671

自由贸易试验区享有高度开放的国际贸易和国际资本流动，同时与国内其他地区相隔离。自由贸易试验区长期还能保持关税和其他税收上的特殊性，以优惠政策带动区域经济贸易的发展①，因此，自由贸易试验区会在很大程度上影响当地的贸易发展。鉴于此，本章在异质性检验中区分了设立自由贸易试验区的省份和未设立自由贸易试验区的省份，以此来考察产业安全对对外贸易高质量发展的异质性影响。具体估计结果见表8-24，将全国样本按照设立自由贸易试验区进行区分后，研究结论并未有实质性影响，产业安全的影响系数依然在1%的显著性水平下显著为正。在设立了自由贸易试验区省份中，产业安全的影响系数为0.0103，而未设立自由贸易试验区省份的产业安全影响系数为0.0051。由此可见，设立自由贸易试验区后，产业安全对对外贸易高质量发展的促进作用更加明显。由于设立自由贸易试验区的省份在经济和贸易等多方面享有一定的优惠和特权，也是我国对外开放更加自由的地区，因而该地区产业安全也显得更为重要。

① 张幼文：《自贸区试验的战略内涵与理论意义》，《世界经济研究》2016年第7期。

表 8-24　异质性检验 2

变量	(1)	(2)
	设立自由贸易试验区	未设立自由贸易试验区
L.IS	0.0103*** (2.67)	0.0051*** (1.91)
Constant	0.661* (4.65)	0.422 (-2.17)
控制变量	是	是
地区固定效应	是	是
年份固定效应	是	是
观测值	188	81
R^2	0.391	0.338

本章建立了产业安全评价指标体系并测度了我国的产业安全水平，从理论上剖析了新贸易保护和产业安全以及产业安全和对外贸易高质量发展之间的相关逻辑脉络，随后通过实证检验了理论部分提出的假设命题，得出以下结论：第一，2012—2021 年我国产业安全综合评价均值处于相对安全和临界状态的各占 50%，安全状况的增长率在 2017 年后出现了下降，变动趋于平缓。这表明在自主创新能力薄弱，关键领域、关键技术受制于人的背景下，我国产业安全风险依然较大。第二，新贸易保护对我国产业安全产生了显著的负面影响，并且新贸易保护对我国产业安全的影响在 2017 年贸易摩擦全面升级后有所加剧。新贸易保护对中国产业国际竞争力、对外依存度、产业竞争环境以及产业控制能力产业安全细分维度均有显著的负向影响。第三，产业安全能够显著促进对外贸易高质量发展。产业安全影响对外贸易高质量发展主要通过保护核心产品竞争力、控制产品质量、产业结构升级、降低供应链风险四个渠道来实现。第四，在新贸易保护下，产业安全水平的提高尤为重要。新贸易保护越盛行，产业安全对对外贸易高质量发展的促进作用越强烈。第五，产业安全对对外贸易高质量发展的影响效应存在区域异质性。该效应在东部地区最为显著，而在西部地区较弱。同时研究还发现，对设立自由贸易试验区的地区，产业安全对对外贸易高质量发展的影响作用更强。

第九章　新贸易保护下产业政策与对外贸易高质量发展

产业政策是政府制定和实施的一种政策框架，旨在促进特定产业或经济部门在国家或地区内的发展，增强其竞争力，提高生产率，创造就业机会，并实现经济增长和发展的目标。然而，产业政策也存在争议，因为政府干预市场可能引发不公平竞争、不均匀资源分配和政策执行挑战等问题。本章将探讨新贸易保护对产业政策以及产业政策对中国对外贸易高质量发展的影响，回答产业政策是否有效，何时有效以及如何提高有效性等问题。

第一节　新贸易保护下产业政策影响对外贸易高质量发展的机理

产业政策是国家制定的，引导国家产业发展方向、推动产业结构升级、协调国家产业结构政策的统称。外部市场的新贸易保护行为推动了我国实施相应的鼓励型产业政策与规制型产业政策，而产业政策又主要通过技术创新与规模经济将影响传导至我国对外贸易发展质量。综上，新贸易保护下对外贸易高质量发展的产业政策支持逻辑见图 9-1。

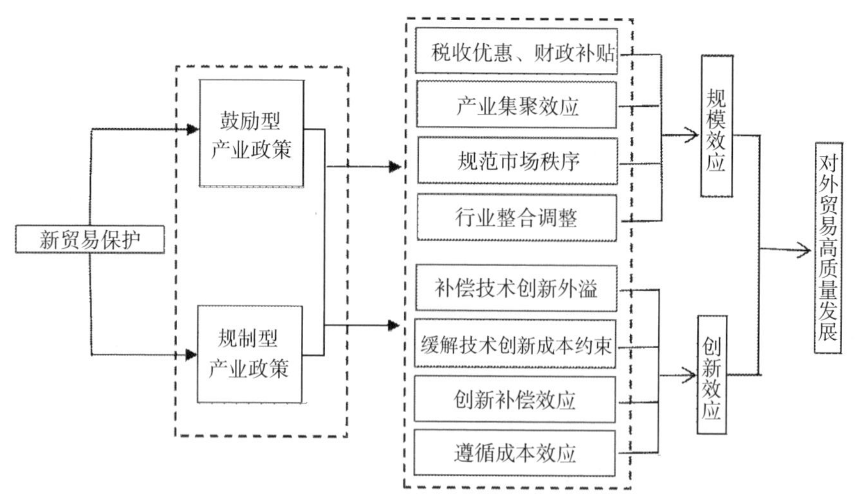

图 9-1　新贸易保护下对外贸易高质量发展的产业政策支持逻辑

一、新贸易保护影响产业政策的理论分析

新贸易保护的盛行对中国制造业产生了直接而深远的影响。中国需要调整产业政策,寻求新的出口市场、推动产业转型升级,以应对新贸易保护政策带来的压力。同时,中国也可以通过深化与其他国家的贸易合作,加强国际合作,推动多边贸易体系的建设,以缓解因新贸易保护政策带来的不利影响。面对新贸易保护,中国在对外贸易的主要行业比如机电行业、纺织服装行业、农业等提出了不同的鼓励型产业政策和规制型产业政策以降低新贸易保护的冲击,实现对外贸易高质量发展。在机电行业方面,2018 年 3 月发布《关于大型出口信贷及出口信用保险项目的批报程序(修订稿)》,旨在对涉及大型成套设备出口的工业(生产)性项目,由机电商会协调,对涉及大型成套设备出口的非工业(生产)性项目,由承包商会协调,对商会协调职能做了具体的划分,促进审核流程的便利化。在纺织服装行业方面,2019 年 6 月发布《纺织品合成革用非织造基布》,规定了合成革用非织造基布的产品分类、技术要求、试验方法等,严格把控进出口产品的质量。在农业方面,2020 年 8 月发布《国家发展和改革委员会商务部关于 2020 年农产品进口关税配额再分配公告》,保护农产品的进出口发展,主要有协定税率的适用范围和进口关税配额再分配等方面。上述产业政策是国家根据新贸易保护行为对不同行业造成的差异化冲击而制定的,通过优化出口流程、提高产品质量标准以及保障本国生产者利益等方式进行进一步的完善,以应对新贸易保护的冲击,增强中国的国际竞争力,稳定外贸环境,为中国的对外贸易高质量发展提供了有力支持。基于此,提出以下假说:

假说 9-1:外部市场的新贸易保护行为将倒逼我国产业政策的完善。

二、产业政策影响对外贸易高质量发展的理论分析

假设经济体中存在一家有对外贸易业务的企业 W,正常生产外贸产品 X 的产量为 Q,新贸易保护减少了产品 X 的产量为 $Q_{损}$,假定企业 W 满足柯布—道格拉斯的生产函数形式和规模报酬不变的特征,此时 $Q_{损}$ 随着 Q 的增加而增加。

参考郭杰等(2019)①的模型设定,假定投入了 K 和 L 两种生产要素,则企业 W 的产出为 $F(K,L)$。而新贸易保护导致的产量减少占总产量的比例

① 郭杰、王宇澄、曾博涵:《国家产业政策、地方政府行为与实际税率——理论分析和经验证据》,《金融研究》2019 年第 4 期。

为 u,其中 $u\in[0,1]$,当 $u=0$ 时,表示企业 W 不受新贸易保护的影响;当 $u=1$ 时,表示企业 W 的外贸产品 X 受到新贸易保护影响而停止生产后退出市场。此时外贸产品 X 的实际产出 Y 为 $(1-u)F(K,L)$,如式(9-1)所示:

$$Y=(1-u)F(K,L) \tag{9-1}$$

由于新贸易保护造成产品 X 损失的产出 Q_1 的表达式为:

$$Q_{损}=\lambda(u)F(K,L) \tag{9-2}$$

考虑到新贸易保护造成的损失与贸易投入成比例的下降,则 $\lambda(u)$ 可以表示为式(9-3):

$$\lambda(u)=\frac{(1-u)^{\frac{1}{a}}}{A} \tag{9-3}$$

其中,A 表示生产产品 X 的技术创新水平,该水平越高则新贸易保护造成的损失越少。另外,由式(9-3)可以看出,新贸易保护造成的损失是一个一阶导数小于等于 0,而二阶导数大于 0 的单调递减的“凹”形图像函数。将式(9-3)代入式(9-2)则 $Q_{损}$ 可以表示为:

$$Q_{损}=\frac{(1-u)^{\frac{1}{a}}}{A}F(K,L) \tag{9-4}$$

同时,对式(9-4)进行整理可以得到:

$$1-u=\frac{(AQ_{损})^{a}}{F^{a}(K,L)} \tag{9-5}$$

再将式(9-5)代入式(9-1),最终可以得到企业 W 的外贸产品 X 的实际产出:

$$Y=(AQ_{损})^{a}F^{1-a}(K,L) \tag{9-6}$$

从式(9-6)中可以看出,产品 X 除了受到潜在产出 F 包括要素 K 和 L 两方面的影响之外,还受到技术进步水平 A 和新贸易保护造成的损失 $Q_{损}$ 的影响。

从生产者决策的角度出发,为了实现外贸产品 X 的成本最小化,在给定新贸易保护造成的成本损失 $Q_{损}$ 和单位潜在产出 F 时,此时每单位 $(AQ_{损})$ 的最小生产成本为 c_1,每单位潜在产出 F 的最小生产成本为 c_2,即存在如式(9-7)所示的函数关系:

$$\begin{cases}\min C(c_1,c_2)=c_1(AQ_{损})+c_2F\\ s.t.(AQ_{损})^{a}F^{1-a}=1\end{cases} \tag{9-7}$$

为了将企业生产与成本联系起来,可以构建如式(9-8)所示的拉格朗日函数来进行分析,其中 m 是拉格朗日乘子且不等于 0:

$$L = c_1(AQ_{损}) + c_2F + m[1 - (AQ_{损})^a F^{1-a}] \tag{9-8}$$

分别对 $AQ_{损}$ 和 F 进行求导可得：

$$\begin{cases} \dfrac{\partial L}{\partial(AQ_{损})} = c_1 - ma(AQ_{损})^{a-1} F^{1-a} \\ \dfrac{\partial L}{\partial F} = c_2 - m(1-a)(AQ_{损})^a F^{-a} \end{cases} \tag{9-9}$$

经过整理后可以得到一阶最优解：

$$\frac{(1-a)AQ_{损}}{aF} = \frac{c_2}{c_1} \tag{9-10}$$

假定产品 X 的价格为 P_1，则企业 W 的总收入 TR、总成本 TC 和总利润 TP 如式(9-11)所示：

$$\begin{cases} TR = P_1Q_{实} \\ TC = c_1(AQ_{损}) + c_2 \\ FTP = TR - TC \end{cases} \tag{9-11}$$

如果企业 W 处于一个完全竞争市场的长期均衡中，则其总利润 TP 为 0，则有：

$$P_1Q_{实} = c_1(AQ_{损}) + c_2F \tag{9-12}$$

将式(9-10)与式(9-12)进行整理后可以得到：

$$Q_{损} = \frac{aP_1Q_{实}}{c_1A} = \frac{a}{c_1A}P_1Q_{实} = \frac{a}{c_1A} \cdot J \tag{9-13}$$

在式(9-13)中可以发现，A 表示生产技术进步水平，即创新效应，$P_1Q_{实}$ 表示产品 X 的总收入，即经济效应 J。再对式(9-13)取对数可以得到：

$$\ln Q_{损} = \ln a - \ln c_1 + \ln J + \ln G - \ln A \tag{9-14}$$

同时，将产业政策作为投入要素引入生产函数，即 $c_1 = c_1(Policy)$、$J = J(Policy)$ 和 $A = A(Policy)$，则式(9-14)可以表示为：

$$\ln Q_{损} = \ln a - \ln c_1(Policy) + \ln J(Policy) - \ln A(Policy) \tag{9-15}$$

此时，新贸易保护造成的损失 $Q_{损}$ 与产业政策的力度 $Policy$ 有关，产业政策实施的力度越高损失越少，即产业政策会促进对外贸易高质量发展。同时，可以发现在新贸易保护下，产业政策对对外贸易高质量发展的影响存在规模效应和创新效应。一方面，鼓励型产业政策通常包括提供税收优惠、财政补贴等方式，可以激励企业增加投资，扩大生产规模，降低企业的生产成本和经营成本，从而实现规模经济效应。并且，鼓励型产业政策有助于产业的集中发展，当多家同类企业在同一地区集聚时，它们可以共享供应链、人才、技术等资源，形成产业聚集效应，进一步降低生产成本，提高效率，实现规模经济效应。而规制型产业政策可以推动行业内的整合和结构调整,鼓励企业通过兼并、收购等方式实现规模扩大。并且,规制型产业政策可以加强对产业的监管和治理,规范市场秩序,减少不良竞争行为,有助于提高产业的竞争力和整体效率,促进规模经济效应的发挥。另一方面,鼓励型产业政策主要通过技术创新成本约束缓解、技术创新溢出效应补偿来促进制造业技术创新。鼓励型产业政策有助于向银行等市场主体明确企业技术创新的重要性和必要性,提升银行对企业技术创新投入的认知和认可度,从而放宽银行贷款的条款约束并提升银行对企业的贷款规模。与此同时,鼓励型产业政策在对直接引导市场技术创新的同时,还通过诸如知识产权保护和市场准入机制等工具,解决由于技术创新低成本外溢导致的企业技术创新积极性降低这一技术创新市场失灵问题。而对规制型产业政策,"创新补偿效应"和"遵循成本效应"是其作用于技术创新的两大主要途径。其中,"创新补偿效应"表明规制型政策将迫使企业进行技术创新来减少其生产的负外部性。"遵循成本效应"则表明规制型政策将导致企业生产成本增加,从而抑制了企业在技术创新方面的投入。由此提出假说:

假说 9-2:产业政策完善将促进对外贸易高质量发展。

假说 9-3a:产业政策会通过规模效应和创新效应影响对外贸易高质量发展。

为应对新贸易保护行为,中国出台多项关于资本和技术的产业政策,以高新技术为例,为了推动高新技术产品进出口发展,2019 年 11 月发布《中华人民共和国商务部公告 2019 年第 44 号》,凡企业所产的产品为科技部、商务部、财政部、税务总局、海关总署发布的《中国高新技术产品出口目录》或者科技部发布的《中国高新技术产品目录》中所列产品,或者经过科技部认定的高新技术产品,可视产品具体情况适当降低标准。2020 年 10 月发布《科技部关于认定 2020 年国家高新技术产业化基地的通知》,促进高新技术产业的发展,打破国外技术封锁。2021 年国家层面支持的政策是自高新技术企业证书颁发之日所在年度起,减按 15%的优惠税费征收企业所得税和研发费用可加计扣除 175%。2022 年 10 月发布的《鼓励外商投资产业目录(2022 年版)》,引导外资投向先进制造、高新技术、现代服务等领域及中西部和东北地区等。因此,新贸易保护会导致产业政策促进规模效应与技术创新的效果大幅度减弱,也间接不利于对外贸易高质量发展。因此,提出以下假说:

假说 9-3b:新贸易保护与规模效应和创新效应共同作用于产业政策对中国对外贸易高质量发展的影响。

第二节　新贸易保护影响产业政策的实证分析

一、模 型 构 建

为了研究新贸易保护对产业政策的影响,将 2017 年新贸易保护冲击作为准自然实验,使用双重差分模型进行讨论:

$$Policy_{i,t} = a_0 + a_1 DID_{i,t} + a_2 X_{i,t} + \alpha_i + \beta_t + \varepsilon_{i,t} \tag{9-16}$$

其中,$Policy_{i,t}$表示 i 企业在 t 年的产业政策水平(主要有财政补贴 Fs、税收优惠 Tp 和两者的综合 Ip 来表示),a_0为截距项,$DID_{i,t}$以 $Trade_i$ 和 $Treat_t$ 的交互项作为核心自变量,$Trade_i$ 即第四章选取的 i 企业的贸易保护相关词频,$Treat_t$ 表示虚拟变量,t 在 2017 年以后取 1,否则为 0。$X_{i,t}$表示控制变量集合。α_i 和 β_t 分别表示企业固定效应和时间固定效应,$\varepsilon_{i,t}$ 表示随机扰动项。

二、变量选取与数据来源

(一) 被解释变量

常见的产业政策指标有财政补贴(Fs)和税收优惠(Tp),以政府提供给企业的生产补贴的对数来表示财政补贴,以政府返还给企业的各项税费除以企业支付的各项税费与收到返还的各项税费之和来表示税收优惠,而企业通常是财政补贴和税收优惠并行的,因此首先通过式(9-17)的变异系数方法来确定财政补贴和税收优惠的权重①,避免人为设置权重的误差。

$$\begin{cases} Q_{Fs} = \dfrac{Sd_{Fs}/Av_{Fs}}{Sd_{Fs}/Av_{Fs} + Sd_{Tp}/Av_{Tp}} \\ Q_{Tp} = \dfrac{Sd_{Tp}/Av_{Tp}}{Sd_{Fs}/Av_{Fs} + Sd_{Tp}/Av_{Tp}} \end{cases} \tag{9-17}$$

其中,Q_{Fs}表示财政补贴的权重,测算后的大小为 0.6889,由样本中财政补贴的标准差 Sd_{Fs}与平均值 Av_{Fs}的商除以相同做法后财政补贴与税收优惠之和,同时计算出税收优惠的权重 Q_{Tp}为 0.3311。然后对财政补贴和税收优惠进行无量纲化处理:

---

① 欧阳金琼、靳佳珠:《中国共同富裕的区域差异与结构分解》,《华东经济管理》2023 年第 9 期。

$$\begin{cases} Fs_n = Q_{Fs} \dfrac{A_n - m}{M - m} \\ Tp_n = Q_{Tp} \dfrac{A_n - m}{M - m} \end{cases} \tag{9-18}$$

其中,为了避免各产业之间政策的差异而导致结果的不稳健性,分三大产业来测算各企业的产业政策水平,A_n 表示三大产业第 n 个数据中的财政补贴或者税收优惠的实际数值,M 和 m 分别表示三大产业中财政补贴或者税收优惠的最大值与最小值。再者,为了统计最终的产业政策水平,需要测算如式(9-19)两类产业政策笛卡尔空间上任意一点的 Y 与其最低点和最高点的标准欧氏距离(Y_M 和 Y_M):

$$\begin{cases} Y_m = \sqrt{\dfrac{Fs_n^2 + Tp_n^2}{Q_{Fs}^2 + Q_{Tp}^2}} \\ Y_M = 1 - \sqrt{\dfrac{(Q_{Fs} - Fs_n)^2 + (Q_{Tp} - Tp_n)^2}{Q_{Fs}^2 + Q_{Tp}^2}} \end{cases} \tag{9-19}$$

最后,由两者的平均值来确定最终的产业政策水平,具体如式(9-20)所示:

$$Ip = (Y_m + Y_M)/2 \tag{9-20}$$

其中,Ip 表示最终的产业政策水平,该数值越大,实施的产业政策水平越高。

(二) 核心解释变量

本书的核心解释变量为新贸易保护,与上述第四章相同,进行上述式(9-17)至式(9-20)的计算后进行回归检验,另外也采取相关词词频数量做稳健性检验,设置贸易保护 1 指标为 *Trade*1。

(三) 控制变量

参考希波利托等(Hipólito 等,2023)①以及马涛和王楠倩(2023)②等学者的文章,选取控制变量有流动比率(*Fr*:流动资产除以流动负债)、固定资产占比(*Pfa*:固定资产净值除以总资产)、企业上市时长(*Ly*:当年减去企业注册年份)、董事会人数(*Nd*:取董事会的对数)、企业杠杆率(*Clr*:企业负债除以总资产)、净资产收益率(*Roe*:净利润除以股东权益平均余额),具体的

① Hipólito P.L., Cardoso A.M., Muhammad S."Does Climate Finance and Foreign Capital Inflows Drive De-Carbonisation in Developing Economies?", *Journal of Environmental Management*, Vol.347, 2023.

② 马涛、王楠倩:《中国出口内涵要素结构与外贸高质量发展路径》,《南开经济研究》2023 年第 9 期。

描述性统计结果见表9-1,虽然出现了最小值为0,但是这并不意味着不存在,而是相对其他企业而言这些企业的数值非常小。

表9-1 各变量的描述性统计结果

变量	符号	N	mean	sd	min	max
政策补贴	*Fs*	11410	1.777	5.538	0.000	104.600
税收优惠	*Tp*	11410	0.124	0.186	0.000	0.838
产业政策	*Ip*	11410	0.160	0.194	0.000	0.885
新贸易保护	*Trade*	11410	2.193	3.010	0.000	46.000
新贸易保护1	*Trade*1	11410	0.001	0.007	0.002	0.237
流动比率	*Fr*	11410	0.051	0.072	-0.744	0.489
固定资产占比	*Pfa*	11410	0.224	0.181	0.001	0.954
企业上市年限	*Ly*	11410	2.749	0.409	1.386	3.466
董事会人数	*Nd*	11410	2.171	0.210	0.000	3.045
企业杠杆率	*Clr*	11410	0.486	0.201	0.010	0.987
净资产收益率	*Roe*	11410	0.072	0.123	-2.187	1.536

三、实证检验

(一)基准回归分析

基准回归结果见表9-2,表9-2的列(1)不考虑企业固定效应和时间固定效应,列(2)加入了控制变量,两者的结果都证明了新贸易保护显著促进国内产业政策的发展,并且加入控制变量后,核心解释变量系数符号与显著性无明显变化且拟合优度R^2大幅度提高,说明相关控制变量是有效的;列(3)和列(4)考虑了个体固定效应,可以明显地看到,新贸易保护对产业政策的促进作用不显著。列(5)和列(6)考虑时间固定效应后进行基准回归,其系数相较于列(1)和列(2)变大但显著性仍不变,新贸易保护会使产业政策水平显著提升0.29%,新贸易保护增加会显著促进国内产业政策水平提高,验证了假说9-1。

表9-2 基准回归结果

变量	(1)	(2)	(3)	(4)	(5)	(6)
$DID_{i,t}$	0.0028*** (4.26)	0.0022*** (5.15)	0.0007 (1.06)	0.0008 (1.04)	0.0030*** (4.03)	0.0029*** (3.80)
控制变量	否	是	否	是	否	是

续表

变量	(1)	(2)	(3)	(4)	(5)	(6)
时间固定效应	否	否	否	否	是	是
企业固定效应	否	否	是	是	否	否
样本量	11410	11410	11410	11410	11410	11410
R^2	0.0016	0.0145	0.0001	0.0002	0.0014	0.0147
F	18.17	23.91	1.12	0.24	16.24	23.59

（二）平行趋势检验

为了保证双重差分估计的稳健性，进行了平行趋势检验，将式（9-16）中 $DID_{i,t}$ 的事件时间进行调整。图 9-2 是平行趋势检验的结果。2014 年可能由于中国加大财政补贴促进产业结构转型，而国际经济压力严重，比如美联储退出 QE（量化宽松）、国际原油价格下跌 50%等。在事件 2017 年之前的两年，新贸易保护的影响因子均不显著，可以反映新贸易保护并不存在事前趋势，使用双重差分模型是合适的。

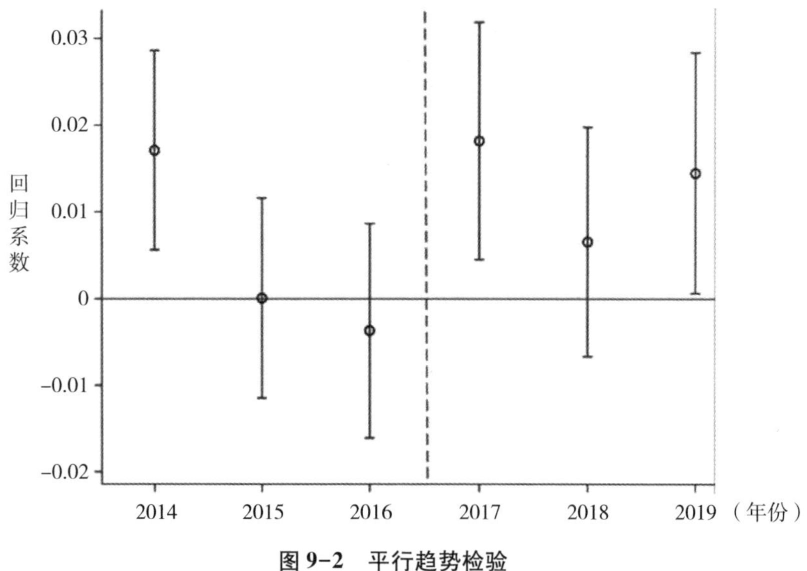

图 9-2　平行趋势检验

（三）稳健性检验

为了确保式（9-16）基准回归结果的稳健性，通过以下三种方式进行稳健性检验：

第一种是考虑到不同省份可能会对结果产生差异，比如东部地区省份受新贸易保护的影响明显大于中西部地区，因此控制省份进行基准回归，其结果见表 9-3 的列(1),其核心解释变量系数仍然为正,说明控制了省份之间的差异后,其结果仍然稳健。

第二种是考虑到不同指标的选择会影响实证结果,一方面,选择文本挖掘的相关词的数量对新贸易保护指标进行替换,其结果见表 9-3 的列(2),仍是 1%的水平下有显著的促进作用,即受新贸易保护影响越大,产业政策力度也越大。另一方面,选择财政补贴和税收优惠分别表示产业政策水平,其结果见表 9-3 的列(3)和列(4),新贸易保护会显著促进国内财政补贴和税收优惠,也间接地证明了上文在计算两者权重时,财政补贴的权重 0.6889 大于税收优惠的权重 0.3111 是合理的。

第三种是删除极端值,省会城市的企业受到产业政策的力度是远大于其他城市的企业,因此删除了北京、上海、天津、杭州、深圳、长沙、合肥等地区的企业,其结果见表 9-3 的列(5),结果仍然稳健。

表 9-3　稳健性结果

变量	(1)	(2)	(3)	(4)	(5)
	Ip	*Ip*	*Fs*	*Tp*	*Ip*
$DID_{i,t}$	0.0008** (2.10)		0.0957*** (4.51)	0.0049*** (6.85)	0.0021*** (2.30)
$DID1_{i,t}$		0.6547** (2.00)			
控制变量	是	是	是	是	是
时间固定效应	是	是	是	是	是
省份固定效应	是	否	否	否	否
样本量	11410	11410	11410	11410	11410
R^2	0.0953	0.0347	0.0203	0.0134	0.0062
F	4.44	494.76	262.16	174.97	66.51

(四) 内生性检验

通过加入对产业政策产生显著影响的多个变量以尽量避免遗漏重要变量而导致的模型内生性问题;主要考虑到以下两个方面:第一,在产业政策较高的地区(例如北京、上海、浙江、广东等地区的企业)受贸易摩擦的影响较大,导致这些地区受到新贸易保护影响的程度较高,也就是产业政策与新贸易保护之间存在反向因果关系;第二,上一年的产业政策较高会继续受新贸易保护的影响,也就是说当期的产业政策可能受上一期产业政策发展潜移默化的影响。

为此,使用工具变量法来解决上述两个内生性问题,以新贸易保护的滞后一期作为工具变量进行两阶段最小二乘法回归来解决第一类问题,具体结果见表 9-4 的列(1)和列(2),同时列(3)和列(4)表示以产业政策滞后一期作为工具变量进行回归解决第二类问题,列(5)和列(6)则考虑到新贸易保护的滞后一期和产业政策的滞后一期会同时产生影响。列(1)、列(3)和列(5)的弱工具变量检验 F 值均超过 10,说明工具变量与解释变量显著相关,排除了弱工具变量的可能。同时,其他三列的 Prob>F 结果均小于 1%,这表明原假设被拒绝,证明产业政策和对外贸易高质量发展的滞后一期为外生变量,未出现内生性问题。

表 9-4 内生性检验

变量	(1)	(2)	(3)	(4)	(5)	(6)
	第一阶段	第二阶段	第一阶段	第二阶段	第一阶段	第二阶段
$DID_{i,t}$		0.00331** (2.80)		0.5614*** (3.70)		0.0034*** (3.12)
$L\_DID_{i,t}$	0.7994*** (95.99)				0.7990*** (95.86)	
L_Ip			0.4808*** (3.71)		0.1082 (1.15)	
控制变量	是	是	是	是	是	是
时间固定效应	是	是	是	是	是	是
样本量	10269	10269	10269	10269	10269	10269
F 值	9214.14		13.79		4607.88	
$Prob > F$		0.0000		0.0000		0.0000

(五)异质性分析

1. 企业异质性

国有企业作为国家经济的重要组成部分,其对外贸易活动往往更容易得到政府的支持,是对外贸易高质量发展的主力军。而民营企业虽然有着更强的灵活性和创新能力,更快地适应国际市场的变化,但是其融资难、应对国际风险的冲击能力弱,在对外贸易高质量发展进程中缓慢前行。依据企业产权性质,将样本企业划分为国有企业和民营企业。从表 9-5 的列(1)和列(2)可以看出,新贸易保护对国有企业产业政策的促进作用大于民营企业,这说明在 2017 年新贸易保护下,国有企业需要更多的产业政策支持。

表 9-5　企业和城市的异质性检验

变量	(1)	(2)	(3)	(4)
	国有企业	民营企业	共建“一带一路”地区	非共建“一带一路”地区
$DID_{i,t}$	0.0048*** (4.19)	0.0012 (1.15)	0.0051*** (3.60)	0.0021** (2.33)
控制变量	是	是	是	是
时间固定效应	是	是	是	是
样本量	6534	4876	3230	8180
R^2	0.0139	0.0220	0.0203	0.0114
F	13.14	15.61	9.53	13.42

2. 城市异质性

国家和地区间的贸易往来需要依托高度开放的贸易制度和政策、长期的战略合作关系以及便捷的交通运输条件等一系列要素。共建“一带一路”倡议正是在具备这些关键要素的基础上，通过互惠共生、产业转移的方式为共建“一带一路”国家或地区提供更多的对外贸易机会，也可在一定程度上减缓新贸易保护带来的不利影响。共建“一带一路”倡议在推进过程中明确规定了各地区开放态势，并根据各地区的经济功能和作用重点区分了涉及东北地区、西北地区及西南等地区的 18 个省份。将企业注册地所在城市是否属于共建“一带一路”沿线城市划分为共建“一带一路”地区和非共建“一带一路”地区。具体结果见表 9-5 的列(3)和列(4)，共建“一带一路”沿线城市的企业受到新贸易保护后，产业政策的发展水平相较于非共建“一带一路”企业更为明显，说明贸易合作有助于增强新贸易保护的产业政策效应。

3. 区域异质性

按照经济发展中国可以分为东部地区、中部地区、西部地区和东北部四大地区，东部地区集中了大量的港口城市和经济特区，在对外贸易中占据主导地位①，中部地区在钢铁、汽车等制造业和农产品出口方面发挥较大贡献②，西部地区在石油、天然气和煤炭等自然资源以及农产品出口方面具备优势③，东

① 李自若、杨汝岱、黄桂田：《内贸成本、外贸成本与畅通国内大循环》，《中国工业经济》2022 年第 2 期。

② 张瑾、龙强、江洪：《以扩大高水平开放促进中部地区高质量发展》，《宏观经济管理》2019 年第 12 期。

③ 李小帆、蒋灵多：《“一带一路”建设、中西部开放与地区经济发展》，《世界经济》2020 年第 10 期。

北部地区在重工业品和资源类产品的对外贸易中有着较大贡献①。不同区域受新贸易保护对产业政策的影响见表 9-6 的列(1)至列(4),东部地区和中部地区的促进效果远大于其余地区,说明在 2017 年新贸易保护之后,经济发达地区仍是产业政策的重点关注区域。

表 9-6 区域异质性检验

变量	(1) 东部地区	(2) 中部地区	(3) 西部地区	(4) 东北部地区
$DID_{i,t}$	0.0032*** (3.59)	0.0039* (1.94)	0.0010 (0.47)	-0.0009 (-0.19)
控制变量	是	是	是	是
时间固定效应	是	是	是	是
样本量	7320	1820	1720	550
R^2	0.0202	0.0069	0.0112	0.0305
F	21.47	1.79	2.75	2.39

第三节 产业政策影响对外贸易高质量发展的实证分析

一、模型构建

为了验证产业政策对对外贸易高质量发展的影响,构建如式(9-21)进行检验。

$$HQ_{i,t} = b_0 + b_1 Policy_{i,t} + b_2 X_{i,t} + \alpha_i + \beta_t + \varepsilon_{i,t} \tag{9-21}$$

式(9-21)中,$HQ_{i,t}$表示 i 企业 t 年的对外贸易高质量发展水平,其余变量与式(9-16)含义相同。

为了验证产业政策影响中国对外贸易高质量发展的机制,即假设三,在式(9-21)的基础上,参考梁会君(2022)②的做法,构建式(9-22)、式(9-23)和式(9-24)检验假设 H3a:

$$M_{i,t} = c_0 + c_1 IP_{it} + c_3 X_{i,t} + \alpha_i + \beta_t + \varepsilon_{i,t} \tag{9-22}$$

① 逯宇铎、杜小飞:《基于广义脉冲的东北三省外贸外资与经济增长研究》,《运筹与管理》2018 年第 18 期。

② 梁会君:《数字贸易、产业集群与经济高质量发展——基于有调节的中介效应检验》,《西南民族大学学报(人文社会科学版)》2022 年第 5 期。

$$HQ_{i,t} = d_0 + d_1 M_{i,t} + d_3 X_{i,t} + \alpha_i + \beta_t + \varepsilon_{i,t} \tag{9-23}$$

$$HQ_{i,t} = e_0 + e_1 M_{i,t} + e_2 Ip_{i,t} + e_3 X_{i,t} + \alpha_i + \beta_t + \varepsilon_{i,t} \tag{9-24}$$

在上式中,$M_{i,t}$表示 i 企业在第 t 年的中介变量由经济效应和技术效应组成,$Trade_{i,t}$ 表示 i 企业在第 t 年受到新贸易保护的冲击。同时构建式(9-25)、式(9-26)、式(9-27)检验假设 H3b:

$$HQ_{i,t} = f_0 + f_1 Ip_{i,t} + f_2 Trade_{i,t} + f_3 Trade_{i,t} \times Ip_{i,t} + f_4 X_{i,t} + \alpha_i + \beta_t + \varepsilon_{i,t} \tag{9-25}$$

$$M_{i,t} = g_0 + g_1 Ip_{i,t} + g_2 Trade_{i,t} + g_3 Trade_{i,t} \times Ip_{i,t} + g_4 X_{i,t} + \alpha_i + \beta_t + \varepsilon_{i,t} \tag{9-26}$$

$$HQ_{i,t} = h_0 + h_1 M_{i,t} + h_2 Trade_{i,t} + h_3 Trade_{i,t} \times M_{i,t} + h_4 X_{i,t} + \alpha_i + \beta_t + \varepsilon_{i,t} \tag{9-27}$$

在式(9-25)、式(9-26)和式(9-27)中交互项 $Trade_{i,t} \times Ip_{i,t}$ 和 $Trade_{i,t} \times M_{i,t}$ 的系数来衡量其调节作用,即 f_3 表示新贸易保护对产业政策影响对外贸易高质量发展的调节作用,g_3 和 h_3 表示新贸易保护通过调节中介变量影响产业政策影响对外贸易高质量发展的抑制作用。

二、变量选取与数据来源

(一) 被解释变量

本部分的被解释变量是对外贸易高质量发展,采取的方式与第四章一样,同时为了进行稳健性检验,其中,参考宋敏等(2021)①的方法以 OP 法来测算中国对外贸易高质量发展水平($HQ1$)。

$$\ln HQ1_{i,t} = d_0 + d_1 \ln K_{i,t} + d_2 \ln L_{i,t} + d_3 \ln M_{i,t} + d_4 Age_{i,t} + d_5 Soe_{i,t} + \alpha_i + \beta_t + \lambda_u + \varepsilon_{i,t} \tag{9-28}$$

式(9-28)中 $\ln HQ_{i,t}$表示 i 企业 t 年的外贸高质量发展水平,$\ln K_{i,t}$表示 i 企业 t 年的劳动投入,用企业员工数来表示;$\ln L_{i,t}$表示 i 企业 t 年的资本投入,用企业对外直接投资额来表示;$\ln M_{i,t}$表示 i 企业 t 年的中间投入,用出口总额减去关税、劳动者报酬和营业盈余来表示,Age 是企业年龄,用 t 减去成立年份来表示,Soe 是国有企业的虚拟变量,如果是国有企业则用 1 表示,反之则为 0;α_i、β_t 和 λ_u 分别表示企业、时间和行业固定效应,$\varepsilon_{i,t}$ 表示随机扰动项。

① 宋敏、周鹏、司海涛:《金融科技与企业全要素生产率——"赋能"和信贷配给的视角》,《中国工业经济》2021 年第 4 期。

（二）中介变量

产业政策会通过影响企业的规模和技术来影响对外贸易高质量发展，参考阿里和乔尔（Ali 和 Johl，2023）①的做法选取企业每年总资产的对数来反映其规模大小，该数值越大意味着企业规模（*Ta*）越大，同时采取现金流比率（*Cfr*：经营活动产生的现金流量净额除以总资产）来进行稳健性检验；再者参考叶云和应欣（Ye 和 Ying，2023）②的做法以企业的研发投入来反映其技术水平（*Ri*），该数值越大意味着企业对技术创新越重视，也以企业专利申请数量（*Npa*：每年企业申请的发明专利和实用新型专利总数来表示）来进行稳健性检验。

（三）其余变量

本部分选取的控制变量与第二部分相同，解释变量即第二部分的产业政策，同时调节变量即第二部分的贸易保护来表示新贸易保护的冲击，除与表 9-1 变量相同之外，其余变量的描述性统计结果见表 9-7。

表 9-7 各变量的描述性统计结果

变量	符号	N	mean	sd	min	max
外贸高质量发展	*HQ*1	11410	16.02	1.052	13.280	20.560
总资产的对数	*Ta*	11410	22.93	1.556	19.140	31.190
现金流比率	*Cfr*	11410	1.890	2.091	0.000	42.720
研发投入	*Ri*	11410	0.141	0.471	0.000	18.200
专利申请	*Npa*	11410	0.382	17.79	-0.964	1878

三、实证检验

（一）基准回归结果

式（9-21）的基准回归结果见表 9-8。表 9-8 列（1）和列（2）显示了混合回归结果，产业政策回归系数显著为正，说明产业政策能够有效促进中国对外贸易高质量发展。并且逐步控制固定效应后，产业政策水平每增加 1 单位，对外贸易发展质量提高 0. 18 单位，结果依然稳健，验证了假说 9-2。

---

① Ali K.，Johl K. S.，"Driving Forces for Industry 4.0 Readiness，Sustainable Manufacturing Practices and Circular Economy Capabilities：Does Firm Size Matter?"，*Journal of Manufacturing Technology Management*，Vol.34，.No.5，2023.

② Ye Y.，Ying X.，"Do Governance Patterns of Environmental Regulation Affect Firm's Technological Innovation：Evidence from China"，*Journal of Cleaner Production*，Vol.425，2023.

表 9-8　基准回归结果

变量	(1)	(2)	(3)	(4)	(5)	(6)
Ip	0.0687*** (7.61)	0.0597*** (6.66)	0.0017 (0.23)	0.0017 (0.24)	0.1785*** (3.47)	0.1807*** (3.50)
控制变量	否	是	否	是	否	是
时间固定效应	否	否	否	否	是	是
企业固定效应	否	否	是	是	否	否
样本量	11410	11410	11410	11410	11410	11410
R^2	0.0051	0.0288	0.0001	0.0040	0.0466	0.0550
F	57.92	48.31	0.05	5.95	61.62	62.99

(二) 稳健性检验

为了确保式(9-21)基准回归结果的稳健性,通过以下三种方式进行稳健性检验:

第一种考虑到各省份可能对结果产生不同影响,例如东部省份的产业政策水平明显高于中西部地区。因此,在控制省份差异的基础上进行基准回归分析,结果见表 9-9 的列(1)。分析显示,产业政策显著促进了中国对外贸易的高质量发展,表明即便在控制省份差异后,结论仍然稳健。

第二种考虑到不同指标的选择会影响实证结果,一方面,选择财政补贴和税收优惠分别表示产业政策,其结果见表 9-9 的列(2)和列(3),财政补贴增加 1%会显著促进对外贸易高质量发展增加 0.1290%,税收优惠增加 0.0013%,基准结果具有稳健性。这也间接地证明了上文在计算两者权重时,财政补贴的权重 0.6889 大于税收优惠的权重 0.3111 是合理性的。另一方面,选择全要素生产率对中国对外贸易高质量发展指标进行替换,其结果见表 9-9 的列(4),虽然估计值降低,但是仍在 1%的水平下显著,再次证明了结果的稳健性。

第三种删除极端值,删除了北京、上海、天津、杭州、深圳、长沙、合肥等城市的企业,其结果见表 9-9 的列(5),仍有显著的促进作用。

表 9-9　稳健性检验结果

变量	(1)	(2)	(3)	(4)	(5)
	HQ	***HQ***	***HQ***	***HQ1***	***HQ***
Ip	0.4081*** (7.85)			0.0043*** (4.02)	0.1011*** (3.27)
Fs		0.1290* (1.89)			

续表

变量	(1)	(2)	(3)	(4)	(5)
	HQ	***HQ***	***HQ***	***HQ*1**	***HQ***
Tp			0.0013** (2.34)		
控制变量	是	是	是	是	是
时间固定效应	是	是	是	是	是
省份固定效应	是	否	否	否	否
样本量	11410	11410	11410	11410	11410
R^2	0.0500	0.0559	0.0554	0.0950	0.0492
F	10.54	61.94	64.78	116.45	37.42

（三）内生性检验

本部分也考虑到以下两个方面：第一，在对外贸易高质量发展指数较高的地区（例如北京、上海、浙江、广东等地区的企业）财政补贴和税收优惠力度较大，导致这些地区的产业政策水平较高，也就是产业政策与对外贸易高质量发展之间存在反向因果关系；第二，上一年的对外贸易高质量发展指数较高会继续刺激当年的财政补贴和税收优惠，也就是说当期的对外贸易高质量发展可能受到上一期对外贸易高质量发展潜移默化的影响。为此，使用工具变量法来解决上述两个内生性问题，以产业政策的滞后一期作为工具变量进行两阶段最小二乘法回归来解决第一类问题，具体结果见表 9-10 的列（1）和列（2），同时列（3）和列（4）表示以对外贸易高质量发展滞后一期作为工具变量进行回归解决第二类问题，列（5）和列（6）则考虑产业政策的滞后一期和对外贸易高质量发展的滞后一期会同时产生影响。列（1）、列（3）和列（5）弱工具变量检验的 F 值均大于 10，意味着工具变量与解释变量相关，且不是弱工具变量，同时剩余三列中 Prob>F 的结果也都小于 1%，表示拒绝原假设，产业政策和对外贸易高质量发展的滞后一期是外生变量，不存在上述内生性问题。

表 9-10　内生性检验

变量	(1)	(2)	(3)	(4)	(5)	(6)
	第一阶段	**第二阶段**	**第一阶段**	**第二阶段**	**第一阶段**	**第二阶段**
Ip		1.1963*** (6.01)		11.9208*** (5.56)		1.5503*** (7.79)
L_Ip	0.2699*** (28.18)				0.2672*** (27.86)	

续表

变量	(1)	(2)	(3)	(4)	(5)	(6)
	第一阶段	第二阶段	第一阶段	第二阶段	第一阶段	第二阶段
L_HQ			0.0111*** (5.96)		0.0078*** (4.34)	
控制变量	是	是	是	是	是	是
时间固定效应	是	是	是	是	是	是
样本量	10269	10269	10269	10269	10269	10269
F 值	794.28		35.57		407.23	
Prob>F		0.0000		0.0000		0.0000

（四）异质性检验

继续通过对不同产权性质、不同战略城市以及不同地理区域的企业进行检验，其结果见表 9-11 的列(1)至列(8)。在产权异质性方面，国有企业的产业政策对对外贸易高质量发展的促进作用大于民营企业，说明国有企业依靠更多的资源和政府支持，实行产业政策能够更好地促进对外贸易高质量发展。在城市异质性方面，对共建“一带一路”沿线城市的企业来说，产业政策对对外贸易高质量发展的促进作用远大于非共建“一带一路”沿线城市的企业，说明贸易合作的往来有助于增强产业政策对对外贸易高质量发展的促进作用；在地理区位异质性方面，东部地区的产业政策对对外贸易高质量发展的促进作用远大于其余地区，说明经济发达地区仍是对外贸易高质量发展的重点区域，产业政策在经济发达地区的效果更强。

表 9-11　异质性检验

变量	(1)	(2)	(3)	(4)	(5)	(6)	(7)	(8)
	国有企业	民营企业	共建“一带一路”地区	非共建“一带一路”地区	东部地区	中部地区	西部地区	东北部地区
Ip	0.3616*** (5.47)	0.3580*** (4.72)	0.4490*** (7.71)	0.1489 (1.56)	0.2516*** (396)	0.0585* (1.92)	0.0420** (2.55)	0.0719*** (3.38)
控制变量	是	是	是	是	是	是	是	是
时间固定效应	是	是	是	是	是	是	是	是
样本量	6534	4876	3230	3230	7320	1820	1720	550
R^2	0.0066	0.0070	0.0084	0.0083	0.0198	0.0069	0.0142	0.0280
F	6.19	4.90	9.88	3.82	4.14	5.19	3.51	2.20

（五）中介效应检验

1. 规模效应

表 9-12 列(1)表示产业政策对资产总量的影响，其估计值显著为负，意味着政府对企业进行更多的财政补贴和税收优惠不利于企业自身总资产的增加，抑制了企业在国际冲击中的经济发展潜力，可能由于在新贸易保护后，财政补贴和税收优惠较高的门槛、较严的监管以及较强的市场竞争约束等抑制了企业增加资产的积极性①；列(2)产业政策和资产总量对对外贸易高质量发展的影响，可以看到其通过了 Sobel 的检验，而且 *Ip* 系数估计值低于表 9-8 列(6)的 0.1807，即存在作用机制，产业政策会通过企业规模促进对外贸易高质量发展。表 9-12 列(3)和列(4)的结果为使用企业现金流动比作为企业规模代理变量的回归结果，发现企业规模的中介效应仍然稳健。

表 9-12　规模效应的检验

变量	(1)	(2)	(3)	(4)
	Ta	***HQ***	***Cfr***	***HQ***
Ip	−0.1387** (2.44)	0.1684*** (7.40)	0.0826** (2.57)	0.1609*** (7.24)
Ta		−0.0491*** (−5.99)		
Cfr				0.0078** (2.34)
控制变量	是	是	是	是
时间固定效应	是	是	是	是
样本量	11410	11410	11410	11410
R^2	0.4336	0.0520	0.3558	0.0491
F	545.13	36.73	393.34	34.62
Sobel Z		2.259**		1.813*

2. 创新效应

表 9-13 列(1)和列(2)表示产业政策显著抑制企业研发投入，且产业政策对对外贸易高质量发展的促进作用会被企业研发对对外贸易高质量发展的抑制作用所抵消一部分，可能由于 2017 年后，政府给予的财政补贴和税收优惠加大，使相关企业更倾向于追求政府补贴的支持，减少研发开支以

① 赵恢林、韩亚文、李明：《产业政策对企业的作用：规模还是利润率——来自"十一五"规划准自然实验的证据》，《产经评论》2021 年第 2 期。

维持生存，而且即使企业研发投入增加促进产品成本利润增加，但中美贸易摩擦的直接影响是相关产品的销量减少，这些问题抑制了对外贸易高质量发展①。表 9-13 列(3)和列(4)表示企业专利申请数会作用于产业政策对对外贸易高质量发展的影响，可以看到产业政策对对外贸易高质量的促进作用会受到企业专利申请数量对对外贸易高质量发展的促进作用的推动，这也意味着在新贸易保护之后，中国企业突破美国的技术封锁有助于推进对外贸易高质量发展②。综上所述，假设 9-3a 成立。

表 9-13　技术效应的检验

变量	(1)	(2)	(3)	(4)
	Ri	*HQ*	*Npa*	*HQ*
Ip	-0.1099*** (-4.83)	0.1617*** (7.25)	0.0056*** (3.05)	0.1927*** (3.67)
Ri		-0.0009* (1.98)		
Npa				0.0182*** (4.72)
控制变量	是	是	是	是
时间固定效应	是	是	是	是
样本量	11410	11410	11410	11410
R^2	0.0100	0.0490	0.0087	0.0179
F	7.16	34.51	6.28	12.25
Sobel Z		-4.826***		2.563**

（六）调节效应的检验

为了验证假说 9-3b，结合式(9-25)、式(9-26)和式(9-27)进行分析，结果见表 9-14，在表 9-14 中列(1)展示的是式(9-25)的结果，交互项 $Trade_{i,t} \times Ip_{i,t}$ 系数为-0.1086 表示新贸易保护负向调节产业政策对中国对外贸易高质量发展的促进作用，且在 10%的水平下显著，虽然政府实施的产业政策水平显著提高，但因为新贸易保护壁垒的增加，这种对企业实行财政补贴或者税收优惠的方式来改变企业应对国际冲击的能力并没有得到显

① Maruf M.H., Fang D., "The Role of Foreign Trade and Technology Innovation on Economic Recovery in China: The Mediating Role of Natural Resources Development", *Resources Policy*, Vol.80, 2023.

② 兰梓睿：《产业政策如何影响企业绿色创新？——基于技术创新和资源再配置的视角》，《经济体制改革》2023 年第 4 期。

著提升，贸易综合实力、协调创新水平、畅通循环能力、贸易开放合作、贸易安全体系受到新贸易保护的冲击而呈现出减弱现象，削弱了产业政策对对外贸易高质量发展的促进效果。

表 9-14 中列(2)展示的是式(9-26)的结果，交互项 $Trade_{i,t} \times Ip_{i,t}$ 系数为 0.0334 表示新贸易保护正向调节产业政策对资产总量的抑制作用，且在 10%的水平下显著。在上文中介效应的分析中政府给予企业的财政补贴和税收优惠越多，越不利于企业资产总量的积累。同时新贸易保护导致原材料和生产要素价格上升，国内企业失去了在国际市场上获得更便宜资源的机会，使企业资产总量减少，从而造成连锁反应。

表 9-14 中列(3)展示的也是式(9-26)的结果，交互项 $Trade_{i,t} \times Ip_{i,t}$ 系数为-0.0946 表示新贸易保护负向调节产业政策对企业现金流动比的促进作用，且在 5%的水平下显著。在上文中介效应的分析中表明产业政策实施的力度越大，越促进企业现金流动比的，但是受新贸易保护冲击可能导致企业失去国际市场上的竞争刺激，从而减少了提高效率和降低成本的动力，这可能对企业的盈利和现金流产生负面影响，也即虽然受新贸易保护冲击越大会促进产业政策实施，产业政策力度加强促进企业现金流动比增加，但是在列(3)中受新贸易保护冲击越大，会对企业现金流动比是抑制作用，且这种抑制作用是较为显著的，从而新贸易保护会负向调节产业政策对企业现金流动比的促进作用。

表 9-14　新贸易保护的调节作用检验 1

变量	(1)	(2)	(3)	(4)	(5)
	HQ	***Ta***	***Cfr***	***HQ***	***HQ***
Ip	0.3876*** (6.17)	-0.2249*** (-3.14)	0.3017*** (2.94)		
Trade	-0.0058** (-2.06)	-0.0051** (-2.39)	-0.0143** (-2.05)	-0.0219*** (-3.27)	-0.099** (-2.14)
Ta				-0.0467*** (-4.94)	
Cfr					0.0134* (1.92)
$Trade_{i,t} \times Ip_{i,t}$	-0.1086* (-1.76)	0.0334* (1.77)	-0.0946** (-2.05)		
$Trade_{i,t} \times Ta_{i,t}$				0.0007* (1.79)	
$Trade_{i,t} \times Cfr_{i,t}$					-0.0019** (-2.07)

续表

变量	(1)	(2)	(3)	(4)	(5)
	HQ	***Ta***	***Cfr***	***HQ***	***HQ***
控制变量	是	是	是	是	是
时间固定效应	是	是	是	是	是
样本量	11410	11410	11410	11410	11410
R^2	0.0063	0.4067	0.3562	0.0045	0.0018
F	7.98	867.63	700.40	5.73	2.32

表 9-14 中列(4)展示的是式(9-27)的结果,交互项 $Ip_{i,t}\times Ta_{i,t}$ 系数为 0.0007,表明新贸易保护正向调节了资产总量对中国对外贸易高质量发展的抑制作用,且在 10%的水平下显著。在上文中介效应的分析中资产总量的增加不利于中国对外贸易高质量发展,同时新贸易保护可能使外国投资者对中国市场的信心下降,影响外商直接投资,这可能减缓了资本流入,对中国经济的发展和资产总量的扩大带来不利影响,也即扩大了资产总量对对外贸易高质量发展的抑制作用;

表 9-14 中列(5)展示的也是式(9-27)的结果,交互项 $Ip_{i,t}\times Cfr_{i,t}$ 系数为-0.0019,在 5%的检验水平下显著为负,这表示新贸易保护削弱了企业现金流动比对中国对外贸易高质量发展的促进作用。在上文中介效应的分析中企业现金流动比是促进中国对外贸易高质量发展的,但是受新贸易保护冲击可能导致国内企业供应链中断、影响企业的财务计划以及货币波动可能增加企业的外汇风险等方面影响企业现金流动比,从而导致企业现金流动比对对外贸易高质量发展的促进作用受到抑制。

在表 9-15 中列(1)展示的是式(9-26)的结果,交互项 $Trade_{i,t}\times Ip_{i,t}$ 系数为 0.0946,在 10%的检验水平下显著为正,说明新贸易保护强化了产业政策对企业研发投入的抑制作用;在上文中介效应的结果中表明产业政策实施力度的增加是抑制企业研发投入的,同时为了缓解新贸易保护的壁垒,企业可能实施产品创新、加大研发投入等方式,也就是列(1)所示的新贸易保护会促进企业研发投入增加,但是新贸易保护也会增加产业政策实施的水平,且这种促进效果较强,从而导致新贸易保护促进产业政策对企业研发投入的抑制作用。

表 9-15 新贸易保护的调节作用检验 2

变量	(1)	(2)	(3)	(4)
	Ri	*Npa*	*HQ*	*HQ*
Ip	-0.1379*** (-4.81)	0.8214*** (2.94)		
Trade	0.0087*** (4.47)	0.0225** (2.18)	-0.0034*** (-12.21)	-0.0049** (-2.34)
Ri			-0.0092* (-1.76)	
Npa				0.0007* (1.94)
$Trade_{i,t}\times Ip_{i,t}$	0.0946* (1.92)	-0.1415** (-2.47)		
$Trade_{i,t}\times Ri_{i,t}$			0.0228* (1.82)	
$Trade_{i,t}\times Npa_{i,t}$				0.0028** (-2.21)
控制变量	是	是	是	是
时间固定效应	是	是	是	是
样本量	11410	11410	11410	11410
R^2	0.0109	0.0015	0.0017	0.0018
F	13.97	10.84	2.17	2.46

表 9-15 中列(2)展示的也是式(9-26)的结果,交互项 $Trade_{i,t}\times Ip_{i,t}$ 系数为-0. 1415 表示新贸易保护负向调节产业政策对企业专利申请的促进作用,且在 5%的水平下显著,在上文中介效应的结果中表明产业政策实施力度的增加是促进企业专利申请的,但是新贸易保护可能导致国内产业内部的僵化,减少了企业面临的市场竞争压力。在这种情况下,企业可能更倾向于维持现有的技术水平,而不是寻求新的创新,降低了专利申请的激励,也即新贸易保护会抑制产业政策对企业专利申请的促进作用。

表 9-15 中列(3)展示的是式(9-27)的结果,交互项 $Trade_{i,t}\times Ri_{i,t}$ 系数为 0. 0228 表示新贸易保护正向调节企业研发投入对中国对外贸易高质量发展的抑制作用,且在 10%的水平下显著。在上文中介效应的结果中表明企业研发投入的增加是抑制中国对外贸易高质量发展,同时受新贸易保护的冲击可能导致企业面临较高的国际竞争压力,使其缺乏创新和提高生产效率的紧迫性,这可能导致企业对研发投入缺乏积极性,加之新贸易保护也是抑制中国对外贸易高质量发展的,最终形成新贸易保护会加大企业研发

投入对中国对外贸易高质量发展的抑制效果。

表 9-15 中列(4)展示的也是式(9-27)的结果,交互项 $Trade_{i,t} \times Npa_{i,t}$ 系数为-0.0028,在 5%的水平下显著为负,这说明新贸易保护削弱了企业专利申请对中国对外贸易高质量发展的促进作用。在上文中介效应的结果中表明企业专利申请的增加是促进中国对外贸易高质量发展,但是受新贸易保护冲击可能减少了技术转移和跨国合作,这可能限制了中国企业获取国际先进技术和知识的机会,从而影响企业的创新能力和专利申请的质量,另外新贸易保护也是直接抑制对外贸易高质量发展,从而形成新贸易保护会抑制专利申请对外贸高质量发展的促进效果。综上所述,假设 9-3b 成立。

本章以 2012—2021 年中国 A 股 1141 家上市企业为研究样本,以上市企业年报中相关词的词频构建新贸易保护指标,以财政补贴和税收优惠合成构建产业政策指标,构建双重差分模型与固定效应模型来考察新贸易保护对产业政策的具体影响以及产业政策对对外贸易高质量发展水平的影响,主要研究结论如下:第一,新贸易保护对产业政策具有显著的促进效果,在考虑省份固定效应、替换变量以及删除极端值后的检验结果依然显著成立。第二,异质性分析发现,新贸易保护对国有企业与共建“一带一路”沿线城市与东部地区企业产业政策的促进效果更加明显。第三,产业政策显著促进中国对外贸易高质量发展,并且通过稳健性和内生性检验;第四,产业政策对对外贸易高质量发展影响的机制检验发现,产业政策会通过规模效应和创新效应来促进对外贸易高质量发展。第四,新贸易保护会直接负向调节产业政策对中国对外贸易高质量发展促进作用,也会间接调节产业政策影响对外贸易高质量发展的路径。

第十章　新贸易保护下对外贸易高质量发展的产业路径与政策选择

本章设定以下目标:深入挖掘产业发展潜力,以提出政策建议来释放产业对对外贸易高质量发展的动能作用。具体而言,提出以下政策建议:第一,要加强顶层制度设计,推进产业政策体系的优化和完善;第二,要明确企业主体地位,以带动产业发展基础的夯实和巩固;第三,要更新产业组织模式,以支撑对外贸易市场运行的提质增效;第四,要加速产业结构升级,以助力出口行业质量的优化提升;第五,要平抑产业发展风险,以确保对外贸易循环局面的平稳和有序。

第一节　增强顶层制度设计,推进产业政策体系优化完善

自 2017 年以来,由于新贸易保护、新冠疫情暴发以及百年未有之大变局,各类不可预测的"黑天鹅"事件层出不穷,中国对外贸易高质量发展面临的复杂性、严峻性和不确定性显著增加。前文研究结果显示,新贸易保护会使产业政策水平显著提升,完善产业政策可显著推动对外贸易高质量发展,并且主要通过规模效应和创新效应发挥作用,新贸易保护会弱化产业政策对对外贸易高质量发展的驱动作用,引发"政策失灵",增强产业政策与对外贸易发展的协调互动是推动对外贸易高质量发展的有效路径。因此,在这种时局下,必须以主动的姿态适应传统发达经济体和新兴经济体之间的博弈,应对国际经贸规则主导权变迁所带来的全球经贸规则和格局重新调整的新变化。为此,必须通过优化产业发展的顶层制度设计,提升对国际经贸新规则灵活应用的能力,弥补政策供给的短板,加速培育对外贸易竞争的新优势,从而推动贸易实现提质增效。

一、提高宏观政策综合运用能力

协调运用宏观经济政策在确保经济发展目标方面具有至关重要的作用。实现对外贸易高质量的发展,必须根据国家发展战略和产业竞争优势,明确制定产业政策以及相应的实施方案,并建立政府部门之间有效的协调机制。

首先,充分发挥中国的制度优势,积极推动战略性新兴产业的发展和传统产业的升级。基于当前中国国内国际环境的整体状况,坚持问题导向,通过制定并调整与战略性产业发展和传统产业升级相符的相关政策,前瞻布局竞逐战略性新兴产业新赛道,充分发挥科技创新的增量器和引领现代化产业体系作用,建设先进制造业集群,推动各类经济主体在持续发力中增强发展的信心和力量,尽快形成新质生产力。

其次,及时出台与产业政策相匹配的财政、金融等政策,巧妙运用政策杠杆,通过设立产业发展基金、提供税收减免、降低融资成本等手段,激励企业进行创新,吸引更多投资流向重点发展产业领域,促进数字化、智能化、绿色化的产业发展,加速产业结构的优化升级,推动经济结构调整,从而实现经济的稳定增长。

最后,提高政策的透明度,确保存在透明、公正、有效的法规体系,包括财税制度、金融法规、产权保护措施和市场准入办法等,以指导产业的发展。同时,鼓励产业界和研究机构积极参与政策制定过程,以确保政策的科学性和可行性。

二、充分利用超大规模市场支撑产业政策发展

我国稳居全球第二大消费市场地位为应对外部压力提供了独特的战略优势。中国政府通过持续扩大内需和促进消费升级等措施,推动国内市场规模的不断扩张。同时,通过激发消费活力、提升服务业水平等手段,吸引更多企业参与国内市场,以减少对外部市场的依赖。

首先,通过市场调研和数据分析深入剖析市场需求和趋势,全面了解国内市场的需求特征和发展趋势,以明确优先发展的产业领域。鉴于庞大市场规模的特殊性,着重关注具有高增长潜力、高附加值、高技术含量且有利于国内消费的产业。通过激发内需市场活力,强化内需市场建设,以降低对外部市场的依赖性。

其次,加强创新研发支持,特别是在优先发展的产业领域加强科技创新和研发支持,鼓励企业提升技术水平和自主创新能力。政府应设立科技创新基金,支持科研机构与企业展开合作进行创新项目,并提供专利保护和知识产权支持。同时,加强政府部门和企业人员的培训,提升他们对国际贸易政策和市场变化的理解水平,培育具备国际视野和政策分析能力的专业人才。

最后,建立与国际市场接轨的标准和质量体系,通过强化质量监管、标准制定和品牌建设,提升优先产业的国际竞争力。政府通过支持企业参与

国际性展览和贸易谈判,培育国际知名品牌,推动优势产业在国际市场上的扩张,从而提高国内产品的竞争力。

三、提升对外贸易政策执行响应能力

在新贸易保护蔓延的背景下,建立应对新贸易保护的产业政策评估制度、完善治理机制,提高政策执行力,对强化对新贸易保护的因应、维护国家利益以及实现可持续发展具有积极意义。

首先,完善应对贸易保护的产业政策评估制度。在制定新的产业政策或进行重大调整时,必须进行影响评估,分析政策可能引发的国际贸易反应,以避免不必要的贸易争端。同时,进行风险评估,预判可能受到新贸易保护措施影响的行业,为企业提供应对策略。此外,进行政策协调评估,以确保各产业政策之间的一致性和协调性。

其次,优化对外贸易政策反馈机制。这包括加强对产业政策执行情况的监督检查,以确保政策的实际落地。同时,建立问责机制,对未能有效执行产业政策的相关部门和责任人进行问责,以保障政策的切实执行。另外,及时公开产业政策的实施情况,使企业和社会公众能够深入了解政策的效果和影响。

最后,加强国际合作。维护多边贸易体制,通过加强与其他国家的合作,推动自由贸易的发展。积极推动自由贸易协定的签署,扩大贸易伙伴,降低贸易壁垒。建立磋商机制,对可能引发贸易纠纷的问题,与相关国家建立磋商机制,通过对话解决分歧。

第二节 明确企业主体地位,带动产业发展基础夯实巩固

当前,中国企业在海外发展的过程中面临着复杂而深刻的国际背景。一方面,新贸易保护主义的抬头导致全球市场格局的复杂多变和不确定性不断加剧,给中国企业的海外经营带来了一系列新的复杂问题;另一方面,随着新一轮科技和产业革命的逐渐孕育和兴起,中国企业"走出去"发展也出现了罕见的战略机遇。前文研究结果显示,新贸易保护对企业发展具有显著的负向影响,且主要通过强化融资约束、提升经营成本、增加技术封锁的途径对企业发展产生冲击。企业发展可显著提升对外贸易高质量发展水平,增加研发投入和专利申请是企业发展推动对外贸易高质量发展的重要渠道。企业的发展状况对一个国家的产业发展基础具有决定性影响,因此

如何进一步巩固企业的市场主体地位，对提升中国产业在国际竞争中的地位，实现中国产品更为有效地“走出去”具有重要的战略意义。

一、加快企业主体高端化转型

在当前的市场环境中，企业的高端化转型涵盖了数字化、智能化和绿色化三个关键方面：

首先，从企业数字化转型的角度看，内部应当基于生产经营需求，迅速推动数字技术在研发、采购、生产、仓储、营销等业务环节的应用。通过数字技术的借助，完善企业的组织结构、管理模式和治理方式，并加大对研发活动的投资，以充分发挥数字化转型的内部能力建设效应。在外部方面，企业需充分发挥互联网等数字平台的优势，筛选复杂的市场信息，挖掘潜在的投资机遇。通过数字技术的开放共享和打破时空限制等特点，高效准确地处理市场中的大量数字资源，准确识别客户多元化的需求，进而打开新客户资源市场，以大幅降低外部交易成本，提高生产效率。

其次，在企业智能化转型方面，考虑到各项组织管理和生产活动与智能化技术融合会导致协同成本的增加，适度的智能化投入对企业高质量发展具有促进作用。然而，过度的智能化投入可能会与其他生产要素形成挤出效应，从而大幅增加整体协同成本，阻碍生产效率的提升。因此，企业管理者不仅需要充分认识智能化的重要性，还应从战略层面制定加快企业全流程智能化转型的质层设计，扩大智能化硬件与软件资源相融合的资金投入。

最后，在企业绿色化转型方面，企业应主动承担环境治理的主体责任，构建高效的环境管理信息化体系，及时公开详尽的环境治理信息。通过实际的绿色转型行为，获得市场利益相关者的认可，积累企业声誉，提升长期市场价值。在充分理解绿色转型包含环境绩效、经济绩效和绿色创新绩效的基础上，及时进行自我绿色发展水平评估，明确制约绿色转型的主要矛盾，将绿色发展理念融入生产经营全过程。通过采用环保技术促进资源向绿色化转型方向适度倾斜，推动“双碳”目标的有效实现。

二、企业经营以市场和客户为导向

企业需敏锐关注市场和客户动态变化，深度分析调整经营方向所面临的问题，并及时整合内部资源，积极应对以适应环境变化。

首先，出于为企业提供发展动力的考虑，将客户需求视为企业价值目标，并将其作为开展创新研发活动的方向指引。这促使企业以市场需求为导向，随时调整技术或服务，以保持持续竞争力和吸引力。通过有效的市场竞争决策，建立“先行者优势”的发展模式，使企业的发展质量难以被同类竞争者模仿。

其次，在市场导向的作用下，满足客户需求成为企业经营发展的重要方针。企业应主动适应市场变化，以更高的战略眼光进行整体布局，最大限度地突破技术障碍，努力提升产品多样化。形成产品多样化优势需要企业对客户需求有深刻的了解，并根据对客户需求的准确判断制定长期的战略方案。企业应随时调整经营方向，以保持长期的市场主导地位。

最后，及时追踪行业前沿技术，并将其作为企业发展的目标。企业应持续激发对先进技术和产品的研发激情，推动企业进行持续的技术创新活动，以满足消费需求的不断升级。在市场竞争加剧的情况下，客户需求导向逐渐成为企业制定战略目标的关键标准。因此，企业应根据客户需求尽早研发出满足需求的新技术和产品，从而在激烈的市场竞争中占据更大的份额，凭借差异化优势赢得更高的市场竞争力。

三、差异化企业营销打造品牌知名度

企业要坚持“以销定产、以产促销”的原则，通过及时调整产品和订单结构以提升订单转化率，从而增加产品销售量，实现精准营销和增值创效。随着新型媒介如互联网和社交媒体逐渐融入消费者生活，这些创新式营销模式已成为企业吸引消费者、进行产品和品牌推广的关键渠道。企业需依据目标消费群体的偏好，尝试采用更为针对性的市场营销策略，以提高广告投放效果、塑造品牌知名度，并增加产品销售量。

具体而言，企业可借助搜索引擎展示、社交媒体营销、电子邮件营销等数字化销售渠道，以提升品牌知名度和市场份额。通过数字化客户管理方式，企业能够及时获取客户满意度和忠诚度。同时，利用线上电商平台、直播电商平台、微信小程序、App 广告引流以及与网络达人的合作推广等手段，企业能够增加线上订单的同时推广品牌知名度。在此过程中，充分利用线上实时数据分析，打造个性化、精益化的营销和服务，以重新塑造企业的营销流程和售后服务方式。鼓励和支持企业以客户需求为导向，培育自身品牌，通过更强的创新力优化产品，并拓宽产品在消费市场的覆盖范围。通过新型营销模式，提高企业品牌知名度，产生强烈的品牌效应，从而在增强企业核心竞争力和市场竞争力的同时，获得更高的盈利能力。

第三节 更新产业组织模式，支撑对外贸易市场运行提质增效

遵循产业组织理论“结构—行为—绩效”的分析范式，从产业组织总体出发，基于 SCP 分析模型研究发现，产业组织创新有利于提升对外贸易高质量发展水平，且外部经济政策不确定性和数字金融强化了产业组织创新对对外贸易高质量发展的正向影响，新贸易保护冲击增强了对外贸易高质量发展对产业组织创新的依赖程度。基于此，从产业组织层面构建中国对外贸易高质量发展的产业路径及政策体系。

一、市场机制引导产业组织合理化

确立完备的市场机制，引导产业组织的合理化，构成整个经济体系和市场运行效率的战略目标。市场机制作为市场经济的核心组成部分，其合理性直接关系资源配置的效率、公平竞争的实现以及整体经济的稳定和可持续发展。

首先，市场机制需要具备一个公平竞争的环境。政府应制定并实施反垄断政策，以预防市场上的垄断或寡头垄断形成。垄断市场可能导致资源配置不合理，价格上涨，对消费者造成福利损失。因此，政府需设立专门的监管机构，负责监督市场竞争，审查潜在的垄断行为，以确保市场保持竞争性。反垄断政策的制定应根据不同行业的特点和市场情况进行调整，以保证政策的精确性和有效性。

其次，市场机制的合理化需要清晰透明的市场规则和法规。一方面，政府应定期审查和更新市场规则、法规，以适应不断变化的市场环境。市场规则应公开、公平，所有市场参与者必须遵守相同的规则。政府还应建立适当的市场准入门槛和质量标准，以确保市场中只有高质量的产品和服务。这有助于提高市场竞争的质量和效率，同时也增强了消费者的信心。另一方面，市场机制的合理化需要加强市场信息的披露和监管。政府应要求企业提供更多信息，以提高市场的透明度。信息披露不仅使消费者更好地了解产品和服务，还有助于投资者作出明智的决策。政府监管机构应积极监控市场行为，打击不当竞争和欺诈行为，确保市场的诚信和公平。

再次，政府还要支持第三方评估和监测机构，提供市场机制的独立监督。这些机构对市场进行独立的评估和监测，向政府和公众提供有关市场

运行情况的信息。这有助于增加市场机制的透明度和可信度,从而增强市场的稳定性和可持续性。

最后,市场机制的合理化需要一种有效的纠纷解决机制。政府应设立独立的仲裁机构,协助解决市场参与者之间的纠纷。这有助于提高市场的稳定性和可持续性,增强投资者和消费者的信心。建立完善的市场机制,引导产业组织的合理化,是确保市场的高效运作和可持续发展的关键因素。政府在市场机制方面的政策制定和实施需要全面考虑各种因素,包括反垄断政策、市场规则、信息披露、监管机构、数字化经济和纠纷解决机制等。政府的角色是通过明智的政策制定和监管来确保市场机制的优化和合理化,从而为整个经济体系的健康发展创造有利条件。只有市场机制得以合理化,才能够推动资源的有效配置,提高市场的竞争力,实现经济的可持续增长。

二、合理竞争分工提高市场绩效

提高经济体系中的交易效率、深化分工、降低交易成本以及提高市场绩效被认定为至关重要的目标。为达成上述目标,政府和监管机构应采取一系列综合的产业组织对策,以确保市场运作的高效性、公平性和可持续性。

首先,市场竞争被视为实现市场效率的关键。政府和监管机构需采取措施,确保市场参与者能够自由竞争。这包括审慎监管市场并采取反垄断措施,以确保市场不受不正当的竞争限制。透明度被认为是市场的基础,政府应鼓励和规范市场信息的披露,以确保市场参与者充分获取信息,从而减少信息不对称和不完整性,提高市场运作效率。

其次,企业之间的合作与分工对建立长期合作关系、提高市场稳定性具有积极作用。基础设施被认为是市场分工和交易效率的关键。政府应增加对交通、通信和能源基础设施的投资,以确保物流顺畅、通信高效,从而降低交易成本,这将有助于各产业更好地发展和合作。国际合作对市场分工和降低国际贸易的交易成本也具有积极影响。

最后,政府应避免过度保护,以促进合理竞争和分工的形成。政府和监管机构应建立有效的监测和评估机制,以追踪市场绩效和交易效率的变化。这有助于及时调整政策,以确保市场结构和分工持续优化,提高市场效率和竞争力。

这些对策的综合应用有助于实现市场的高效运作,促进市场的分工和交易效率,降低交易成本,为经济的持续增长和创新提供支持。政府和监管机构的角色在于制定和执行适当的政策,以确保市场充分发挥其潜力,同时维护公平和竞争。这些对策为更加高效、创新和可持续的市场和产业组织打下坚实的基础。

三、企业兼并重组推动市场结构优化

推进企业的兼并重组、构建有效的市场结构对资源配置、效率和公平竞争,乃至整个经济体系和市场竞争力具有重要战略意义。兼并指的是两家或多家企业合并成为一家更大的企业,而重组则指企业内部重新组织资源和业务部门。兼并和重组是市场经济的一部分,这些行动可能导致市场份额的重新分配,正确引导和监管它们将有助于提升效率、降低成本、提高竞争力。多数情况下,兼并和重组可为市场带来积极的效果,帮助企业更好地应对国际竞争,提高市场份额,从而促进中国对外贸易在全球市场中更具竞争力。

政府在优化市场结构中扮演着重要角色,其作用在于通过明智的政策制定和监管来平衡不同利益,确保市场结构的合理化,为整个经济体系的健康发展创造有利条件。政府要鼓励采取适当的兼并重组活动,以推动市场结构的合理化。为实现这一目标,政府可从以下三个方面着手:一是提供税收激励,减少合并和重组交易的税负,降低企业进行兼并、重组的成本,鼓励其积极参与;为企业提供融资支持,包括低利贷款、股权投资和其他融资工具,以促进企业的资本实力。二是制定反垄断政策引导和监管兼并、重组活动,以确保其不会导致市场垄断或寡头垄断。反垄断政策的目标是维护市场竞争,防止任何一家企业或少数几家企业控制市场,从而限制消费者的选择和市场的效率。政府应设立专门的监管机构监督兼并和重组活动,并审查其是否符合反垄断法规。若发现可能导致市场不正当竞争的情况,政府应采取适当的措施,如要求企业出售部分业务或采取其他纠正措施。三是确保兼并重组活动的过程公平透明。政府应制定并执行相关法规,确保兼并和重组交易的程序公平、信息充分披露,不侵犯利益相关方的权益。监管机构应监督兼并和重组交易的进行,确保其符合法规,不会导致市场不正当竞争;设立兼并和重组的审查机制,在早期阶段评估交易的潜在影响,并提出建议或限制。同时,兼并和重组活动的影响不仅局限于企业和市场,还涉及广大的社会利益。政府在制定政策时,应综合考虑各种因素,如就业机会、消费者权益、竞争力和市场效率等。

第四节　加快产业结构升级，助力出口行业质量优化提升

当前，全球经济贸易环境异常复杂，新贸易保护主义逐渐升温，逆全球化浪潮越发盛行，导致国际市场需求显著减缓。面对严峻的对外贸易形势，我国产业正面临新一轮的结构调整和重构。为有效应对新贸易保护影响，迫切需要进行产业结构的优化，通过不断提升我国在国际贸易中的地位，推动产业结构升级，促使对外贸易实现跃级发展，稳固并扩大我国在国际贸易中取得的成就。具体而言，产业结构的优化升级务须着眼于产业链的调整与重构、产业集群的发展以及产业链的高级化合理化等方面入手，以全面提升产业的整体素质。这将有助于更为有效地应对他国贸易保护性措施，进而推动我国对外贸易的发展。

一、稳步推进产业结构升级

首先，协调并促进三次产业结构的同步和合理发展。我国产业结构尚未跨足"一二三"型结构的限制，与国内"三二一"型产业结构存在显著差异，两者演进步伐不协调。因此，迫切需要解决我国产业结构在国内和国际市场中异步发展的问题。对第一产业，我国在世界经济中占据显著比重，然而其产业基础仍显薄弱。为确保关键农产品供应、保障国家粮食安全，并更好地应对对外贸易风险挑战，需加大对第一产业的资本和技术投入。对第二产业，可通过产业整合推动制造业发展，促使制造业与服务业产业融合。通过工业互联网研发、网络协同生产等生产性服务业，提升制造业附加值，从根本上扭转我国制造业在国际市场上"大而不强"的局面。对第三产业，需要加速其发展，提升其在世界经济中的比重。通过发挥高端产业在为我国带来高附加值、创造其他环节需求和创造就业机会方面的优势，促进劳动、资本与技术在第三产业中进行合理流动与高效配置，以提升中国第三产业的全球经济地位。

其次，保持制造业在国民经济体系中的合理占比，警惕我国过早实施"去工业化"政策。制造业占比的早熟型下降使我国制造业失去国际竞争优势，进而引发经济虚拟化、失业率升高，以及经济增长陷入"中等收入陷阱"等严重后果。为维持制造业在国民经济中的适度比例，避免制造业占比过快下降，有力支撑对外贸易的发展，我国需发挥产业链完备的优势地位，持续巩固传统产业的优势，并加速培育先进制造业集群。

最后，关注生产性服务业在国际发展中的新动向，以弥补其发展短板。需要进一步扩大生产性服务业的开放度，引导外商投资流向技术密集型生产性服务业，促进新兴服务贸易的发展。在改善市场环境方面，要着力消除市场壁垒、完善市场结构，以降低高附加值、高技术含量的生产性服务业外资进入的障碍。通过政府干预手段打击垄断行为，同时鼓励外商在我国市场中进行公平自由竞争。同时应抓住数字经济发展机遇，积极推进国际服务贸易，鼓励和引导新兴服务业实现数字化创新，充分运用云计算、大数据、人工智能等技术，以促进服务贸易的技术创新、模式创新和业态创新。

二、调整重构产业链全面发展

首先，通过对低端产业链的优化，巩固我国传统产业的优势成为实现产业结构改善的关键措施。未来的发展方向需要在维持劳动密集型中低端产品的比较优势、保持就业稳定以及维护社会稳定的基础上，对低端产业链进行优化，以提升我国整体产业结构。具体而言，应当从以下三个方面着手：(1)推动劳动密集型产业的转型发展。在参与国际专业分工方面，鼓励我国传统产业向全球产业链微笑曲线的两端延伸。通过在全球产业链中扩展微笑曲线的右端，加强物流、营销、品牌等功能，并同时拓展微笑曲线的左端，鼓励我国企业在市场调研、设计和研发业务方面取得更大的进展，以推动我国产业形成以技术、标准、品牌、质量和服务为核心的新的国际竞争优势。(2)加速传统产业从要素驱动向创新驱动的转变。通过促使低端加工制造业的发展动能转换，实现产业的国际比较优势变革。通过以创新为核心，替代传统的低成本优势，以信息技术和产品服务为驱动，推动传统产业的改造，加速对外贸易动能的升级。此外，要加大对数字技术的研究和投资力度，培育新的数字技术，推动数字产业的发展，以提高产业效率。充分利用国际数字技术的趋势，通过先进的数字技术和大数据的支持，使传统产业链实现现代化水平的提升。(3)着重打造传统产业的新的国际竞争优势。以我国产业链配套齐全、国内市场庞大、传统技术工艺成熟为基础，塑造传统产业的新的国际竞争优势。在共建“一带一路”发展过程中，通过产业协同合作，深化与共建“一带一路”国家的国际分工合作，形成以我国为主导的产业链优势。进一步拓展我国对外贸易的领域和范围，逐步提升我国在国际分工中的地位。积极与国外贸易伙伴在更广泛的领域和更高层次上合作，逐步打造传统产业的新的国际竞争优势，以新的竞争优势应对西方发达国家的贸易保护措施。

其次，通过延伸高端产业链条来提升我国在全球价值链中的地位。我国需要进一步拓展高端产业链条，突破关键核心技术，解决我国在高科技领域遭遇的技术瓶颈，尽快实现新兴产业和高新技术产业等关键高端产业的自主可控。(1)需要加快战略性新兴产业的布局，延伸核心产业链。关注全球产业发展的新趋势，着重发展全球战略性新兴产业。增加新兴产业在总产值中的比例，如类脑智能、量子信息、基因技术、未来网络、深海空天开发、氢能与储能等。这些是在新一轮科技革命中决定我国国际竞争力的前沿产业，需要特别关注和重视。(2)根据地区特点发展高端产业。我国中部地区、东部地区、西部地区应根据各自的技术优势、劳动力特点和自然区位等资源禀赋，进行比较优势分析，实施产业区域化布局。中部地区、西部地区可接收传统制造业，推动绿色制造业和智能高端制造业。东部地区则可发展新兴战略性产业，培育数字核心产业链等。(3)在提升创新能力方面，要充分发挥战略性高端产业的引领作用，以高端产业的发展引领传统产业的创新。鼓励企业、高校和科研院所三方进行协同合作，共同推动关键核心技术的开发和创新。鼓励企业研发机构将创新成果转化为实际应用，为构建战略性新兴产业提供支持。

最后，通过转型弥补产业链的短板。解决“卡脖子”问题，可以增强产业链的安全性和可控性。我国高端核心技术“卡脖子”现象日益加剧，产业链供应链的系统性与安全性受到威胁。加快产业链补短板，就是针对关系国家安全的领域和产业链薄弱环节，通过实施好关键核心技术攻关工程，推动产业基础再造。一方面，要推动重要产业领域的核心技术攻关，将核心技术掌握在自己手中。充分发挥我国作为后来者的产业发展追赶能力。在关系我国国家命脉和产业安全的关键领域，通过科技充分利用学习效应和技术溢出效应，实现关键核心技术的自主研发、创新和世界引领。另一方面，通过充分发挥我国社会主义制度集中力量办大事的优势，通过打通科技研发—工程化—产业化链条，为“卡脖子”关键技术、基础材料、核心零部件、工业基础软件等提供应用和升级迭代的市场机会。最后，针对关键核心产业发展需求，以培育人才的专业性和创新性为重点，建设专业化的科技创新人才队伍。

二、发展先进产业集群以提升产业竞争力

产业集群是一种在空间上形成的经济活动集聚现象，代表着产业分工深化和集聚发展的高级形式。作为我国参与全球贸易的重要经济组织形式，目前以国内大循环为主导，国内国际双循环相互促进的新发展格局下，迫切需要我国以更加开放的态度参与国际贸易，通过发展先进的产业集群

不断提升对外贸易的竞争力水平。

首先,为促进产业集群内部要素的优化配置,必须确保生产要素在国际间自由流动,并加强国内和国际交通、物流、信息网络的建设,以畅通信息、物流、资金和人才的流动,降低我国产业间要素流动的障碍,促进全球生产要素在我国境内自由流动且在产业内高效集聚。具体做法包括:(1)提供完备的基础设施条件,以保障集群发展相关基础设施的完善,为产业集群创造更适宜的创新硬件环境。通过基础设施建设促进区域间信息、人才、物质和资本的畅通无阻,消除由于基础建设不足而产生的产业间要素流动障碍,有效推动产业集群内部和不同产业集群之间的联通。在国际层面,通过不断推进"一带一路"倡议和加强中欧班列运行等措施,构建与国外产业之间的要素流通网络,增强我国对全球技术、人才和资本等高端生产要素的吸引力,优化资源配置。(2)打破国内资源要素流通壁垒,推动全球要素在我国自由流动。随着互联网和交通技术的不断进步,我国产业集群间要素流动日益频繁,但地方保护和市场封锁等仍影响要素流动的隐性壁垒。通过构建国内统一的商品市场和要素资源市场,打破要素流动的区域壁垒、行政壁垒和行业壁垒,实现劳动力、人才的跨行业、跨区域顺畅流动,从而优化资源配置。通过打破要素流通壁垒,促使生产要素由产业内生产效率低的部门向效率高的部门自由转移,提高高效率部门资源配置效率。高效率部门通过商品和服务优势取代低效率部门,导致产业结构的重心转移,实现产业结构高级化。(3)破除国际贸易保护,促进要素国际间流动。通过解决新贸易保护这一要素全球流通的障碍,促进要素在更大范围内畅通流动。为此我国要提升对外开放水平,消除生产要素国际流动的障碍。推动贸易自由化与投资自由化,确保资本、技术、劳动力等生产要素自由地跨国境流动,吸引国外资本、技术、高端人才、管理等高流动性生产要素。

其次,为提升产业集群的规模效应和竞争优势,需通过产业内主体协同创新,集聚各类生产资源,打造产业集群规模效应。具体而言:(1)加强龙头企业的产业带动作用。要充分发挥龙头企业规模经济效应,吸引各类要素资源向产业集聚区集中。引导龙头企业在中心外围布局和生产,形成产业集群空间发展的中心—边缘层次结构,通过集群式带动企业实现长足进步。(2)提升中小企业韧性。面对出口国家的贸易壁垒,产业集群内的企业应加强合作,共同采取措施维护自身利益,增强中小企业的抗风险能力。对开展国际贸易的中小企业,要开拓多元化国际市场,提升品牌优势,并善于运用国际贸易规则来缓解贸易保护问题。继续发挥我国中小民营企业在吸纳就业、促进产业发展、保持社会稳定方面的作用。(3)发挥产业集群协同发展效应，培育出口产品竞争优势。由于在产业集群内企业的地理位置相对集中，物流运输成本较低，信息交换较为便利。鼓励产业集群内部密切交流和配合，紧密协作互动。打破各类要素流通壁垒，多主体协同发展打造多元平衡、灵活高效、有弹性的供应链。

最后，改善营商环境助力产业生态发展。良好而优质的营商环境为产业进行对外贸易提供良好的交流、投资与合作的环境，为持续推进对外贸易发展提供基础支撑。(1)营造公平开放的竞争环境。积极与国际接轨，打造良好的国际化营商环境，推动投资贸易自由化便利化，助推产品积极开拓海外市场。推进体制机制改革，破除不公平市场竞争环境。吸引越来越多的我国企业、跨国公司等产业主体参与跨境贸易和跨境服务贸易，增强对外贸易发展水平。(2)数字赋能优化营商环境。推进政务服务智能化、数据化，实施数字赋能、科技赋能，提升口岸综合服务能力，打造智能化、数字化新型基础设施。提升服务效率和服务质量，提高跨境贸易的服务水平和完善跨境贸易的整体服务效率和质量。(3)加快完善民营经济准入机制，打破国内垄断性行业。为民营企业发展营造公平竞争的市场环境，消除各类显性和隐性壁垒，发展壮大民营经济的实力，进而更好地发挥民营企业促进居民就业、带动技术创新、改善民生福祉方面的作用。

第五节 平抑产业发展风险，保障对外贸易循环局面平稳有序

在开放的经济环境下，通过以产业安全为基础、产业政策为手段，强化产业控制力、提升国际竞争力，确保我国在国际经贸中保持独立的产业地位和竞争优势，是至关重要的保障措施。前文研究结果显示，新贸易保护严重威胁了中国的产业安全，贸易保护主义越盛行，产业安全对对外贸易高质量发展的促进作用越强烈。保护核心产品竞争力、控制产品质量、促进产业结构升级、降低供应链风险，是化解新贸易保护对产业安全的冲击、推动对外贸易高质量发展的重要途径。为此需要进一步防范产业发展风险、维护产业安全，以推动对外贸易高质量发展水平稳步提升。

一、着力构建产业安全发展体系

制定一套涵盖国家总体安全、经济安全以及科学技术安全等多方面的全面安全观，并在宣传方面积极推广产业安全观。同时，鼓励相关机构和学术界对这一理论进行深入研究，不断推进安全理论的创新，为我国宏观经济

政策及对外贸易方针提供理论支持。强化对外资引进的风险评估,鼓励学术研究机构对各支柱产业实际利用外资情况进行调查分析。相关部门及时对高风险安全指数的产业进行干预。同时,通过对其他发达国家监管管理制度的借鉴,不断完善我国产业安全的评估体系,以更为科学和准确的方式评估各大产业的安全水平,积极探索提升我国产业安全的可行路径。

首先,制定产业安全战略规划并赋予法律保障是面对我国新贸易保护主义对产业安全负面影响的应对措施之一。建议在产业安全战略规划的制定上赋予法律法规的明确定位和依据,以确保规划的实施。一方面,要对我国各大产业进行全方位、多层次的评估,从产业发展趋势、技术壁垒、国际市场需求等多维度审视,明确每个产业的现状和未来潜力。在了解每个产业的优势和薄弱环节后,制定明确的战略目标,定义每个产业在一定时期内所需达到的技术水平、市场份额和国际影响力等。另一方面,为确保政策得以执行,建议设立专门的监管机构,负责监督产业安全战略的实施情况,及时采取行动解决问题,以保证政策的执行。在法律法规中,还需明确违规行为的惩罚,并设立奖励制度以激励企业积极响应政策。通过司法手段保障政策的执行,鼓励企业和个人通过法律途径来维护自身权益,进而维护产业的稳定和健康发展。

其次,建立产业安全政策体系是应对新贸易保护主义的关键举措之一。在面对外部压力时,制定一个全面的产业安全政策体系是确保产业稳定和可持续发展的关键。该体系应涵盖产业的组织、结构、链条、布局、整合和生态等多个方面,以确保我国的产业在国际竞争中保持优势地位。具体而言,应鼓励产业协会的发展,促进行业内企业的交流合作,共同应对外部压力。对不同产业进行结构优化,促使产业向技术密集、高附加值领域转型升级,以降低对外部供应的依赖。通过鼓励企业在不同环节实现合作与整合,并考虑建立与友好国家和地区的稳定供应链,减少单一国家的依赖度,提高产业链的抗风险能力。通过制定并执行环保政策,促使产业在生产中更加环保,以提升可持续发展能力。

最后,建立重组并购安全体系。具体而言:(1)通过制定相应政策,要求企业在进行所有权转换前实施全面细致的风险评估。评估内容应包括对重组并购可能引发的产业安全风险、技术风险、市场风险等的全面分析,为相关部门提供实际依据。(2)建立风险预警体系,及时发现潜在的产业安全风险。通过与企业、行业协会等建立信息共享平台,实时了解市场动态,预警可能出现的产业安全问题。(3)建设企业间的信息共享平台。我国应通过创建在线平台,向企业提供关于重组并购风险的信息和指导。同时,鼓励企业向政府工作报告有关重组并购的信息,实现双向的信息共享和沟通。同时,要求企业对产业安全风险进行充分的告知和提示,确保其在决策中全面考虑风险因素。

二、参与制定国际技术标准和产业准入标准

与国际接轨,制定技术和产业准入标准。参考国际标准,制定和完善符合我国产业发展实际的技术标准,确保我国技术在国际上具有竞争力。同时,参与国际标准的制定,在国际标准制定过程中进一步拥有话语权。通过推动建立开放共享的创新平台,促进不同企业间的合作和交流。鼓励高技术企业向全产业链两端延伸,推动产业集群的形成。还要通过设立奖励机制,切实激励在关键领域取得突破性创新的企业。

首先,积极健全国际多边合作机制达到趋利避害。在应对新贸易保护所带来的种种挑战和干扰时,积极参考国际组织,建立多边机制,消除有害约束,建立有益规则,沉着应对西方政治对贸易的干扰等一系列举措显得尤为重要。具体做法有以下几点:(1)加强与国际组织,特别是与世界贸易组织的合作。在面对不正当对待时,积极通过世界贸易组织的争端解决机制来维护自身权益。同时,我国应积极参与国际组织的谈判和协商,推动制定更公平、更有利于发展中国家的国际贸易规则。(2)建立多边机制是应对新贸易保护并提升我国产业安全的有效手段。我国要与其他发展中国家密切合作,形成合力,共同应对新贸易保护的挑战。多边机制有助于平衡力量,维护我国产业的利益,避免被单边主义所左右。(3)消除有害约束和健全有益规则并举。通过国际合作,争取取消一些对我国产业不利的国际规定和贸易壁垒。与此同时,在国际舞台上提出有益的建议和倡议,为全球经济合作和贸易发展作出贡献。

其次,健全完善贸易保护体系。推进核心技术掌握,加强专利成果保护,加强对知识产权的维护,建立强有力的创新保护机制。完善知识产权保护的法律法规,严厉打击知识产权领域的违法行为。鼓励企业申请专利,提供专利申请费用的资助和减免。同时,建立健全知识产权纠纷解决体系,提高企业的知识产权保护信心。与此同时,在全社会营造保护知识产权的氛围。通过开展知识产权保护的主题讲座、教育活动等,提高产业主体对知识产权保护重要意义的认识。此外,通过进口限制、加强必要的补贴、合理运用反倾销反补贴手段、充分利用行业协会搜集信息以及提高企业应对新贸易保护的积极性,更好地保护自身产业的利益,实现产业的健康发展。

最后,充分利用行业协会搜集信息是加强产业保护的重要途径。行业

协会作为信息的收集者和传递者,能够及时获取来自企业的信息,了解市场状况和新贸易保护的影响,从而为我国制定政策提供依据。同时,通过宣传教育,提高企业的意识,使其更加了解新贸易保护的风险和影响。相关部门通过提供培训和咨询服务的方式,帮助企业制定更好的应对策略,提高应对新贸易保护的能力。

三、加强市场秩序监管以保证公平交易

保障公平交易是构建健康市场秩序的关键一环。在应对新贸易保护对我国产业带来的负面影响时,加强监管、维护秩序、保证公平交易以及实现结构优化等方面的政策举措显得尤为重要。这些举措将有助于确保我国产业的健康发展,提高产业的竞争力和可持续性。我国应加强对产业的监管,建立更加严格的监管体系,以确保产业活动在合法合规的范围内进行。通过明确相关法规标准、强化市场执法力度、建立相关行规自律组织,为企业发展提供行业数据、市场趋势等信息,帮助企业作出更明智的决策。

首先,我国应制定明确的法律法规,强化反垄断执法,以防止垄断企业通过不正当手段限制竞争,从而保障中小企业的生存和发展空间。通过建立投诉举报机制,为消费者和企业提供有效的维权渠道,以促进公平交易和市场的繁荣。我国还应加强行业标准的制定和执行,以确保产品质量和安全,提高消费者的信任度,推动产业的可持续发展。

其次,强化执法力度,针对产业中的不正当竞争行为、虚假宣传等问题,应进行严厉打击,以维护市场的公平竞争环境。

最后,为了维护产业秩序,应建立行业协会和自律组织,促使企业遵循行业准则,共同维护行业的良好形象和声誉。

在新贸易保护环境下,对外贸易高质量发展的产业路径与政策选择主要包括以下几个方面:首先,增强顶层制度设计,推动产业政策体系的优化与完善。这包括提升宏观政策的综合运用能力,深入分析市场需求和趋势,加强对创新研发的支持,尤其在优先发展的产业中强化科技创新和研发支持,鼓励企业提升技术水平和自主创新能力。同时,通过建立与国际市场接轨的标准和质量体系,强化质量监管、完善标准制定、加强品牌建设,从而提升产业的国际竞争力。其次,明确企业主体地位,推动产业发展的基础夯实与巩固。这涵盖加快企业主体的数字化、智能化、绿色化转型,关注市场和客户动态变化,将客户需求纳入企业价值目标,为企业创新研发提供方向指

引。客户需求的满足成为企业经营发展的重要方针,同时追踪行业前沿技术,以市场和客户为导向进行企业经营,打造品牌知名度以实现差异化企业营销。再次,更新产业组织模式,支持对外贸易市场的提质增效。这包括建立完善的市场机制,创造公平竞争环境,明确市场规则和法规,完善市场机制的独立监督机制,引导产业组织合理化,通过合理竞争分工提高市场绩效,推进企业的兼并重组,构建有效的市场结构。又次,加速产业结构升级,促使出口行业质量得到优化提升。通过协同发展三次产业结构,保持制造业在整体结构中的合理占比,关注生产性服务业在国际发展中的新动向,补齐发展短板,稳步推进产业结构升级。通过优化低端产业链条,巩固传统产业优势,进一步拓展我国对外贸易的范围和领域,逐渐提高我国在国际分工中的地位,通过转型弥补产业链的短板,调整和重构产业链,实现全面发展,发展先进产业集群以提升整体产业竞争力。最后,抑制产业发展风险,确保对外贸易循环局势平稳有序。这包括编制产业安全战略规划并赋予法律保障,着力构建产业安全发展体系,并建立重组并购安全体系。同时,参与制定国际技术标准和产业准入标准,通过国际多边合作机制趋利避害。充分利用行业协会搜集信息成为强化产业保护的重要途径,加强市场秩序监管以确保公平交易。

参考文献

[1]安苑、王珺:《财政行为波动影响产业结构升级了吗?——基于产业技术复杂度的考察》,《管理世界》2012年第9期。

[2]蔡昉、王德文、曲玥:《中国产业升级的大国雁阵模型分析》,《经济研究》2009年第9期。

[3]曹平、高桂林、侯佳儒:《中国经济法基础理论新探索》,中国法制出版社2005年第12期。

[4]陈虹、徐阳:《贸易自由化对出口国内增加值的影响研究——来自中国制造业的证据》,《国际经贸探索》2019年第6期。

[5]陈晓东、赵丹妮:《新时代中国经济学发展轨迹及研究特征——基于〈经济研究〉〈管理世界〉〈中国工业经济〉期刊文献的计量分析》,《区域经济评论》2020年第4期。

[6]陈叶烽、卢露、王雪:《不确定性、信念偏差与不当行为:基于助推的实验证据》,《世界经济》2023年第5期。

[7]程承坪:《企业、制度与中国经济改革》,经济科学出版社2013年版。

[8]程杰、朱钰凤:《劳动供给弹性估计:理解新时期中国劳动力市场转变》,《世界经济》2021年第8期。

[9]戴翔、金碚:《服务贸易进口技术含量与中国工业经济发展方式转变》,《管理世界》2013年第9期。

[10]邓慧慧、徐昊、王强:《数字经济与全球制造业增加值贸易网络演进》,《统计研究》2023年第5期。

[11]董洁妙、余壮雄:《产品配置如何让出口企业变得更清洁下》,《中国工业经济》2021年第8期。

[12]杜创:《财政投入、激励相容与中国疾病防控体制改革》,《世界经济》2023年第1期。

[13]段玉婉、陆毅、蔡龙飞:《全球价值链与贸易的福利效应:基于量化贸易模型的研究》,《世界经济》2022年第6期。

[14]冯帆、许亚云、韩剑:《自由贸易试验区对长三角经济增长外溢影响的实证研究》,《世界经济与政治论坛》2019年第5期。

[15]冯明:《国民经济核算视角下中国居民消费率的因素分解研究——对"消费能力说"和"消费意愿说"的定量考察》,《数量经济技术经济研究》2023年第5期。

[16]冯笑、王永进:《贸易开放与中国制造业市场分割:兼论中国的"以开放促改革"战略》,《国际贸易问题》2022年第2期。

[17]葛新宇、庄嘉莉、刘岩:《贸易政策不确定性如何影响商业银行风险——对企

业经营渠道的检验》,《中国工业经济》2021 年第 8 期。

[18]耿伟、魏荣:《贸易自由化、市场化改革与企业间加成率分布》,《国际经贸探索》2018 年第 11 期。

[19]郭俊杰、方颖:《绿色信贷、融资结构与企业环境投资》,《世界经济》2022 年第 8 期。

[20]韩中:《全球价值链视角下中国出口的价值分解、增加值出口及贸易失衡》,《数量经济技术经济研究》2020 年第 4 期。

[21]何晓星:《中国的市场经济为什么能够存在和发展?——改革开放 40 年对"当代世界经济之谜"的回答》,《山东社会科学》2019 年第 3 期。

[22]何祚宇、李敬子、陈强远:《目的市场异质性消费者偏好与中国出口企业创新》,《数量经济技术经济研究》2023 年第 8 期。

[23]洪银兴、任保平:《数字经济与实体经济深度融合的内涵和途径》,《中国工业经济》2023 年第 2 期。

[24]黄海洲、张广斌:《全球经济增长动力变化与全球货币体系调整》,《国际经济评论》2017 年第 4 期。

[25]江小涓:《中国的外资经济:对增长、结构升级和竞争力的贡献》,中国人民大学出版社 2007 年版。

[26]荆林波:《中国贸易发展报告(2012)》,社会科学文献出版社 2012 年版。

[27]李建成、程玲、吴明琴:《政府协调下的市场整合与企业创新伙伴选择》,《世界经济》2022 年第 4 期。

[28]李金华:《数量经济学在中国的源起、发展及其面临的挑战》,《经济学动态》2016 年第 3 期。

[29]李娟、万璐、唐珮菡:《产业转型升级、贸易开放与中国劳动市场波动》,《中国人口・资源与环境》2014 年第 1 期。

[30]李培林:《另一只看不见的手:社会结构转型》,社会科学文献出版社 2016 年版。

[31]李征、高山、王亚星:《贸易自由化提升了我国制造业资源配置效率吗——基于贸易政策不确定性的视角》,《国际经贸探索》2021 年第 10 期。

[32]李政:《中国国有经济发展报告(2021)经济理论、法规》,经济科学出版社 2021 年版。

[33]林凌、胡冰川、孙艳华:《全球经济政策不确定性对中国经济增长的时变性影响效应研究——基于时域与频域视角分析》,《中国软科学》2022 年第 12 期。

[34]刘啟仁、袁劲、黄建忠:《产品竞争模式、税收调整与企业核心竞争力》,《世界经济》2023 年第 2 期。

[35]刘亦文、谭慧中、陈熙钧:《数字经济发展对实体经济投资效率提升的影响研究》,《中国软科学》2022 年第 10 期。

[36]卢江、郭采宜:《国际经济格局新变化与中国开放型经济体制构建研究》,《政治经济学评论》2021 年第 3 期。

[37]卢江、许凌云、梁梓璇:《世界经济格局新变化与全球经济治理模式创新研

究》,《政治经济学评论》2022 年第 3 期。

[38]罗楚亮:《经济转轨、不确定性与城镇居民消费行为》,社会科学文献出版社 2006 年版。

[39]罗来军、罗雨泽、刘畅:《自由贸易区促进贸易了吗? ——来自国家层面的经验考察》,《世界经济研究》2014 年第 12 期。

[40]马述忠、沈雨婷:《数字贸易与全球经贸规则重构》,《国际经济评论》2023 年第 4 期。

[41]马拥军、王姝:《〈资本论〉第一卷对社会主义市场经济研究的当代意义》,《当代世界与社会主义》2017 年第 3 期。

[42]毛其淋、钟一鸣:《出口多元化如何影响企业产能利用率? ——来自中国制造业的微观证据》,《数量经济技术经济研究》2023 年第 5 期。

[43]莫长炜、林月萍、王燕武:《产业集聚视角下土地财政对城市空间扩张质量的影响研究》,《财贸经济》2023 年第 4 期。

[44]齐平:《中央企业重组与国际竞争力提升研究》,《经济科学出版社》2015 年第 10 期。

[45]邵军、史修松、黄群慧:《全球价值链嵌入、通货膨胀国际协同与价格指数的背离》,《世界经济》2022 年第 2 期。

[46]邵军、吴晓怡、刘修岩:《我国文化产品出口贸易联系持续期及影响因素分析》,《世界经济文汇》2014 年第 4 期。

[47]史丹、叶云岭、于海潮:《双循环视角下技术转移对产业升级的影响研究》,《数量经济技术经济研究》2023 年第 6 期。

[48]宋建、王静:《全球分工背景下中国企业加成率提升研究》,《数量经济技术经济研究》2021 年第 4 期。

[49]宋锦、李曦晨:《产业转型与就业结构调整的趋势分析》,《数量经济技术经济研究》2019 年第 10 期。

[50]苏立君、梁俊尚:《构建国内国际经济双循环的政治经济学投入产出分析》,《数量经济技术经济研究》2021 年第 9 期。

[51]孙浦阳、宋灿:《贸易网络、市场可达性与企业生产率提升》,《世界经济》2023 年第 3 期。

[52]谭莹、李昕、杨紫:《加征关税如何影响中国劳动力市场》,《世界经济》2022 年第 9 期。

[53]唐要家、王钰、唐春晖:《数字经济、市场结构与创新绩效》,《中国工业经济》2022 年第 10 期。

[54]铁瑛、朱佳纯、黄建忠:《出口贸易“稳中求进”的结构动能与增长源泉》,《世界经济》2022 年第 11 期。

[55]王丹、程玲:《欧盟碳配额现货与期货价格关系及对中国的借鉴》,《中国人口·资源与环境》2016 年第 7 期。

[56]王定星:《企业异质性、市场化与生产率分布》,《统计研究》2016 年第 8 期。

[57]王永水、朱平芳:《中国经济增长中的人力资本门槛效应研究》,《统计研究》

2016 年第 1 期。

[58]夏纪军、王磊:《中国制造业进入壁垒、市场结构与生产率》,《世界经济文汇》2015 年第 1 期。

[59]谢红军、陈骁、张正出:《贸易自由化、私人收益与管理效率:理论及中国经验》,《世界经济》2023 年第 1 期。

[60]邢宏洋、高俊、谭辉:《国际空间溢出与服务业全要素生产率——基于空间随机前沿分析方法的测度》,《数量经济技术经济研究》2021 年第 5 期。

[61]徐保昌、李佳慧、李秀婷:《市场整合与出口增长——来自长三角地区的经验证据》,《世界经济与政治论坛》2023 年第 3 期。

[62]许勤华:《中国能源国际合作报告》,中国人民大学出版社 2021 年版。

[63]严存宝:《中小企业发展、经济增长与金融服务研究:以内蒙古地区为例》,经济科学出版社 2013 年版。

[64]姚常成、宋冬林:《数字经济与产业空间布局重塑:均衡还是极化》,《财贸经济》2023 年第 6 期。

[65]余长林、杨国歌、杜明月:《产业政策与中国数字经济行业技术创新》,《统计研究》2021 年第 1 期。

[66]占华、于津平:《贸易政策、扩大进口与失业》,《世界经济文汇》2016 年第 1 期。

[67]张炳申:《产业组织、企业制度与支持系统》,经济科学出版社 2003 年版。

[68]张广斌、杨永华、韩赟:《世界经济格局变化与中国角色——中国世界经济学会 2015 年年会综述》,《国际经济评论》2016 年第 1 期。

[69]张继焦、吴玥:《中国经济社会变迁——内卷还是发展?》,《贵州社会科学》2023 年第 4 期。

[70]张亮、邱斌、孙少勤:《中间品贸易自由化、全球价值链与出口国内增加值率》,《国际经贸探索》2022 年第 6 期。

[71]张士引、徐光寿:《解决新时代中国社会主要矛盾的两种经济学范式》,《宁夏社会科学》2019 年第 2 期。

[72]张菀洺、张珊珊:《中国对外贸易的影响因素研究》,《数量经济技术经济研究》2020 年第 11 期。

[73]张祥建、李永盛、赵晓雷:《中欧班列对内陆地区贸易增长的影响效应研究》,《财经研究》2019 年第 11 期。

[74]张向达、刘冬冬:《经济高质量发展背景下货币政策操作测度分析》,《数量经济技术经济研究》2020 年第 2 期。

[75]张耀辉:《中国劳动密集型产业发展战略研究》,经济科学出版社 2006 年版。

[76]赵敏、王金秋:《中国特色社会主义政治经济学研究》,《政治经济学评论》2023 年第 2 期。

[77]郑江淮、宋建、张玉昌、郑玉、姜青克:《中国经济增长新旧动能转换的进展评估》,《中国工业经济》2018 年第 6 期。

[78]钟腾龙:《贸易自由化与多产品企业内产品加成率离散度》,《国际贸易问题》2021 年第 8 期。

[79]周国富、陈菡彬:《产业结构升级对城乡收入差距的门槛效应分析》,《统计研究》2021 年第 2 期。

[80]周记顺、洪小羽:《进口中间品、进口资本品与企业出口复杂度》,《国际贸易问题》2021 年第 2 期。

[81]周克勤:《后金融危机时代中国家族企业的发展与创新》,《经济科学出版社》2010 年第 12 期。

[82]周文:《国家何以兴衰》,中国人民大学出版社 2021 年版。

[83]朱启荣、言英杰:《中国外贸增长质量的评价指标构建与实证研究》,《财贸经济》2012 年第 12 期。

[84]Acemoglu D.,Johnson S.,Robinson J A.,"Institutions as a Fundamental Cause of Long-Run Growth",*Handbook of Economic Growth*,2005.

[85]Aizenman J.,Lee J.,"Financial Versus Monetary Mercantilism:Long-Run View of the Large International Reserves Hoarding",*World Economy*,2008.

[86]Athanasios V.,Antonios A.,"Credit Market Development and Economic Growth",*American Journal of Economics and Business Administration*,2009.

[87]Athukorala P.C.,"The Rise of China and East Asian Export Performance:Is the Crowding-out Fear Warranted?",*Departmental Working Papers*,2007.

[88]Bank W.,"Global Economic Prospects 2009:Commodities at the Crossroads",*World Bank Publications*,2009.

[89]Bank W.,"Globalization,Growth,and Poverty:Building an Inclusive World Economy",*World Bank Publications*,2002.

[90]Benedictis L.D.,Tajoli L.,"The World Trade Network",*World Economy*,2011.

[91]Bhagwati J. N.,"Splintering and Disembodiment of Services and Developing Nations",*World Economy*,2007.

[92]Bouët A.,Bureau J. C.,Decreux Y.,Jean S.,"Multilateral Agricultural Trade Liberalisation:The Contrasting Fortunes of Developing Countries in the Doha Round",*World Economy*,2005.

[93]Brada J.C.,Zhang J.,Zhang X.,"Demography,Urbanization and the Environment in China's Economic Development:Symposium Introduction",*China Economic Review*,2015.

[94]Broadman H.G.,Sun X.,"The Distribution of Foreign Direct Investment in China",*World Economy*,2010.

[95]Cao J.,Mao J.,"Firm Performance and Economic Development:Evidence from a Unique Dataset of China",*Economics of Transition and Institutional Change*,2021.

[96]Carrasco C.A.,Tovar-García E.D.,"Trade and Growth in Developing Countries:The Role of Export Composition,Import Composition and Export Diversification",*Economic Change and Restructuring*,2021.

[97]Castellani D.,Zanfei A.,"Internationalisation,Innovation and Productivity:How Do Firms Differ in Italy?",*World Economy*,2010.

[98]Chao G.,"The Concrete Analysis of the Change of Import and Export Trade of

Chinese Enterprises Is Based on the Perspective of RMB Exchange Rate", *Journal of Finance Research*, 2021.

[99] Ciccone A., Matsuyama K., "Start-Up Costs and Pecuniary Externalities as Barriers to Economic Development", *National Bureau of Economic Research, Inc*, 2023.

[100] Coughlin C. C., Segev E., "Foreign Direct Investment in China: A Spatial Econometric Study", *World Economy*, 2010.

[101] Epstein G.A., "Financialization and the World Economy", *Edward Elgar*, 2005.

[102] Funke M., Rahn J., "Just How Undervalued is the Chinese Renminbi?", *World Economy*, 2005.

[103] Gibb A., Li J., "Organizing for Enterprise in China: What can We Learn from the Chinese Micro, Small, and Medium Enterprise Development Experience", *Futures*, 2003.

[104] Hassan M. K., Sanchez B., Yu J. S., "Financial Development and Economic Growth: New Evidence from Panel Data", *The Quarterly Review of Economics and Finance*, 2011.

[105] Helpman E., "Trade, FDI, and the Organization of Firms", *Foerder Institute for Economic Research Working Papers*, 2006.

[106] Hyun S. B., Yeon W., Na S Y., et al, "China's New Trade Strategy amid US-China Confrontation and Implications", *World Economy Brief*, 2022.

[107] Jin H., "China's Currency Intervention on Economic Development", 2022.

[108] Jorgenson D. W., Vu K., "Information Technology and the World Economy", *Scandinavian Journal of Economics*, 2010.

[109] Jung S. M., "Interactions between Economic Growth, Financial Development, and Income Inequality in General and in China", *International Journal of Economics and Finance*, 2021.

[110] Kai X., Liao J., "A Study on the Correlation between China's Stock Market and Economic Growth", *International Journal of Emerging Trends in Social Sciences*, 2021.

[111] La Porta R., Shleifer A., "The Unofficial Economy and Economic Development", *National Bureau of Economic Research*, 2008.

[112] Li Z., Ye H., "Credit Constraint and Firm's Export Mode Choice", *China Economic Quarterly International*, 2021.

[113] Lin C., "International Journal of Management and Enterprise Development", *International Journal of Management & Enterprise Development*, 2012.

[114] Lin Y., "What does China's 'Dual Circulations' Development Paradigm Mean and how itcanbe Achieved?", *China Economic Journal*, 2021.

[115] Lingzhi Z., "Research on Import And Export Trade Based on China's FDI to Central Asian Countries", *International Journal of Innovation and Economic Development*, 2021.

[116] Liu K., "How does China's Information and Communications Technology Infrastructure Investment Promote Economic Growth?", *Indian Growth and Development*

Review,2021.

[117] Liu Y., "Credit Resource Availability and Innovation Output: Evidence from Chinese Industrial Enterprises", *Journal of Applied Finance & Banking*, 2022.

[118] Madariaga N., Poncet S., "FDI in Chinese Cities: Spillovers and Impact on Growth", *World Economy*, 2010.

[119] Matyas L., Economy T.W., Greenaway D., "The Gravity Model: Some Econometric Considerations", *World Economy*, 2023.

[120] Org Z., "The Political Economy of the World Trading System", 2023.

[121] Ottaviano G I P., Puga D., "Agglomeration in the Global Economy: A Survey of the 'New Economic Geography'", *World Economy*, 2010.

[122] Song Y., Hao X., Zheng L., "Intermediate Import, Independent Innovation and Export sophistication of Chinese Manufacturing Exports", *Structural Change and Economic Dynamics*, 2021.

[123] Bank W., "Global Economic Prospects 2005: Trade, Regionalism and Development", *The World Bank*, 2005.

[124] Wilson J.S., Mann C.L., Otsuki T., "Assessing the Benefits of Trade Facilitation: A Global Perspective", *World Economy*, 2010.

[125] Winters L.A., "Regionalism versus Multilateralism", *World Economy*, 2010.

[126] Wu H., Yang H., Liang W., "Environmental Regulation, Foreign Direct Investment and China's High-Quality Economic Development", 2021.

[127] Xu Q., "A Study on the New Roles of China's Commercial Banks in the Construction of Digital Government", *Modern Economics & Management Forum*, 2021.

[128] Yi K-M., "Can Vertical Specialization Explain the Growth of World Trade?", *Journal of Political Economy*, 2003.

[129] Zhang H., "An Institutional Dilemma in China's Skills-development System: Evidence from Two Apprenticeship Reforms", *The China quarterly*, 2021.

[130] Zhihua F., Yu C., "Promoting Green Development in China's New Development Stage Through Tax Reform", *Finansovyj žhurnal—Financial Journal*, 2021.

[131] Zhou D., Peng J., Gao X., "Examining Export Trade and Corporate Innovation: A Multiphase Difference-in-Differences Method", *China Journal of Accounting Research*, 2021.